简明周易
任事与管理

李自平　成瑾　著

企业管理出版社
ENTERPRISE MANAGEMENT PUBLISHING HOUSE

图书在版编目（CIP）数据

简明周易：任事与管理 / 李自平，成瑾编著.

北京：企业管理出版社，2025.3.

ISBN 978-7-5164-3163-4

Ⅰ．F272

中国国家版本馆 CIP 数据核字第 2024Q4W092 号

书　　名：	简明周易：任事与管理
作　　者：	李自平　成　瑾
责任编辑：	尚　尉
书　　号：	ISBN 978-7-5164-3163-4
出版发行：	企业管理出版社
地　　址：	北京市海淀区紫竹院南路17号　　邮编：100048
网　　址：	http：//www.emph.cn
电　　话：	编辑部（010）68414643　发行部（010）68417763
电子信箱：	qiguan1961@163.com
印　　刷：	北京市密东印刷有限公司
经　　销：	新华书店
规　　格：	148毫米×210毫米　16开本　12.25印张　288千字
版　　次：	2025年3月第1版　2025年3月第1次印刷
定　　价：	88.00元

版权所有　翻印必究·印装错误　负责调换

序言

东汉班固在《汉书·艺文志》中以"人更三圣,世历三古"总结《易》成书过程。三位圣者相继,伏羲画出八卦推演事情发展情状和过程。周文王被商纣囚禁,将八卦相重合,发展为六十四卦,衍生出应对更多情况的措施,进而走出监狱并壮大周国。到东周,孔子为《易》作注释,使占卜术的《易》具有哲学意义,流传至今。"伏羲,周文王,孔子"分处上古、中古、下古三阶段,《易》因之"世历三古"。难以确定《易》是起于何时的作品,但仍留存至今,本身就证明了它的意义,能解决实际问题。

冯友兰先生提出了《易》无不能用的普适意义

冯友兰先生晚年提出:周易哲学可以称为宇宙代数学,代数学是算学中的一个部门,但是其中没有数目字,只是一些公式,这些公式用一些符号表示了出来。对于数目字说,这些公式只是些空套子。正是因为它们是空套子,所以任何数目字都可以套进去。我说周易可以称为代数学,就是这个意思。周易本身不讲具体的天地万物,而只讲一些空套子,但是任何事物都可以套进去,这就叫"神无方而易无体"。

胡适先生提示了《易》要点和学易方法

胡适的《中国哲学史大纲》第四篇孔子之第三章,当是其所理解的《周易》要点。

《易经》这一部书，古往今来多少学者做了几屋子的书，也还讲不明白。我讲《易经》和前人不同。我以为从前一切河图、洛书、谶纬术数、先天太极……种种议论，都是谬说。如今若要懂得《易经》的真意，须先把这些谬说扫除干净。我讲《易》，以为一部《易经》，只有三个基本观念：易、象、辞。

第一，易，易是变易的易。天地万物都不是一成不变的，都是时时刻刻在那里变化的。孔子有一天在一条小河上，看那滚滚不绝的河水，不觉叹了一口气说道：逝者如斯夫！不舍昼夜！

一部《易》讲"易"的状态，以为天地万物的变化，都起于一个动字。何以会有"动"呢？这都因为天地之间，本有两种原力：一种是刚性的，叫做"阳"；一种是柔性的，叫做"阴"。这刚柔两种原力，互相冲突，互相推挤，于是生出种种运动，种种变化。所以说："刚柔相推而生变化。"又说："一阴一阳之谓道。"在《易经》里，阳与阴两种原力，用"──""— —"两种符号代表。

胡适先生表明《易》指出三点，一是"天地万物"都是运动变化的；二是事物运动发展是由阳与阴两种原力决定的；三是"──""— —"两种符号不同结构的"卦"象征了阳与阴两种原力相互作用的不同状态；四是能理解不同卦爻的相互关系，就能认识达到预期目的的行为原则。

周易的意义

易的意义就是用最简单的阴阳两种横画，准确揭示了人解决问题的原则，这也是中华文化的智慧。易以图画示意。图画只有两种符号，一种是阳爻，认识情况，由人的思想完成。另一种是阴爻，根据思想认识需要，修习技能，由人的躯体不同部位完成。阳爻，有乾的特征；阴爻，有坤的特征。"乾知大始，坤作成物"。乾，即思想针对情况，以"亨通有利"原则制定解决问题措施。坤，人躯体各个执行部位，严格按照思想制定措施的需要以"牝马之贞"修习技能，并严格执行完成。

对易的六十四卦，都可以有不同理解，但根据总归是思想和认识的关系。比如，八卦离是"虚中"也就是博采众长就能明。阴阳是简单，但意义重大；八卦简单，意义也重大。简单的图形后面，却蕴藏了深刻的哲理。

易中无处不在都在倡导着提高人的学识智慧才能。"乾知大始，坤作成物。"……"乾，元亨利贞。""坤，元亨，君子以牝马之贞。"这些原则是周易的主线原则，也是人的行为原则。

"元"的意思是"始"又是"总"，也就是无论遇到任何问题，需要从思想上明确的是：你所面对的情况是什么？所具有的条件是什么？需要解决的问题是什么？能严格准确地把握需解决的问题和具有的条件称之为"贞"。从具有的条件，到解决需解决的问题的过程，需要"亨通"的智慧。解决的结果是"有利"，收益比付出更有意义。所有需要解决的问题和所具有的条件，都已经在情况中直接或间接地存在着。只要学识具备，思想周密，并不难把握并解决。获"利"和付出的大小也决定于学识、智慧。这就是其内涵的所有问题的解决都以学识智慧的存在以及提高为前提。

在易提示的解决问题原则中，最重要的是"贞"，严格准确针对情况，也就是"贞对情况"。解决问题的所有条件都蕴含在情况中，所以严格准确把握情况最重要，也是首要措施，因此称"贞者事之干也"，整个过程时时处处都以"贞对情况"，采取"亨通有利"的措施，从而亨通有利实现可能的最好结果，这是解决所有问题都不能偏离的"主干"。

本解之要"简明周易"

周易系辞下有:"夫乾确然示人易矣,夫坤隤然示人简矣。爻也者效此者也,象也者象此者也。"

由易以"乾坤阴阳"分别规定认识原则和行为原则,并以"乾坤阴阳"交互,演进出六十四卦,三百八十四爻。

这些卦都针对可能遇到的情况,提出解决措施。由于周易成书于刻字时代,乃至其他诸多原因,所用字词尽力简单,不过"亨,利,贞,悔,亡,吝,无咎……"措施和结论总共不过二十几字,用以提示贞对所有情况的措施结果,不同卦爻随处可见相同词语。

语辞虽然相同,但是其贞对情况差别意义可能根本不同。这种情况在周易中几乎"随手拈来",如乾卦辞和屯卦辞都有"元亨利贞",但所指意义不同。至于"吉凶悔吝"更是几乎无卦不有,所指亦不同。

本书取名《简明周易:任事与管理》,不是"简单"解释,而是"贞对卦爻象明确"解释,使理解卦爻辞在相应卦爻中的准确所指,即"简明"之要是"明",准确紧密结合卦爻。

所以"简"不只是文字"简",而是"简明准确"理解其意义,运用并解决问题。这就需要下功夫针对卦爻的象征,准确明确揭示"辞"的意义,这是"简明"之义。唯有基于简明理解才能准确运用。因此,本书的努力方向就是力图简明解释周易,为人们能更有效地学习周易、在个人修养与管理中使用周易提供一些力所能及的帮助。

前言

人是一个多么奇怪的存在?

生而为人,我们有对未知的好奇和对智慧的追求,我们希望能够认识世界,理解世界,把握世界,而不是懵懵懂懂,机械地接受既有的一切规则和框架。

生而为人,我们有自由意志,是天地间最能动的存在,我们希望能够最大限度地发挥自己的潜能,主动探索和构建世界。

工欲善其事,必先利其器。

周易,这部博大精深的哲学著作,正是我们追寻智慧的灯塔。它从远古走来,却能朗照现代人的内心和追求。它以自然万物为象,却能映射世道人心。它在代代圣哲的体悟与精研中升华,提示我们如何洞察天道,超越局限,绽放生命的光芒。周易之广博,如山川河海,无所不包;周易之深刻,如大海无波,深不可测。好学睿智如孔子,都忍不住喟叹,"不学易,无以言。""加我数年,五十以学易,可以无大过矣。"冯友兰先生在晚年对周易的理解深入到了极致,他赞誉周易哲学可称为"宇宙代数学"。可见周易在中国人心中的分量之重,在中国文化中的分量之重。

然而,周易这样一部文化瑰宝,却始终蒙着神秘的面纱,许多人将其演变为玄学、占卜之术。读周易,懂周易,似乎成了检验一个人智商水平和学习能力的一把标尺,令很多人对周易望而生畏。

本书作为对周易的简明解读，旨在破除周易的神秘面纱，用最简洁明了的语言呈现周易的思想精髓。周易的独特之处在于，它不仅阐述了人们任事、处事的思维原则，还提供了将这些思想付诸行为的可操作性指南。正是这些特质，赋予了周易神奇莫测又引人入胜的永恒魅力。本书解读周易，旨在解读周易对人思想和行为的启示。

周易有哪些简单而深刻的原则呢？

阴阳相协为用能够成就一切大事。周易阐释乾坤时指出，乾卦代表创新，善于开启事物；坤卦象征实践，擅长孕育万物。乾以易知为本，坤以简能为要。乾为阳，代表人的认知能力；坤为阴，象征人的执行与实践。认知和实践必须统一配合，阴阳相生相成，才能发挥最大威力。若认知不明，则事倍功半；若认知不转化为行动，亦难有所建树。唯有当阴阳相得益彰、优势互补时，人才能顺势而为，取得最佳结果。这是对阴阳规律最简洁的诠释。由此可见，周易揭示的是人的思想与行为真谛，阐明人须通过不断认识，藉以指导实践，并采取正确的方式实践认知，方能成就事业。从这个视角解读周易六十四卦，我们就会将其神秘的面纱揭去，转化为一部关于人类智慧和实践的实用指导手册。

因时而宜，是成就事业的不二法门。周易强调，思考与行动都需考量"时"，随着情况变化而调整策略。行为主体必须根据外部环境，选择最佳行动方案。君子必须审时度势，根据情况谨慎行事。在做决策前要观察和思考，通过了解时势来调整自己的行动。君子不能固步自封，也不能一味高歌猛进，需按形势决定进或退。"唯圣人知进退存亡而无过，不至于悔。"君子道微，小人道长之时，君子需暂避锋芒，以求全盘；事情尚未成熟之前，需要耐心等待最佳时机的到来；当机遇来临之际，君子也应抓住良机，果断出击,"见龙在田"。在周易中,强调"随时"即随机应变、顺应时势的观念贯穿全书,清晰地传达了适时行动的智慧。

尊贤为大乃最大利益。周易众多卦辞反复强调,当权者必当亲近贤良、远离奸佞,此举万分吉祥。如《乾卦》所云:"飞龙在天,利见大人"都强调了遇见并依靠贤人的重要性。这里的"大人"指的是高尚品德和卓越才能的贤者。贤人之所以宝贵,是因为他们的智慧、德行和才能有助于当权者做出正确决策,从而使国家和谐繁荣,百姓幸福安康。因此,当权者唯有尊贤为大、任用贤才,使其各尽其能,国家社会才能长治久安。子思《中庸》中有论述"义者宜也,尊贤为大"。以"尊贤"安排资源,最适合做什么就安排做什么最重要。这种尊贤的哲学思想,是中国文化的精髓。

利西南不利东北。物质环境,包括自然资源和物理条件,是社会发展和个人生活的基础。然而,周易强调,物质环境的条件虽然是必需的,但并不是决定性的。相反,人文环境,即一个社会的文化、价值观念、教育水平以及社会治理机制,才是影响社会兴衰成败更为根本的因素。一个开明、包容、有着健康社会规范和制度的人文环境,能够鼓励创新,促进智慧的发展,引导个人和集体朝着更高的目标前进。优秀的人文环境不仅能够吸引人才,更能培育人才,释放个人的潜力与创造性,这对于社会的持续繁荣发展至关重要。历史的长河见证了无数文明的兴衰,那些重视教育、尊崇知识、鼓励创新的社会,即便在物质条件有限的挑战下,也能够展现出强大的生命力,创造出璀璨的文化成就。因此,我们可以明确地看到,人文环境的质量直接影响着一个国家或民族的未来。因此要实现国泰民安,改革思想、弘扬教化仍是关键所在。这也是周易所阐发的政治智慧与历史教训。

永不停止的自我修行。"天行健,君子以自强不息""君子终日乾乾"。周易的这些表达不仅是对君子阳刚品格的颂扬，也是一种对于不懈追求的生活态度的宣誓，无论面临什么样的环境和挑战，一个君子都应坚持不懈地修行自己。当君子步入一个全新的环境，面对陌生的一切时，需要潜龙勿用，需要进德修业。这是一种在力量尚未得到施展之时，先行积累内功、涵养德行的智慧。在君子无法施展才能的环境中，他仍需寻找养精蓄锐的方式，"饮食宴乐"，滋养身心。在周易中，君子无论面临顺境还是逆境，其转变和适应的能力，很大程度上依赖于其内在的修养和才能来驾驭外在的环境。在周易的世界观中，万物皆符合变化之理，变化是唯一的常态。因此，君子需要学习顺应变化，不断适应，从而达到与天地同步的和谐状态。周易为中国文化树立了这样的行为典范，强调了在任何情况下都不放弃自我完善的重要性。

……

这些都是周易简单而深刻的思想原则和行为原则，大道至简，大音稀声。周易以其简洁的线条勾勒出了一个复杂的宇宙图谱，涵盖了自然法则与人生哲学。六十四卦的每一卦都是对特定生活情境的反映，从个人修养到社会交往，从战争策略到和平共处，这些卦象组合起来，提供了一套可以应对生活中无数可能遇到的情况的策略。

在实际应用中，这些原则和策略妙用无穷。因为它们不是简单的命令或预言，而是启发式的智慧，引导人们在面对问题时能够灵活思考，从多个角度寻找解决之道。无论是在个人决策，还是在管理国家，甚至于对待科技发展和自然保护，这些原则都能够提供指导和灵感。

我们通过对周易的学习，不断提高自己的智慧和道德水准，使得个人生活更加丰富和谐，同时对社会也能做出更有益的贡献。在周易的世界里，每个人都是自己命运的塑造者，通过不断学习和实践，我们能够掌握生命的节奏，发现其中的奥秘，最终活出生命的真谛和人生的意义。

成　瑾
2024 年秋于厦门大学

目录

01. 乾卦：自强不息 ………… 001
02. 坤卦：厚德载物 ………… 017
03. 屯卦：君子经纶 ………… 025
04. 蒙卦：果行育德 ………… 030
05. 需卦：涵养待时 ………… 035
06. 讼卦：作事谋始 ………… 040
07. 师卦：容民畜众 ………… 045
08. 比卦：亲比贤者 ………… 050
09. 小畜：明定制度 ………… 055
10. 履卦：定法安民 ………… 061
11. 泰卦：顺天应地 ………… 065
12. 否卦：俭德辟难 ………… 072
13. 同人：明辨亲疏 ………… 078
14. 大有：扬善抑恶 ………… 083
15. 谦卦：藏峻行谦 ………… 088
16. 豫卦：乐神兴物 ………… 091
17. 随卦：动止随时 ………… 096
18. 蛊卦：振民育德 ………… 101

19. 临卦：教思无穷 …… 105
20. 观卦：观照万象 …… 109
21. 噬嗑：明法断罪 …… 112
22. 贲卦：文质彬彬 …… 117
23. 剥卦：厚下安宅 …… 122
24. 复卦：潜启新时 …… 125
25. 无妄：因果无妄 …… 130
26. 大畜：由学而大 …… 136
27. 颐卦：圣人养贤 …… 140
28. 大过：独立不惧 …… 146
29. 坎卦：法水就下 …… 150
30. 离卦：附丽中正 …… 155
31. 咸卦：主动谦下 …… 159
32. 恒卦：助益恒久 …… 163
33. 遁卦：远害不恶 …… 167
34. 大壮：非礼勿履 …… 171
35. 晋卦：自昭明德 …… 175
36. 明夷：用晦而明 …… 180
37. 家人：虚中家治 …… 184
38. 睽卦：以同而异 …… 188
39. 蹇卦：反身修德 …… 193
40. 解卦：赦过宥罪 …… 198
41. 损卦：惩忿窒欲 …… 203
42. 益卦：损上益下 …… 208
43. 夬卦：居德则忌 …… 213

44. 姤卦：风行施命 ………………………………… 217

45. 萃卦：除恶戒危 ………………………………… 221

46. 升卦：积小高大 ………………………………… 225

47. 困卦：致命遂志 ………………………………… 228

48. 井卦：恩民劝相 ………………………………… 232

49. 革卦：顺天应人 ………………………………… 236

50. 鼎卦：正位凝命 ………………………………… 239

51. 震卦：恐惧修省 ………………………………… 243

52. 艮卦：思守本位 ………………………………… 247

53. 渐卦：居德善俗 ………………………………… 250

54. 归妹：永终知敝 ………………………………… 254

55. 丰卦：明动以丰 ………………………………… 258

56. 旅卦：贞逊灵活 ………………………………… 262

57. 巽卦：遵命行事 ………………………………… 266

58. 兑卦：内实外悦 ………………………………… 270

59. 涣卦：庙凝人心 ………………………………… 273

60. 节卦：制议德行 ………………………………… 276

61. 中孚：虚心切实 ………………………………… 279

62. 小过：小过难免 ………………………………… 282

63. 既济：思患豫防 ………………………………… 286

64. 未济：辨物居方 ………………………………… 290

系辞上传 ……………………………………………… 293

系辞下传 ……………………………………………… 328

后记 …………………………………………………… 373

01

乾卦：自强不息

周易由卦构成。易为喻说事理，事理无形，周易的诞生要早于文字，所以只能借用物象示义。卦，是把显示意义的图像挂在附着物上以方便观看、交流、说教。"卦"字为《易》专用。卦辞是用来表达对应卦的总体意义、会有什么结果等。据传《易》的卦辞是由周文王所作。

"象"是一种动物，牙齿锋利，可以咬断金石。"象传"，意味着其所言"确定无疑""说一不二"，象传是对卦辞的解释和阐发，说明每一卦的道理和原则。

象辞，是对卦象和每个卦下的爻象进行阐释，帮助人们更好地理解卦象内在的哲学思想和精神内涵。卦象取法自然之象，自然之象是指自然界事物所呈现的容貌，归纳为周易中的大象、小象。大象释卦象，小象释爻象。

由此，周易的卦辞、象传和象辞分别代表其义理的基础、延伸与细节。他们通过不同形式和级别，阐明周易的基本原理、哲理体系以及其在宇宙、社会与个人等多个层面上的涵意。这对研读周易至关重要，系统理解周易的深层内涵离不开它们。人们通过比照并综合不同部分，才能体会周易宏观的哲理与微细的芬芳，它们构成了理解周易的基础框架与重要手段。

因乾坤是周易最核心的两卦，在解释乾坤两卦时，本书不仅解释卦辞、彖传、象辞，而且解释《文言》（因《文言》专门释《乾》《坤》两卦卦爻辞）。

卦辞：乾，元亨利贞。

彖传：大哉乾元，万物资始，乃统天。云行雨施，品物流形。大明终始，六位时成，时乘六龙以御天。乾道变化，各正性命，保合大和，乃利贞。首出庶物，万国咸宁。

大哉乾元，万物资始，乃统天：知大始的乾元的作用和意义太大了，万物都是凭借乾元知大始开始，乾元是统御世界的天官思想。

云行雨施，品物流形：所有存在的形成都有因果和过程，就像唯有云行才有雨施那样。乾元是所有存在构建主体，所有存在都是乾元适时提前提供条件，成就"品物"适时"流形"的完美结果。所有完美结果的最初原因都是"乾知大始"提供如"云行"才有"雨施"，造成万物繁茂成长的"品物流形"结果。

大明终始，六位时成，时乘六龙以御天：所有最终的明确结果，都经历过开始不甚明确的初始状态，逐渐发展长成。易用一卦六爻位表征这逐渐明确的过程，爻位是设计主体思想里呈现的不同情状的依次再现，设计主体思想统御着逐渐清楚的认识过程。

乾道变化，各正性命，保合大和，乃利贞：被认识对象形成过程逐渐接近乾元规定，即所谓"乾道变化，各正性命"，最终实现乾元规定的"保合大和"状态，也即乾元规定的贞对[①]情况之利，

[①] 本书在追求通俗易懂的同时，也努力保留了一些古文的表达方式，以保持那些思想的原始韵味。例如，在《周易》的诸多篇章中，"贞"一词频频出现，"贞"象征着"针对情况"。为了忠实地传达《易》的核心强调和重点，本书经常使用"贞"或"贞对"来代表"针对"。此外，为了语言的精炼，本书采用了一些特有的简洁表述，例如"象"通常指"象征"，而"义"在特定语境中则解作"意指"。

也就是"利贞"。

首出庶物，万国咸宁：和谐繁茂的庶物只能出于知大始之首的睿智政令。没有知大始之首的正确认识，根据需要进行培训，根据特长赋予责任，任得其才，才得其用，各司其职，不可能和谐繁茂。不同存在特长不同，就如孔子所示"问稼吾不如老农，问菜吾不如老圃"，"万国咸宁"的根本原因一定是由"知大始的首出"。知大始之首必须根据实际情况，使人尽其才，才能使庶物和谐繁茂。

大象曰：天行健，君子以自强不息。天行健，天运行总以既定规律从无差失，即总在变又总不变，总不变者是总贞对情况，总变者亦视总贞对变化的情况采取相应措施，亨通解决问题。所面对情况改变，"措施贞对情况"总以亨利贞[①]原则解决问题进展不息不变。欲使措施贞对情况解决问题，首先自强于明需解决的问题，继之明解决问题措施，明执行措施技能，修习具有技能，必能解决问题。

卦文言：

卦文言（一）：元者善之长也，亨者嘉之会也，利者义之和也，贞者事之干也。君子体仁足以长人，嘉会足以合礼，利物足以和义，贞固足以干事。君子行此四德者，故曰乾，元亨利贞。

元者善之长也，亨者嘉之会也，利者义之和也，贞者事之干也：释卦辞"元亨利贞"。元者善之长是"元"和"亨利贞"的关系。"元亨利贞"是人行为的思想原则。"元"意思是"首"，如元首，统揽总局，第一的……等。就人行为说，元指行为开始就自觉予以解决相应问题为根据，制定针对当前情况，能解决当下问题的

[①] "亨贞利"原则，后文有详细解释。

措施。"亨"意思是通,做事过程亨通无阻,没有窒碍,确证所有措施都贞对情况解决问题。之所以做事亨通,是因为做事的措施是嘉美的,各种嘉美措施荟萃,从而顺畅实现了目的。利是获益比付出更有意义。"义之和"即"宜之和",资源总体安排都以特长"相协为用","义之和"是实现"利"的"途径"。子思《中庸》有"义者宜也,尊贤为大",以"尊贤"安排资源,适合做什么就安排做什么最重要。"贞者,事之干也",做事最核心的是措施贞对情况,其他都是附属于贞的枝叶。唯有资源安排"贞"对情况,才能有"亨通之利","元"才堪为"元",乾才堪为知大始之乾。

君子体仁足以长人,嘉会足以合礼,利物足以和义,贞固足以干事。君子行此四德者,故曰乾,元亨利贞:君子体法"尊贤为大"的仁道,以"尊贤"安排资源足以长人,堪为尊长。主体是人,其他存在不具有"仁"的自觉。而作为被尊客体不仅限于人,包括所有资源。唯有所有资源都用到最能发挥作用,即孔子指的"义之和",才能且必能获最好结果。资源安排"尊贤"情状又是确证安排资源主体"自身贤否"的根据,"体仁足以长人"。准确识别贤否,所有岗位安排都恰当就是"嘉会"。资源嘉会相协为用结果必然完美。"礼"即"周礼",当时认为最好的制度,"合礼"指资源安排完美无缺,都充分发挥作用,实现可能的最好结果。唯有主持者是贤才才能最恰当安排资源,形成完美无缺、合于情势的"嘉会"。利物足以和义,所有参与者都得最恰当任用本身就是"利物",都有最好结果。这利物由资源安排"合于义"实现,所有资源都实现相应之利,"和义"。贞指措施严密贴合具体情况,必准确完美解决问题,"足以干事"。唯有有见识君子才能行以"元亨利贞",行以"元亨利贞"堪为乾刚君子。

卦文言(二):乾元者始而亨也。利贞者性情也。乾始能以美利利天下，不言所利大矣哉。大哉乾乎，刚健中正，纯粹精也。六爻发挥，旁通情也。时乘六龙，以御天也，云行雨施，天下平也。

需要说明的是，这一节只是把卦辞"元亨利贞"再解释一遍，并非卦辞准确的人文意义，称"卦文言"并不准确。内容雷同于卦辞和象传。其他解释无这类情况，本解勉强将其称为"卦文言（二）"，其实并无明确的人文意义。

乾元者始而亨也：乾元以"亨通"为原则，以启动后续的顺畅变化，这是乾的责任，也是《周易》整体运行的基础。如果乾本身没有这种原则，便无法真正担任始卦的作用，更难实现整体的顺畅运行。

利贞者，性情也：乾卦之所以能充分发挥启动的作用，贴合各种情况、促成顺畅变化、带来利益，正是由于乾"贞对情况亨通运行并有利"的作用，这是乾元的"本有之性"，也是乾的"呈现情状"。

乾始能以美利利天下，不言所利大矣哉：乾从开始就以"美和利"施利全天下，不言施予对象，施什么利，乾元考虑问题的出发点绝非私利，也绝非一派之利，而是全天下，乾元对所有对象都施予所有利，既无不施利对象，亦无不施予之利。乾元所施利太广大了。

大哉乾乎，刚健中正，纯粹精也：乾卦纯阳，是作为政令的制定者和发布者出现的，阴爻，是完成政令的实施运作者。虽然在周易中强调阴阳互补，政策制定和政策实施缺一不可，但在职权影响上，阳爻（乾爻）的地位大于阴爻，所以"阳大阴小"。"大哉乾乎"！而乾制定的政令都贞对情况准确施利，不会有差失。

六爻发挥，旁通情也：乾元直接施利于所有的情况，难以适应复杂多样的实际情况，难以准确贴合每一情况。要准确贴合各种复杂情况，唯有通过对六爻的变化"曲进"，来"旁通"各种情况，适应其变化，才能"贞对情况施利"。

时乘六龙，以御天也，云行雨施，天下平也：乾元要灵活适应各种情况，就像在不同的时机，能灵活调度不同力量，并通过此达到统御整体的目的，就像雨露之施行需要云雾的引导一样，各种情况的发展也都需要乾的灵活引导与准确施行。这也说明了乾支配整体的基本方法在于针对各种情况作出恰当引导与施行，最终解决所有问题，成就天下太平。

六爻简释：

初九，潜龙勿用：初九，作为始爻，其特点在于"阳刚知大始"。但在"事之始"却"一无所知"，对具体问题"其他无所能为"，语言询问都几无可能，只能"潜"入实践以求"体察了解情况""潜龙勿用"。"龙"能贞对情况顺时而变，但其始终坚定地"知大始"，就不会有失误。"潜"，观察体会不行动是唯一可行的道路，潜龙勿用，非常坚定地知大始，与其"阳刚"本性相匹配。象曰：潜龙勿用，阳在下也。九阳刚知大始，初位表征地之下位，因为刚开始，所以不清楚情况，提不出问题，只能"观察体会"，"潜龙勿用，阳在下也"。只"观察体会"是知大始阳刚不了解情况时的"唯一能为"。

九二，见龙在田，利见大人：六爻初二表征的地位，"二"地上，劳作处称"田"，说明初二所处的阶段或层次处于较低基层。九是阳刚知大始之龙。经初位"潜"的观察体会，对情况有一定认识，可以根据所认识的情况制定解决问题措施。"田"长期耕种，少有危险。比喻已掌握情况，措施正确，少有失误。象曰：见龙在田，德施普也。德的意思是认识决定的行为能解决问题。施普，九二所施普及于所认识全部情况，准确解决相应问题。也即此时的九二能对所接触情况提出应对措施。

九三，君子终日乾乾，夕惕若厉，无咎："三"人位，下体之上未离下①，刚正。它从早到晚都保持警觉和小心，既避开了危险，又针对情况履行责任，没有过错或过失。象曰：终日乾乾，反复道也。"三"处位上"比"②四"应"③上，下"比"二，可反复从"二""四""上"了解情况，提出措施。

---

① 周易分为上卦和下卦，所以本书中"下体之上未离下"的意思是，九三处于下卦最上面，但没有离开下卦。

② 在周易的理论体系中，"比"与"应"是两个至关重要的概念，揭示了事物内部各要素之间的关系规律。

"比"指相邻两爻之间的关系，如初爻与二爻，二爻与三爻，三爻与四爻，四爻与五爻，五爻与上爻。若相邻两爻一阴一阳，阴阳交错，谓之"正比"或"友"，象征着二者关系和谐，能相互促进，此为吉兆；若相邻两爻均为阴爻或阳爻，同性相邻，谓之"反比"或"敌"，意味着二者难以协调，此为凶险。

在"比"的关系中，相邻的阴阳两爻象征着两个属性、能力不同的主体在空间上的紧密邻近。"正比"意味着二者的才能与其分工都相互适应，能和衷共济，无需交换责任；"反比"则说明两者难以就现有分工达成默契。此时，理应由处于阳位的一方明察时局，及时提出交换任务，重新分工，才能消弭矛盾，协同作战，完成使命。

"应"则指上下两卦对应位置的爻之间的呼应关系，如初爻与四爻，二爻与五爻，三爻与上爻。若对应的两爻一阴一阳，阴阳相应，称为"正应"，预示着上下两体在性质、能力上相互契合，能通力合作，达成目标，此为吉兆；若对应两爻同为阴爻或阳爻，阴阳不应，称为"无应"或"反应"，意味着上下两体难以彼此配合，缺乏默契，此为凶兆。

进一步讲，"正应"的上下卦对应爻阴阳相应，象征着上下体在思想理念、才能技能上与其所承担的责任相匹配。在这种情况下，上下两体能很好地履行各自的职责，通力协作，实现事业的最佳结果。相反，"反应"则意味着上下体的属性与其分工责任不相适应。面对这种局面，处于阳位的一方应审时度势，主动提出相互交换责任，化阻力为助力，从而实现有效合作，化险为夷。

③ 因为周易的六爻代表一卦中不同的情状，不同的角色或人物。例如，"三"的位置是在"上"与"九四"相比，与"上九"相应，在"下"与"九二"相比，可反复从九二、九四、上九了解情况。在对周易各卦的爻辞、象辞进行解释时，里面涉及的"初"、"二"、"三"、"四"、"五"等可以某人物角色进行理解，具体表述时，可以用"九五爻"或者"五"来表述。

九四，或跃在渊，进无咎也：九四处于"人"位之上，已脱离"地"位。阳刚位处第四爻，属于阴位①不正。九四下应初九比九三，上比九五都不正，所以说"或跃在渊"。九四爻应该与初九多了解情况，首先致力于理解局面细节，包括掌握"三"（各方）的具体情况，这样才能做出无误的判断与决策。或者，九四也可以直接跃向九五，也即直接向上级"禀告"详尽情况以求指导，这同样避免了随意妄为带来的遗憾。它既可以逐级渐进理解，也可以直接寻求上位指引，两种方式并不相悖。关键是要避免草率而行，要兼顾全局，重视具体问题，兼顾各方，这样才能"无咎"。象曰：或跃在渊，进无咎也。九四或跃向九五禀告情况，或到初位、"三"位了解情况，都是履行责任，无咎过。跃向"五"亦正，禀告情况进无咎。

九五，飞龙在天，利见大人。大德之君九五，具有"刚中正至尊"的治理原则与德性，能够辨识并重用天下品德卓越的贤能之士，这正是其治国策略的关键所在。而这些具有卓越品德和才识的贤臣才能体察并理解处于九五之位大德之君的德行，这样才能真正为君主服务，助其遂政。通过这种君主与贤臣的共鸣理解，密切合作，才能求治天下之政，共成天下之事。象曰：飞龙在天，大人造也。爻辞"飞龙在天"意思九五思想行为刚决准确贞对情况，解决所有问题，造就天下太平。

上九，亢龙有悔：九五爻是最高最正的位置，也是最中正最得时的位置。过此则亢。上九爻亢极有过，故有悔。唯圣人知进退存亡而无过，不至于悔。象曰：亢龙有悔，盈不可久也。上九爻因为

---

① 周易中的阴位和阳位是指六爻卦中每个爻所居的位置，有奇偶之分。一、三、五爻为阳位，二、四、六爻为阴位。阳爻居于阳位或阴爻居于阴位为当位为吉；阳爻居于阴位或阴爻居于阳位为不当位为凶。

产生了"悖于情况"的幻想认知，必然引起后悔，必然不能持久。所以，明智的统治者要"知不可久而预防"。预防就在于维持清醒的判断力，要针对情况谨慎推敲，对实际情况作出准确判断与理解，不要被一时的欢乐或者权势冲昏头脑，产生与事实不符的谬妄想法。

用九，见群龙无首，吉：九代表阳刚，所以我们用"九"而不用"七"。在易经中，阳数进而阴数退。九是极老阳，极则变。阳极不能进则退，退而为八为阴，寓意以刚行柔。群龙无首吉，因为"用九"以刚行柔，不自行刚决，与所有了解情况有不同见识者商量，以"见贤思齐"采纳贞对情况意见，多能谋划出"贞对情况的措施"，执行实现贞对情况之利，"吉利"。这就是"用九吉利"之义。处天位理万事需要各方面才学，君主作为领导必须要明白，虽然君主是一人主持政务，但要解决诸多问题，需要各方面的才德，只有通过"协商谋划"才能作出恰当决策。象曰：用九，天德不可为首也。用九爻辞"见群龙无首，吉"，意味着"天"所以总能准确适时处置所有问题，就是总以"情况"为首，决不以任何私意，而只"贞对情况采取措施""见群龙无首，吉"。

乾卦六爻文言：

六爻文言（一）：易经中用文言对乾六爻进行了四种解释，这是第一种解释，主要讲述六爻的用途，即处于相应爻位时应该如何行事。第一和第四种解释较为详细且重要，而第二和第三种解释较为简单。

初九曰：潜龙勿用，何谓也？子曰：龙德而隐者也，不易乎世，不成乎名，遁世无闷，不见是而无闷，乐则行之，忧则违之，确乎其不可拔，潜龙也。

孔子认为，初九具有龙适时而变的才能，初位象征因时势原因，不宜出来做事者应该遵循的行为原则和呈现情状，即坚守原则不随世势改变，不为名声所累，隐居于世事之外不为人知也不烦闷。认为正确就执行，认为不合实际则不执行，坚定到什么力量都不能改变。这就是初九爻辞"潜龙"的行为原则。

九二曰：见龙在田，利见大人，何谓也？子曰：龙德而正中者也。庸言之言，庸行之谨，闲邪存其诚，善世而不伐，德博而化。易曰"见龙在田，利见大人，君德也"。

九二爻辞"见龙在田，利见大人"是什么意思呢？孔子回答说：九二具有龙贞对情况适时而变解决问题的才能，凡事都准确认识，具有解决措施，所有言论都合于情况，可信无疑。所有行为都慎重正中情况准确解决问题。思想行为能切实合于情况解决问题而获得可能的最好结果，却从不自夸，认为这是当以本分。九二之所以能准确识变、适时应对，在于其对问题的认知之深、思路之广、视野之阔。唯有对事物的本质有透彻的理解，才能在千变万化的形势中游刃有余，从容不迫。上述就是周易说的具有大德者已出现在大地上，众人身边，会给民众带来利益。九二已经体现出主事才德。

九三曰：君子终日乾乾，夕惕若厉，无咎。何谓也？子曰：君子进德修业。忠信，所以进德也。修辞立其诚，所以居业也。知至至之，可与几也。知终终之，可与存义也。是故居上位而不骄，在下位而不忧。故乾乾因其时而惕，虽危无咎矣。

九三爻辞"君子终日勤勉不止，从早到晚从无懈怠，有危厉无咎过，是什么意思呢？"孔子回答说：君子进取才德，修习功业，尽心于认识情况谋划措施就增益了才德，表达所认识措施清楚明确，合于情况，令人相信，追随者众，协力解决问题居有功业。对于一切有可能实现的目标，君子都能据情况制定周详的行动方案。

因此，与君子讨论计划的细节，往往能收获颇丰，受益匪浅。君子深谙"凡事预则立，不预则废"的道理。对于预期能够达成的结果，必然要事先制定相应的执行方案，确保条件成熟时能够及时付诸行动。在计划实施后，君子还会与志同道合者共同商讨下一阶段的行动方向，再接再厉，精益求精。在下位不忧烦，自信必能解决问题。只孜孜致力于认识情况，制定执行措施解决问题，不懈推进情况改善。这就是九三爻的象征意义。

九四曰：或跃在渊，无咎，何谓也？子曰：上下无常，非为邪也。进退无恒，非离群也。君子进德修业，欲及时也，故无咎。

九四爻辞"或跃在渊，无咎"是什么意思呢？孔子回答说：作出上或下的重大决策之际，无论选择进取或者保守的何种方式，都是以实际行动来解决重要问题。因此君子选择进取或退让都无法完全确定其结果，但都应当根据实际情况来决定，而非根据主观偏好来决定。九四象征君子做事总贞对情况，解决问题同时进升着才德，成就着功业，没有咎过。

九五曰：飞龙在天，利见大人，何谓也？子曰：同声相应，同气相求。水流湿，火就燥，云从龙，风从虎，圣人作而万物睹。本乎天者亲上，本乎地者亲下，则各从其类也。

人与圣人都是人，同类，他们升迁至尊位，是因为识别并运用"适时而变的龙德"，能够灵活变化适应形势，带来利益，而不是不同等级的存在。具有龙德的九五，是随着时间而变化，最终升到尊贵的地位，受到人们的仰望。

有能力的领导者，能够理解群众需求，并协助群众实现共同目标，通过相互沟通与合作来解决问题；而群众也根据领导者的意愿行动，实现自己的欲求。上下都能综合考虑实际情况与共同利益，上下良性互动，有效协调，实现各自的目的。

"水流湿，火就燥，云从龙，风从虎"水流动会使周围的环境变得潮湿，而火则会使周围的环境变得干燥，云要跟着龙飞，风要跟着虎跑，这是指万物有其依据天地之道的特点和规律，各自按照自身本性选择最佳的生存环境、发挥最大的潜力。这也意味着，各方根据实际选择最合理的方法与途径合作，以减少损耗，互相助益，实现共同目的。

"圣人"是既理解大道，又能贴近群众实际，兼顾宏观与实际的人。具有卓越领导力的圣人的核心在于识别并服务多数人的共同利益与目的，促成各方协同合作。对于领导者来说，"欲人从己则先从人"，要想让下级或群众接受自己，首先要理解与体察他们的意愿需求，然后才能进行调整指导。这也是圣人能够受欢迎且实践有效的重要原因。

上九曰：亢龙有悔。何谓也？子曰：贵而无位，高而无民，贤人在下，位而无辅，是以动而有悔也。

上九爻辞"亢龙有悔"是什么意思呢？孔子的意思是：虽然至高无上的地位，但却不配享有这样的地位，因为上九思维太遥远，无法找到问题的关键所在，不能解决实际问题，所以没有民众归属，贤人辅助，所有行为都不能协力，不能成就其事，最终导致行动失败而后悔。

六爻文言（二）：

潜龙勿用，下也：潜龙勿用，当处于"下"位时，由于不了解情况，不宜轻易行动。

见龙在田，时舍也：处地上，有立足之处，可脚踏实地履行责任。

终日乾乾，行事也：下体之上①，保持刚正的态度，坚定地贞对情况行事，不停歇地前进。

或跃在渊，自试也：处于上位的领导者，面对的都是比较重要的决策，如果仅凭个人意志强势执行而无民意考量，这并非正宗的政治领导，而是专断冒进。处于上位应该谨慎行事，行动前要试行与测试，评估可能带来的影响，体察民意疑虑，以确保决策的合理性。

飞龙在天，上治也：任在治天下，致力于天下治。任何执政者取得权力并非为自我恣意，而是为履行治国理想和服务人民的崇高目的。所以，政治领导者应当全力以赴，投入无数心血，致力于"天下治"。

亢龙有悔，穷之灾也：已经非常脱离实际了，多有悔。

乾元用九，天下治也：用九不用七，意思九变七不变，用九意思是贞对情况改变措施，解决问题，天下治。

六爻文言（三）：六爻状态及意义。

潜龙勿用，阳气潜藏：乾卦的第一爻初九象征阳气微弱而潜藏，人事上象征君子的势力微弱，应当潜藏隐忍，需要谨慎行事。

见龙在田，天下文明：象征龙已经在田野上任事，成长为能贞对时势的文明气象，确实证明了其具有创造文明环境的才德。

终日乾乾，与时偕行：九三爻辞"终日乾乾"，意思君子每天自强不息、勤勉不懈，针对社会趋势变化采取各种措施。

或跃在渊，乾道乃革：九四位向上与五相比，向下与初相应，"或跃"是指与五相比，或入于初在基层（"渊"）了解情况，九四承担的责任就是准确掌握基层实际情况，并向九五上报，以促进科

---

① 下体之上，周易是上下两卦相叠，下体是指周易的下卦。"下体之上"，意思是下卦最高地位。

学决策。"乾道乃革"表明这种责任体系的建立，是推动社会进步的关键所在。权力层次的适当运作，决策的科学性，以及对基层实际的准确了解与把握，都是社会发展不断前进的保障。

飞龙在天，乃位乎天德：具有解决天下所有问题才德，胜任居天位之任。

亢龙有悔，与时偕极：象征处位与情景都已处于极端情况，这种境地本来是可以预先规避的，但由于未能预先规避，才导致了这种情况的发生。

乾元用九，乃见天则：乾元制定措施用"九"不用"七"，意贞对情况适时变易，才能解决所有现实问题，规避发生新问题。

六爻文言（四）：六爻行为及意义。

初九：君子以成德为行，日可见之行也。潜之为言也，隐而未见，行而未成，是以君子弗用也：德意思是以行动解决欲解决的问题。君子通过实际行动来解决欲解决的问题，并通过结果来判断行动是否正确。在这种情况下，"潜"并不意味着没有采取行动，而是指尚未显现明确的结果。因此，君子不会轻率地采取行动。

九二：君子学以聚之，问以辩之，宽以居之，仁以行之，易曰"见龙在田，利见大人，君德也"：当君子没有紧迫的时事需要处理时，他会致力于提升自己的才德和修习功业。他通过学习、聚会、问辩等方式来提升自己的才德，并体察人民疾苦，尊重贤者，修习学业。他持之以恒，不懈努力，因此在主持政务时，他的才德愈益显著，所以说"见龙在田，利见大人，君德也"。

九三重刚而不中，上不在天，下不在田。故乾乾因其时而惕，虽危无咎矣：三以刚处刚称"重刚不中"。九三的爻象所处的位置不稳定，既不在高处，也不在低处，这种处境让人感到顾虑和不安。然而，由于他刚正准确地知道大局，并能够根据时势谨慎行事，虽然处于危险之地，但仍然不会有灾难。"刚而不中"是指在九三爻的位置过于坚定，但又无法取代上一爻的位置，此处隐含了一个道理，即处于领导地位的人，必须要把握自己的位置，不妄自尊大，更不能超越自己的身份和微观位置。只有这样，才能有效地作出决策，不至于陷入窘境。

九四重刚而不中，上不在天，下不在田，中不在人，故或之。或之者，疑之也，故无咎：九四爻并非重刚，而"重"字是衍文。表明爻象所处的位置比较微妙，这个地方既不高，也不低，不属于上天，不属于下田，不像是一般的人所能掌握的位置。因此，当有人对其进行描述时，有时会产生疑虑和不确定。然而，由于九四爻能够顺应情况，始终抱着开放的心态，以谨慎和主动处理的态度看待它们，就不会有灾难。也可以认为"四"不在天、不在田、人位之上，则表明领导权威并非来自于神议或人民赐予，也不是人民的期望，而是来自于政治领导者自身的建设实践与举措。

夫大人者，与天地合其德，与日月合其明，与四时合其序，与鬼神合其吉凶。先天而天弗违，后天而奉天时。天且弗违，而况于人乎？况于鬼神乎：刚中正处乾至尊①，无不知，行无不中，故"与天地合其德，与日月合其明，与四时合其序，与鬼神合其吉凶。先天而天弗违，后天而奉天时。天且弗违，而况于人乎？况于鬼神乎？"

亢之为言也，知进而不知退，知存而不知亡，知得而不知丧。其唯圣人乎？知进退存亡而不失其正者，其惟圣人乎：行为过度自

---

① 刚中正处乾至尊，一是指政治领导者应具备的基本品质，即"刚"——不为外物所动，显示出坚强不屈的意志；"中"——能够宽容理解不同意见，在处理问题时能够持平稳健的判断；"正"——能够运用恰当的政策与措施；二是指政治领导者应当拥有至高无上的崇高权威。

大的政治领导者，有了一定的成就一定的知识之后，却无法审视得当，知识变得过于狭隘，只会看到自己的进步，而无法注意到自身的不足与退步，更无法意识到自己的存亡这种更根本的命运变化，在行为选择上只能得到，不能失去。上九爻的爻辞"亢龙有悔"意思清楚明白。如果按照这句爻辞的意思行事，必然会导致失败和悔恨。

只有圣人能够真正做到知进退、存亡、得失，并在其中找到平衡点。因为圣人具备高深的智慧和过人的胆略，不被利益和局势所左右，具有审时度势的眼光和明确的处事原则，能够以恰当的方法和力度引导事物的发展，从而取得最有利的结果。

坤卦：厚德载物

坤下坤上

卦辞：坤元亨，利牝马之贞。君子有攸往，先迷后得主利。西南得朋，东北丧朋，安贞吉。乾卦已说明元亨，本解不多做解释。"坤元亨，利牝马之贞"，作为执行者的坤，首要是"顺乾"，其责任和目的都是严格按照乾规定的思想原则"元亨利贞"实际做成，所以需要"坤"先理解"乾"构思的方案，并具备相应技能，继而顺"乾"，以"元亨利贞"原则，必能实际做成。凡有违背必不能成。这既是易的原则结论，也是"乾坤易之蕴""易之门"之义。君子有攸往，先迷后得主。坤顺君子凡有所往，先于乾的认识则"迷"，不知所措，于乾以后以乾所认识行动则顺利前往。

彖曰：至哉坤元，万物资生，乃顺承天。坤厚载物，德合无疆，含弘光大，品物咸亨。牝马地类，行地无疆。柔顺利贞，君子攸行。先迷失道，后顺得常。西南得朋，乃与类行。东北丧朋，乃终有庆。安贞之吉，应地无疆。

至哉坤元，万物资生，乃顺承天：乾卦代表创始和认识情况，它规定了当提供条件、所做工作、如何做及实现结果等，以实现可能的最好结果。而坤卦则顺承乾卦的规定，通过实际行动来实现乾卦的规定，使乾卦的规定成为实际存在。

坤厚载物，德合无疆：乾卦规定了所需的条件、应该做什么、如何做以及应该实现的结果等。而坤卦则具有所有技能，能够准确执行乾卦的规定，没有疆界限制，它能够准确地完成乾卦的规定，坤厚载物，德合无疆。

含弘光大，品物咸亨：乾知大始，能够根据情况作出明确的规定，以实现最好的结果。乾卦认识到"含弘光大""品物咸亨"①。而坤卦则具有执行乾卦规定所需的所有技能，能够准确地完成乾卦的规定，实现"含弘光大""品物咸亨"。

牝马地类，行地无疆，柔顺利贞，君子攸行：坤卦之所以能够实现乾卦规定的"含弘光大品物咸亨"，是因为它本性完全准确地顺应乾卦，具有实现乾卦规定的所有技能，能够准确地按照乾卦的规定行事。这是坤卦"君子攸行"，以"柔顺利贞"完全顺应乾卦规定的本性。坤卦之所以为坤，就是因为它的本性完全顺应乾卦。

先迷失道，后顺得常。西南得朋，乃与类行，东北丧朋，乃终有庆：在没有乾卦的规定之前，坤卦并不知道如何行动，因此"先迷失道"。但是，当坤卦根据乾卦的规定行动时，它能够准确地实现规定的结果，不会有失误。如果选择顺应乾卦众多的"西南"方向执行，那么就能够得到更多的合作者，顺利完成任务。但是，如果选择执行朋友越来越少的东北方向，那么协力者就会越来越少，责任也会加重。因此，明确这些原则，能够利于执行完成，最终得到福庆。

安贞之吉，应地无疆：上述坤安于顺乾，是普适于所有执行者的原则，与大地顺天一样，没有疆界限制，普遍适用。

---

① 含弘光大，品物咸亨：乾卦具有广博的内涵和光辉灿烂的外在表现，它能够使万物都得到亨通。这是一种极度完美而神圣的状态。

大象曰：地势坤，君子以厚德载物。

易经中的原则是乾主坤顺，天主地顺，阳主阴顺。这些都是基于特定的主从关系，并非随意顺从，更非都要顺从。最重要的是行动要顺从思想认识。例如，"地势坤"意味着地势顺从天，可能来自于现实世界的一种观察，无论人在任何位置观察天空，天空与人的距离都是相等的，如在高山观天与在海上观天距离无差别。乾以天为象，能够明确规定实现"亨通"之"利"的措施。坤顺乾法地顺天，都是按照天的规定来完成事情。坤顺君子，应当遵循乾的规定，修习技能，严格执行乾的规定，使乾的规定成为现实，"以厚德载物"，才能成为坤顺君子。

卦文言：坤至柔而动也刚，至静而德方。后得主而有常。含万物而化光。坤道其顺乎，承天而时行。

坤至柔而动也刚，至静而德方：坤是至柔的，它遵循乾的认识，以牝马之贞来完成乾的规定。在乾的认识规定之内，坚定果决地执行乾卦的决策和规划；在乾所认识的规定之外，则需要保持至静，不做过多无谓的行动和决策。

后得主而有常，含万物而化光：坤只遵循乾的规定，以乾的规定来指导行动。这是坤所遵循的常规，不会违背。坤顺从乾的行动包含了乾认识的所有对象。乾知道大始，都有明确的规定，包含万物。坤都顺从乾，实际完成而化光。

坤道其顺乎，承天而时行：坤道对乾非常顺从，完全遵循乾的规定。在天地之间的所有"时点"上，都以顺从乾的规定来行动，承乾而时行，即承天而时行。

六爻简释：

初六，履霜坚冰至：初爻处于最下方，六象征阴，责任是做成。初六阴柔始生于下，犹如已践履到薄霜，不能轻忽，会顺势发展，坚冰会随之到来。这是传统认为"阴是不利情况"的观点，这种观点违背了易经中"乾知大始，坤做成物"的总原则。在易经中"乾知大始，坤做成物"的总原则意义上，初六爻辞应当象征着"遇到未认识的情况，不能贸然行动，先致力于认识需解决的问题，以之修习技能，实际解决问题"，否则会引致难以预计的严重结果。意思是凡事预防于初，明确问题并具有解决措施则避害为益。象曰：履霜坚冰，阴始凝也。驯致其道，至坚冰也。爻辞"履霜"意味着"阴已开始凝结"，遇到了不利情况，不会止于开始凝结，必须顺势发展结成坚冰。意思是必须继续发展，不会止于始生状态。

六二，直方大不习无不利：坤六二顺中正，是坤之主，本性与坤相同，完全准确地顺从乾，不需要习练。它的本性就是以乾的规定作为行为标准，无曲折为"直"，准确符合标准为"方"。坤完全符合乾的标准，以最小化无用的损耗，通过最简短的途径实现大成。象曰：六二之动，直以方也，不习无不利，地道光也。六二爻象与坤卦相同，它完全准确地顺乎乾卦，直接准确地执行完成乾的全部规定。六二之行路径沿着乾对坤规定的地道，不需要习练，所行过程和结果时时处处以乾规定，没有任何偏离。因为地道大得光显，所以"不习无不利"。

六三，含章可贞。或从王事，无成有终：六三爻位，以柔处刚，阴阳交互，其象征内涵美好，可以贞守。它处于下卦之上，或有可能从事王事，但不是必然可以从事王事。如果不把从王事的成就归于自己，会有善终。以"无成有终"警示六三，因为三以柔处刚不正，或会专擅成就。所以作为领导者，重要的是敬业履责，而非自视为英雄，这才能赢得人心善终。作为处于六三的领导者，要免遭"无成有终"之后果，就需要做事情的时候保持自己的人品和努力精神，而非过于专擅成就，以免会走极端，这才是真正的六三意义所在。象曰：含章可贞，以时发也。爻辞义为"内含章美"可以贞守，但不要随意发用。要否发用，如何发用，发的时空位置程度方式都要贞对情况，"含章可贞，以时发也"。

六四，括囊，无咎无誉：四爻处于上下闭隔之时，虽然顺正，但紧邻阴处刚中的六五，是危疑之地。此时应当像括结囊口一样晦藏不露，才能无咎。否则或有咎。既然晦藏不露，自然也不会有誉。这表明领导者在危险处事时，要显示出克制，审慎而不大肆展现，这才能避免重大失误，不至于蒙受咎责。象曰：括囊无咎，慎不害也。谨慎到如括结囊口，既无言语，更无行动，甚至无表情，自然不会有咎过，意谨慎不会遭害。

六五，黄裳。元吉：六五爻位居尊贵的中位，称为黄；六爻能够谦下，称为裳。刚中之尊能够准确顺应情况，所以元吉。象曰：黄裳元吉，文在中也。刚柔同处为文，六五爻以阴爻之顺处于刚尊之位，刚柔集于第五爻，五爻又是上卦中道，说明六五爻不仅处于最为尊贵的位置，而且把握着正道。同时，领导者恰当运用刚柔，取得良好的治理效果。六五爻象征准确根据情况，刚柔并济，得到完美的结果。

上六，龙战于野，其血玄黄：当顺从达到极点时，就会变得不再顺从，因此会发生交战。称为"龙战"，喻指阳刚主动发起战争。在上极之处不在内部，称为"野"。古人称"天玄地黄"，喻指阴阳天地交战，战事激烈。"其血"喻指阴阳双方都有伤亡。象曰：龙战于野，其道穷也。爻辞中的"龙战于野"，意味着和平解决办法已经穷尽，只能通过武力解决问题，双方都会有伤亡。

用六，利永贞：坤卦使用六表征爻，就像乾卦使用九表征爻一样。它使用变爻，适时而变，行刚柔之道，目的是利在永久贞对情况。象曰：用六永贞，以大终也。爻辞"用六，利永贞"指"以大终",坤卦变卦后,只能是"以阳终",阳刚知大始,以亨通实现贞对情况之利终。

爻文言传:

初六:积善之家必有余庆,积不善之家必有余殃。臣弑其君,子弑其父,非一朝一夕之故。其所由来者渐矣。由辩之不早辩也。易曰:履霜坚冰至,盖言顺也:所行之事如果益于社会,同时就在累积与之相应的福庆;如果所行之事危害社会,同时就在累积与之相应的灾殃。所有大灾祸都不是突然而至,都有内在逐渐形成的原因和过程,且未能及早辨别纠正。这就是坤卦初六爻辞"履霜坚冰至"所指的意思:凡事都会顺势发展,关键在于人们及时发现并阻止坏事进展,助益好事进展。

六二:直其正也,方其义也。君子敬以直内,义以方外。敬义立而德不孤,直方大不习无不利,则不疑其所行也:六二爻辞中的"直方大",其中"直"意为"以乾所认识行动,结果必然贞对情况,准确解决问题"。而"方"意为"权衡",行以乾规定必准确贞对情况解决问题,适宜。君子内在专注于责任,总准确贞对情况履行责任,义以方外,成就其大,敬义立而德不孤。这就是六二爻辞"直方大,不习无不利"所指的人文意义。

六三:阴虽有美,含之以从王事,弗敢成也。地道也,妻道也,臣道也。地道无成而代有终也:古人写的文言,如果不完全准确符合"乾知大始,坤做成物"的总原则,那么以下凡有不准确符合周易"乾知大始,坤做成物。乾以易知,坤以简能"的根本原则者,都做了相应矫正。六三爻以阴处刚,其象有刚柔交互的章美。以阴处刚,自身阴柔不能知大始,只能以阳刚认识实际做。也或由于三以柔处刚不正,象才不堪任,文言特别强调顺乾。"阴之美"是以阳刚规定做成物,离开阳刚不知做什么如何做,不是"含",

是本性无知只能顺刚做成，以所具有技能"从王事"，不是不敢成，是不具备独立能成见识。无论阴阳都不能独立完成，必须乾坤阴阳相协为用才能成其事。坤阴只能以乾阳认知行牝马之贞，即所谓的"地道也，妻道也，臣道也"……也就是人的思想和机体、设计师和工人等等所有知者和能者相协为用共成其事。地道所成是以天的规定，天地阴阳共同完成。

六四：天地变化，草木蕃，天地闭贤人隐，易曰"括囊无咎无誉"，盖言谨也：坤象天地闭隔之时，六四爻以阴处阴顺正，虽然靠近六五爻，但都为阴不能相协合作。人事处于知能不相交互的状态，知时贤哲当能及时发现并随之隐遁。提前显现所认知的事物不会或者美好的声誉，甚至会有灾难，最简单的做法是不发表任何意见，不会有咎过。若不可能，或如汉张良远离遁去。六四强调在阴阳隔离、知能分离的状态下，最稳妥、最无害的做法就是少言寡语，避免任何可能引起争议或灾祸的发言与行为。保持缄默是维持稳定的最佳方式。只有在阴阳统一、知能互动的条件下，表达意见才是适宜的，否则很可能带来不良结果。

六五：君子黄中通理，正位居体，美在其中，而畅于四支，发于事业，美之至也：六五爻柔居天地闭隔之尊，天地闭隔或非六五所为，乃时处如此，故六五位文言主在阐发六五的顺中之道。黄中通理，黄，中色处中位，说明行为、思想都应该顺中，顺应情况。顺应情况不是助纣为虐，只是既避免被伤害，又尽力挽回损失。即使处于主导地位，也必须顺应不可扭转的大势，既需以情况行谦顺，又尽力降低灾祸。六五的美德才能，既隐含于自身本性中，又呈现在处位象征中。只有在"情况允许"的条件下才能发挥作用，以实现可能的最佳结果。这体现在了利用有限资源最大限度地减少损害的智慧所在。

上六：阴疑于阳必战。为其嫌于无阳也，故称龙焉。犹未离其类也，故称血焉。夫玄黄者天地之杂也，天玄而地黄：坤卦代表纯阴无阳。在坤卦中，阴盛极与阳势力近等，开始了特殊情况下的阴阳交战。爻辞中的"龙战于野"和"其血玄黄"描述了这场战斗。双方都有所伤，也指"天玄而地黄"。地黄指我国北方的黄土地，而天玄则有多种解释，大概指天玄妙不可知。

屯卦：君子经纶

震下坎上

序卦：有天地然后万物生焉，盈天地之间者唯万物，故受之以《屯》。屯者盈也，屯者物之始生也。

"有天地然后万物生焉，盈天地之间者唯万物"。意由天地生成了万物，盈满于天地之间的是万物，这是序卦传作者的观点，再向前推是《易》作者的观点。不必过于追究"物始生"的真实"实际情况"的是与非。"屯者盈也，屯者物之始生也"，易作者把天地始生万物状态称为"屯"，屯义盈满，象征天地始生万物状态，所以乾坤后设屯卦。这表明，易的目的是揭示事物发展规律。震卦象征天地阴阳在下方开始交互，坎卦象征天地阴阳在中间再次交互。坎水在雷上象征云，屯象阴阳相交成云雷。上下体都已处于阴阳交互状态，二体象在险中动，动于险中。

卦辞：屯，元亨，利贞，勿用有攸往，利建侯。

虽然处于屯难，但仍能亨通实现贞对情况之利。这就需要制定亨通实现贞对情况之利措施，以之执行即能亨通实现贞对情况之利。所以"勿用有攸往"，不反对出击或扩展，而是反对轻易出击或操之过急。是要"建"制定行之有效的"亨通实现贞对情况之利措施"。此时旨在寻找能够制定"亨通实现贞对情况之利措施"者为"侯"，主持制定"亨通实现贞对情况之利措施"，以之执行则亨通实现贞对情况之利。

彖曰：屯，刚柔始交而难生。动乎险中。大亨贞。雷雨之动满盈，天造草昧，宜建侯而不宁。

屯，刚柔始交而难生，动乎险中：以卦的上下两体解释卦名和卦义，始交指震，难生指坎。易中多说卦爻"刚柔"少说"阴阳"，是刚柔分别，有"不可阻止"能主导和只能顺从完成的意思。而"阴阳"除乾坤有明确规定外，再无明确主从意义。屯"刚柔始交而难生"是因所处"动乎险中"，在"险中动"，当然"难生"。

大亨贞：所以能大得亨通是由于初九刚正，内体①动之主。虽处险中，象征动止贞对情况，大得亨通，大亨贞。

雷雨之动满盈：内体象雷②，外体象雨。初九刚正，象征动止果决贞对情况，准确解决所有问题，如"雷雨之动满盈"。

天造草昧，宜建侯而不宁："天造"指屯卦象征处于组织初建时期，"草"指处于自然状态，"昧"指未经训练，很多人不能胜任工作，不能安定下来，因此需要请一位刚明的领导者"侯"来主导训练。

大象曰：云雷屯，君子以经纶：坎不称"雨"而称"云"，指屯卦象征事情开始时，不清楚情况，所以"君子"必须"以经纶"，就像把杂乱丝线梳理顺畅、裁长结短、织成布匹那样，梳理清楚情况，才能制定解决措施。

---

① 周易中的内卦和外卦分别指的是一卦中的下面三个爻和上面三个爻。外卦也叫用，代表外显，也可以代表外物。内卦也叫体，代表本质，也可以代表自己。

② 本书在解读周易时，力求简明。所以会以"象"来表示"象征"，全书有不少表述是"象"这种表述，表达"象征"意义。

六爻简释：

初九，磐桓，利居贞，利建侯：在屯卦中，刚明者处于下位，如果急于进取就会遇到危险。要解决屯卦的困难，唯有坚守正道。九五爻位处于屯卦的险境中，要走出困境需要辅助。唯有初爻的刚明者以正道为依据，成为领导人，才能辅助解决屯卦的困难。这说明在艰难困境中，明哲审慎为宜，仓促行动将陷于险境，唯有守贞为明智选择，需要刚明的领导者才能帮助出险。象曰：虽磐桓，志行正也。以贵下贱，大得民也。在屯卦中，初爻的刚明者处于下位，与五爻没有关系，只能坚守正道。从坚守正道中可以看出，初爻的刚明者在思考如何解决屯卦的困难。初九爻以刚明之德，甘愿居于阴柔之下，"以贵下贱"，这样能得到民众热烈的拥戴。

六二，屯如邅如。乘马班如，匪寇婚媾，女子贞不字，十年乃字：在屯卦中，六二爻处于屯卦的困境中，正应九五爻的刚明。六二爻想要顺从正道，但不知道如何做到，在是呼应九五爻还是与初九爻相比之间持久犹豫不决。直到最后，六二爻醒悟，与初九爻亲近相互协助，共同进步，才能帮助六二爻走出屯卦的困境。象曰：六二之难，乘刚也。十年乃字，反常也。六二爻之所以困难，是因为它只知道自己的位置高低，却不明白初九爻的阳刚之德和大始之重要性。它也不明白自己的无知，更不明白知道大始的重要性。因此，它"乘刚"造成了"十年乃字"的反常结果。所以，真正脱离困境，关键还是能依靠智慧的力量，能"知大始"，领悟根本原理。

六三，即鹿无虞。惟入于林中，君子几不如舍，往吝：在屯卦中，六三爻处于阴柔之下，上面没有应和，不中正。它无知地妄行，不能胜任工作，陷入困境。就像逐鹿的人没有人引领，陷入了森林之中。如果知道大始，君子见机而知危，知道不可能实现就舍弃。但六三爻无知地行刚,不舍弃,最终落得羞愧。象曰:即鹿无虞,以从禽也。君子舍之,往吝,穷也。爻辞"即鹿无虞"意味着出于私欲而不顾能力。爻辞"君子舍之"指君子知道大始,如果能力不够就舍弃。因为明确知道能力不够而吝啬不舍,就会陷入困境。

六四,乘马班如。求婚媾,往吉,无不利:在屯卦中,四爻和五爻亲近相比,四爻比五爻掌握着更好的时机。五爻处于险境中,不能亲近相比。初九爻知道大始,正应六四爻,主动与四爻相互协助,求婚媾。初九爻刚正准确地知道大始,六四爻顺正准确地执行完成。初九爻和六四爻相互协助,解救九五爻走出坎险,往吉无不利。六四爻中初九、六四爻通过理解合作,得以解救九五爻脱险,共同走向吉祥。智慧与力量的协同,是实现良善的关键。象曰:求而往,明也。六四顺正不能知大始,待初九求而往以阳刚认识执行,明也。六四爻虽然顺从正道,但它没有真正领悟到事物的根本原因,需要初九爻主动上前求教,六四爻才会获得进一步的认知与启发,才能准确执行初九爻的方案。所以没有深入理解,任何顺应行动也都是盲目的;真正的智慧进步,需要依靠"阳"领导的主动教导与启发,单凭顺应不能得知大始。只有通过不断学习,从"知大始"的"阳"中汲取智慧,才能明确正确行动。

九五,屯其膏。小贞吉,大贞凶:九五爻虽然强大、公正、位高,但仍然面临困难。它与六二爻正应,与六四爻正比,但它们都是"阴小",只能顺从而无法理解事物的根本原因,无法胜任解决困难的任务。九五爻与上六爻相比,但上六在事外无意义。九五爻的直接关系都是"阴小",不能担当重任,九五只能"屯其膏"。但九五"屯其膏"并不是不给予帮助,而是一定要严格针对情况给出"刚中正"的帮助。因为九五爻所比应的都是"阴小",给予帮助的时候,"小贞吉,大贞凶"。也就是说,九五爻所面临的相关者,可以做一些执行工作,但需要认识情况的措施,不能委托他们去做。象曰:屯其膏,施未光也。九五爻之所以"屯其膏",是因为它的直接关系都是"阴小",不能担当重任。即使给予他们重任,也不会得到光大。

上六,乘马班如,泣血涟如:上六爻阴柔,居于屯卦的终位,处于险境之极,象征着不安定。它乘马欲往,但无处可去,只能徘徊不前,动弹无所之,进退皆不可,处于穷厄之极,哭泣得血泪涟涟。象曰:泣血涟如,何可长也。爻辞"泣血涟如"意指上六这种状态怎么可能长久呢?实际也不会长久,易至极则变。

关于《易》中"占、卜、筮":"占、卜、筮"都是《周易》中用来求解问题的方式。它们的过程不同,但目的都是为了解决疑难问题。这些过程繁复,几乎没有任何实际意义。甚至有人故意弄得玄虚,以示神秘。笔者愚见,《周易》中的"占、卜、筮"是《周易》最大的糟粕,不值得采纳。但《易》中卦爻象征意义及卦爻辞,乃至《易传》等,都有许多提示意义。它们之所以具有意义,是因为它们强调人的行为应该根据所处情况的"亨通实现贞对情况之利措施"。人们应该根据既有情况制定贞对亨通实现贞对情况之利措施,然后通过修习技能来执行措施,以牝马之贞执行措施,这样就能够亨通实现贞对情况之利。

蒙卦：果行育德

坎下艮上

序卦：屯者盈也，屯者物之始生也。物生必蒙，故受之以《蒙》。蒙者，蒙也，物之稚也。屯卦象物始生。物始生稚小蒙昧。蒙昧未开发，所以列屯卦后。蒙卦象艮上坎下，艮以山为象，义止。坎以水为象，义险。蒙卦象山下有险，遇险而止，不知所能行当行，蒙昧。水必行，始出无所所能之，象蒙昧。

卦辞：蒙亨。匪我求童蒙，童蒙求我。初筮告，再三渎，渎则不告。利贞。

蒙亨：蒙卦辞，它主要讲述了开发蒙昧之道。它明确指出，开发蒙昧之道是首要和根本的。蒙昧都是由于无知，如果能够认识需要解决的问题，并具有解决措施，那么就不再蒙昧。通过行动解决问题，就能够亨通行进。解除蒙昧的根本和首要方法是明确受教之道，通过受教才能解除蒙昧，亨通行进，蒙亨。

匪我求童蒙，童蒙求我。初筮告。再三渎，渎则不告："我"指九二刚中准确知大始、开发蒙昧的师长。童蒙指六五无知处尊位，蒙昧主体。九二既是知大始施教师长，自然明确发蒙之道及其意义。"匪我求童蒙，童蒙求我"，描述了施教的"求与"关系。施教者需要"知大始",具备知识和能力,才能胜任教学工作,并且必须尽心施教。但是,受教的童蒙(六五爻)无知,不知道施教需求关系和施教结果的主要决定因素。因此,首先需要对六五明确"受教原则",即"匪我求童蒙,童蒙求我,初筮告,再三渎,渎则不告"。六五需要首先明确受教原则并尽心受教,才能根据情况需解决的问题具体施教。

利贞:只有六五明确受教原则,以之受教,才能获得贞对受教之利。

象曰:蒙山下有险,险而止,蒙。蒙亨,以亨行时中也。匪我求童,蒙童求我,志应也。初筮告以刚中也。再三渎,渎则不告,渎蒙也。

蒙,山下有险。险而止,蒙:卦象山下有险,蒙卦的卦象是山下有险,又象内险外止,险而止。解易者多称卦德,即内外卦象征意义。蒙卦象征险在内,自身有险就是蒙昧,尚未解决。这意味着,当我们面临内在的困难时,我们需要停止外在的行动,首先认识需要解决的问题及解决措施,才能解决内在的困难。

蒙,亨,以亨行时中也。匪我求童蒙,童蒙求我,志应也:要解决内在的蒙昧,只能首先准确把握所处情况需要解决的问题及解决措施。这意味着,我们需要明确解决相应问题所需的条件,并根据这些条件进行准备。当条件具备时,问题就能够得到解决。"匪我求童蒙,蒙童求我"卦辞已释,意思唯有童蒙六五爻诚心以解除蒙昧受教,才能与九二爻心志相应。

初筮告,以刚中也。再三渎,渎则不告,渎蒙也:当受教者首次发问求教时,施教者应准确告知,因九二爻刚中象征。如果同一问题施教后又求教,说明受教者的态度不诚,所当受教的是端正受教态度,而非当施教具体问题。如果再次施教同一具体问题,那

么就说明施教者不能贞对情况施教，是师长渎慢受教童蒙。因此，"渎则不告"是端正受教态度最正确之教。因为再次施教具体问题是教非当教，是施教者亵渎蒙昧受教者。

蒙以养正圣功也：在蒙昧中，如果未受邪说毒害，而是接受成就知大始正道之教，那么就能成就圣道的功业。这意味着，我们需要谨慎选择我们接受的教育，以便能够获得真正的智慧。

大象曰：山下出泉，蒙。君子以果行育德：当泉水从山下涌出时，会遇到山的阻挡，不明确应当行进的方向，这就是蒙稚。凡是有不明确需要解决的问题，或解决措施，或不具备执行技能的情况，都是由于才学能力不能实现心志追求。为了实现心志追求，只有贞对可能遇到的情况果决行动修习学识技能，以总亨通实现贞对情况之利。人生就像行履一样，需要解决的问题随着行履的变化而变化，所需学识技能也总在变化。因此，君子人生无它，只以可能遇到的情况"果行育德"成就自己的人生。

六爻简释：

初六，发蒙。利用刑人，用说桎梏，以往吝："初爻"处于下阅历少，"六"暗昧无知。对于一个缺乏经验和知识的人，单纯地用道理来教育他是无济于事的，需要"利用刑人"。利用刑人，"刑"有二义，一指典型实例教育，二是以刑禁强制使畏惧。二者可选其一，通常首选实例教育。实例无效则以刑禁强制使畏惧。"用说桎梏"的"说"即"脱"，解脱。"桎梏"即"枷锁"，通过"用刑人"或典型引导，或刑狱强制，使其解除精神枷锁和身体枷锁，获得正常人的生命活动。但最根本的还是要通过自觉启发教育，让他自觉地学习知识。如果只依靠惩罚和解脱束缚"用刑人，用说桎梏"，那么格局就太小了，"以往吝"。象曰：利用刑人，以正法也。通过惩罚或典型案例教育，或者刑狱强制，都是为了帮助那些缺乏经验和知识的人，让他们遵守法律规定，走上正道。

九二，包蒙，吉。纳妇吉，子克家：包的意思是蕴含和允容各种意见，可以容纳并准确理解各种观点。二五相应，但都不正。五位处于尊贵的地位，承担着发蒙责任，但由于无知蒙昧，无法胜任。九二六五虽然都不正，但刚柔相应以中，九二刚明以中准确明象包纳了六五的蒙昧，制定了尊位承担的开发蒙昧政令，以之执行，能够解除天下蒙昧，"包蒙吉"。二之所以能得"包蒙吉"，就是因为它以刚明之中处"顺中"之位，象能准确顺应所有正中情况的意见，"纳妇吉"。以家事来比喻，五位为父，二位为子。九二完全能承担"五"位责任，象能克治其家之子，子克家。象曰：子克家，刚柔接也。象辞"子克家"是全部爻辞"九二，包蒙吉，纳妇吉，子克家"的省略语。九二之所以能得到"包蒙吉，纳妇吉，子克家"，是因为九二六五以中相应。二五虽然都不正，但以中相应，象能以中接济责任。五以尊位之中向二提供全部情况，二以顺中准确知大始之明，基于情况制定解决问题的政令，提供给六五颁发执行。二五如此刚柔相济，准确解决所有问题。

六三，勿用取女，见金夫。不有躬，无攸利：六三阴柔，但却处于主导地位，不正。六三处于下体的最上位，亲比刚中九二这个金夫，欲"见金夫"，这是"不有躬"，也即六三亲比九二不是响应正中要求，而是主动追求，丧失了自身应有的柔顺属性。六三没有依据原则的单纯追求权位是没有意义，所以以不恰当的方式去追求结果没有用武之地。象曰：勿用取女，行不顺也。朱熹："顺当作慎，顺慎古字通用"。三爻不恰当地主动比拟九二，这显然是不恰当的行为方式，没有恰当判断。不能娶这样的女子。

六四，困蒙。吝：六处于蒙昧之中，顺从某种正当性。但由于蒙昧无知，其各种对应关系都缺乏恰当的判断力与知识，都蒙暗无知，所以六四困于蒙昧之中，无法开发自己的潜能，变得狭小、贫瘠和肤浅。象曰：困蒙之吝，独远实也。六四之所以"困蒙之吝"，是因为六四处于绝对孤独与隔离的状态中，与周围环境的各种实体、关系完全无关联。没有任何知识输入，没有任何关系联系，所以其潜力无法得到开展，只能困于原有的肤浅状态。

六五，童蒙。吉：阴柔无知纯一未发称童蒙。六五爻象征童蒙，代表未成熟未发展的状态。但它具有应有的尊位地位。但由于童蒙未熟，尚未发挥其潜力。但六五爻会提供重要情况和相关信息给刚中主体九二爻，九二爻会根据信息作出决定政令，六五爻颁布和执行。依照九二爻的政令，上下各爻会心照不宣地顺从执行。当政令得以准确贯彻落实时，就能统筹兼顾各方利益，实现国泰民安、社会和谐的吉祥局面。象曰：童蒙之吉，顺以巽也。六五爻童蒙非常认真听取九二爻的建议，整合九二爻的知识和判断，就能达到顺利、中道的状态。

上九，击蒙。不利为寇，利御寇：蒙上九阳刚比六五，象征上九爻在解除六五爻蒙昧状态之时发挥作用。上九爻代表最高之治理与刚正，击败了蒙昧。"寇"指"蒙昧"，"御寇"抵御仇寇，抵御蒙昧。为寇，成为"仇寇"，成为"蒙昧"的源头。虽然上九爻有击败蒙昧的作用，但如果过于武断，会使六五爻蒙昧无法转变，反成为蒙昧之源。上九爻说明了恰当启蒙与武断教导的区别，不同方式的引导会带来不同方向的转变。象曰：利用御寇，上下顺也。爻辞"利用御寇"意味上九爻利于抵御六五爻蒙昧，六五爻通过上九的引导而避免了蒙昧境遇，进而体悟到大道"大始"的含义，出色履行自己的责任。上下各爻切分职责，相互配合，协调一致，亨通实现贞对情况之利。

05

需卦：涵养待时

☲

乾下坎上

序卦：蒙者蒙也，物之稚也。物稚不可不养也，故受之以《需》。需者饮食之道也。蒙卦象征着两方面的意义，一是蒙昧，二是稚，稚多蒙昧。所有学问都是指导人解除蒙昧，认识亨通实现贞对情况之利措施，以之执行实际亨通实现贞对情况之利。因此，蒙昧可以通过"养"来解决，养需要等待，不会迅速实现。由此，在蒙后设需卦，需意味着等待和养育，称为饮食之道。"需"字本身并没有饮食的意思，需卦中的"饮食"不仅仅是直接的饮食，而是指制定和执行"亨通实现贞对情况之利"措施都需要增益学识，"饮食之道"意味着"增益相应学识"，即卦象内乾象征意义。世事无难易，对于知者能者来说容易，对于不知不能者来说难。凡遇到困难，都需要修习亨通实现贞对情况之利的措施学识才能制定亨通实现贞对情况之利措施，并以牝马之贞执行完成。必须涉越坎险才能亨通实现贞对情况之利。

卦辞：需，有孚。光亨，贞吉。利涉大川。

彖曰：需，须也，险在前也。需，有孚，光亨，贞吉。位乎天位，以正中也。利涉大川，往有功也。

需,须也,险在前也:世事无难易,对于知者能者来说容易,对于不知不能者来说难。因此,"需须也,险在前也",并不一定是指临接实体的大川大河"坎险",而是指遇到不能解决的问题,思想认识和执行能力不堪任,这就是坎险。

刚健而不陷,其义不困穷矣。需,有孚,光亨,贞吉:内卦乾象只要掌握情况,才学足备,就能谋划亨通实现贞对情况之利措施。如果不能谋划"亨通实现贞对情况之利措施",或者能"谋划措施但不能执行完成",都是才学能力不济的表现。为了亨通实现贞对情况之利,只需贞对情况修习才学提高能力。卦象处于不得行而需待的状态,仍然可以孚信能光明亨通,只需情况准确,才学足备,采取措施贞对情况,具有执行能力,就能准确解决问题,吉利。

位乎天位,以正中也。利涉大川,往有功也:九五准确知道大始,全面掌握情况,准确制定亨通实现贞对情况之利措施。它位于天位,具有准确调动资源的识见和权力,以正中也。所有安排都贞中情况,以措施行以牝马之贞执行完成,解决问题,利涉大川。以此而往,亨通实现贞对情况之利,往有功也。

大象曰:云上于天,需。君子以饮食宴乐。天"天官"指思想。云,迷茫,云上于天,思想出现不能解决的问题是因为学识不济,需要等待,以亨通实现贞对情况之利需要补益学识,饮食。学识足备后,就能谋划亨通实现贞对情况之利措施,以之行以牝马之贞解决问题,宴乐庆贺。

六爻简释:

初九,需于郊。利用恒,无咎:初九处于下卦最下面,距离困难还很远,称为郊。它不可能清楚掌握情况。了解情况制定以"亨通实现贞对情况之利"措施都需要时间，所以利在用恒久。

任何困难问题的解决都需要时间进行学习理解与实践。持续努力学习理解情况，再探索出恰当设施与措施，这是实现利益的正常途径，并非特定人的过错。所有人面临类似问题时，都需要付出耐心去学习理解与实践。象曰：需于郊，不犯难行也。利用恒无咎，未失常也。爻辞"需于郊"意味着距离困难还很远。这样就有了解情况制定措施的时间，不需要盲目涉险。制定亨通实现贞对情况之利措施需要"用恒"久，这不是谁的过错，所有人涉险都需要提前了解情况谋划措施。这是常态。

九二，需于沙。小有言，终吉：九二比初九更接近困难，称为沙，需要在沙处等待。九二互体兑之下，兑象征着口，小有言。尚未有完整的涉险措施，只是小有议论。九二刚中正，能够刚决准确掌握情况，制定亨通实现贞对情况之利措施，涉越坎险，终吉。象曰：需于沙，衍在中也，虽小有言，以吉终也。衍义宽绰。当九二对问题有了深入和准确的认识后，即使接近困难且危险，但也不会感到慌乱。有了足够的理解与判断基础，能够制定出恰当的方案与措施来解决问题。这些恰当的措施即使在实践中可能会带来小的损失或困难，但依然能够在合理范围内控制和弥补。但只要行动坚定和不随意变更，继续在所制定的恰当方案下坚持前进，最终还是能够在困难中取得成功与利益。

九三，需于泥。致寇至：九三爻表示进取，但由于靠近险境，所以会招致仇寇。在坚持正直的同时，也要注意不要过于激进，否则会招致危险。象曰：需于泥，灾在外也。爻辞"需于泥"指虽紧邻坎险，但坎险之灾仍在所处之外。

六四，需于血。出自穴：血指已有杀伤，穴指四位坎险之地，四需待于险地有血，需于血。六四通过恰当准确的判断，离开自穴险地,"出自穴"。象曰:需于血,顺以听也。象辞"需于血"是爻辞"需于血,出自穴"省略语。听意为"顺从"。问题在无法控制的情况下继续恶化,问题难度加倍,困难达到无法自行解决的程度,甚至导致死亡。但这并非由于暴力干预或不恰当行动引起,而是问题自身的发展逻辑。六四通过恰当的判断和操作,终于遏制住了问题的恶化,避免变为更大的灾祸。

九五,需于酒食,贞吉:刚中正处于需待尊位,被阴柔围困陷于坎险之中,坎的象是水又象险,既是水又有险的是酒,故坎体多说的是酒食,九五象征于酒食中需待。三阳代表着正确认知,以亨通实现贞对情况之利进见九五,九五厚待三阳,最终解决问题并化解灾难。象曰:酒食贞吉,以中正也。九五爻辞"需于酒食,贞吉"意九五以"酒食"迎接"亨通实现贞对情况之利"群臣,"中正"于他们的功劳。

上六,入于穴,有不速之客三人来,敬之终吉:上六的位置是正的,其对问题的理解正确,但其面临着需要解决的问题。上六面临的困难与六四面临的困难不同,前者较容易解决而后者极为严重。上六面临的困难是相对较轻松的困难,已赋予安全居处,没有必要冲动出口,需要审慎恰当地寻找出路。"不速之客三人"指的是下面的三个阳爻,它们并没有被邀请,但尽心尽力帮助上六来摆脱困难、消除威胁,难能可贵。所以上六应该对他们表示由衷的敬意。最后,危险终于结束了,一切都会变得吉祥。象曰:不速之客来,敬之终吉,虽不当位,未大失也。阴虽然不居于阳的本应位,但仍然居上位,这显示了阴的能力与实力,足以在不居本位的情况下仍然占有居上之位。上六对下面三阳的处理,以尊重和礼貌的态度对待客人,最终会有好的结果。虽然"阴爻"实际上并非真正意义上的上位,只是短暂地占有居上位以接待三阳，但阴在没有真正上位的条件下仍能影响和主导阳，未遭到太大损失。

由此，我们可以看出真正有能力的人虽然没有实至名归的职位，但处理事情有度，不会对事情太大的损失。而且事情要取得最佳结果，需要阴阳合作。

06

讼卦：作事谋始

☰
☵

坎下乾上

序卦：饮食必有讼，故受之以《讼》。人类需要饮食。当需求存在，但资源不足时，就会产生争讼。因此，易经在需卦之后设立了讼卦。讼卦的上卦为乾，下卦为坎。乾代表天，阳气上行；坎代表水，水性向下。这两者的运动方向相反，象征着争讼。上面是刚爻，下面是险爻。没有险就没有争讼。只有刚强才能持久争讼。内部的险阻会阻碍外部的刚强，必然会产生争讼。

卦辞：讼，有孚窒惕中吉，终凶。利见大人。不利涉大川。

象曰：讼，上刚下险，险而健，讼。讼，有孚，窒惕，中吉，刚来而得中也。终凶，讼不可成也。利见大人，尚中正也。不利涉大川，入于渊也。

讼，上刚下险。险而健，讼：讼卦的象征是上面健，下面险。险和健相接，内部险阻，外部健强。没有险就没有争讼，不健强就不会争讼。当险阻和健强同时存在时，必然会产生争讼。

讼，有孚，窒惕，中吉，则来而得中也：卦辞"讼有孚，窒惕，中吉"在争讼中要有实际依据，理解虽然存在困惑和不确定的地方，但只有依靠正确的根据与理由，理解的结果才会高度合理可靠。九二这个爻是刚爻，在处理事务时，需要有一定的果断和决断,同时不能只考虑自己的利益,也要考虑到外部因素对于事件的影响。在事情处理中要有充分的根据和准备,才能达到最佳的结果。

终凶,讼不可成也:对于同一个问题,不同的人可能会有不同的理解,这会导致理解上的差异。在裁决时,应该考虑到所提供的证据,才能作出公正的判断。如果只依靠自己的理解,往往会有片面之处,难以实现公正。最终会导致凶险,争讼无法成功。

利见大人,尚中正也:讼事利见准确考虑到各方所有根据的大人。指九五。

不利涉大川,入于渊也:不应该盲目依靠运气或侥幸,疾速冲入存在较高风险的地方。如果依靠侥幸冲进充满险阻的地方,极有可能陷入不能自拔的深渊。运气并非问题的永久解决方案,最终还是需要以理性与谨慎为主。九二爻有中正之态,能够在争讼中保持冷静,处理事情得当。

大象曰:天与水违行,讼。君子以作事谋始。讼卦的上卦为乾,下卦为坎。乾代表天,阳气上行;坎代表水,水性向下。这两者的运动方向相反,象征着争讼。

君子观察到这种相违的运动,会感悟到人们在合作中可能会产生争讼。为了避免争讼,应该在一开始就谋划好,竭尽所能避免争讼。

措施一:审慎审视可能出现的情况。在涉及到合作关系时,需要对可能出现的不利情况进行充分的预判和分析,识别和排除潜在的风险因素,以确保合作的安全与长久。

措施二:制定周详的合作协议。建立合作关系时,应该制定有力、完善的合作协议,确立双方的权利和义务,规范合作行为,明确合作奖惩机制,以保障合作关系的稳定和顺利进行。

这些措施有助于减少争讼的发生。但是，即便我们再尽力，争讼的情况还是有可能出现。在这种情况下，我们需要掌握冷静处理争讼的技巧，以最小的代价取得最大的收益。

六爻简释：

初六，不永所事。小有言，终吉：柔爻居于下卦，象征着无知和少有阅历。它不会终极地处理争讼的事情。如果不致力于明辨是非，往往会产生小有言语之伤。上面应对的是九四这个爻。即使涉及到小有言语之伤，有九四的助益，即得到了明晰的智慧和支持，能够辩明是非，最终会得到吉祥。象曰：不永所事，讼不可长也，虽小有言，其辨明也。阴柔无知，处于下卦，不掌握情况。它不应该永远处于争讼的状态，不应该永远处理争讼的事情。争讼不应该持续太久。虽然可能会有小有言语之伤，但是上面有刚正的九四相应，能够明辨是非，最终会得到吉祥。

九二，不克讼，归而逋，其邑人三百户，无眚：逋，逃亡，离开。眚，眼睛看不清。

九二爻这个爻是刚爻，它处于险的位置。它是险的主体，也是争讼的主体。它与刚中正之尊处于应位，象征着与五争讼。在讼事中，九二爻即使想要用刚劲和力量去解决问题，也难以达到预期的效果。因为，九二爻的地位相对较低，又处于顺中不正的位置，难以与刚中正之位的九五爻相抗衡。结果，九二爻的讼事和争端，往往会变得非常棘手和危险。因此，在处理讼事时，九二爻应该时刻警惕自己的言行，认真探究问题的本质和解决问题的方法，以免出现过眚。如果真的遇到危险的讼事，九二爻可以先规避风险，归而逋退，回避争端，以求得到长久的安宁和稳定。象曰：不克讼，归逋窜也。自下讼上，患至掇也。自下讼上，祸患会降临到自己身上。九二知道自己不能胜过五，所以不能争讼。它归而逋窜，避开了危险的地方。掇 duō，意既不敌故不能讼，归而逋窜避去其所。

六三，食旧德贞，厉终吉。或从王事，无成：六三这个爻的象征和爻辞都没有争讼的意思。尽管六三爻面临着处于险境和位置不正的困境，但是，六三爻能够始终准确针对情况，寻找最好的解决思路，追求长远的利益。同时，六三需要时刻谨记功劳要归于多方贡献，不让自己过于骄傲自满。象曰：食旧德，从上吉也。爻辞"食旧德，贞厉，终吉"意指虽六三自身顺从任何决定，实质只能由九五九四决定，六三从上吉。

九四，不克讼，复即命，渝。安贞，吉：九四爻是一个不具有争斗能力的阴爻。它不克制讼事中的任何一爻，因此没有任何机会进行争斗。这就意味着，如果在讼事中，你当前的位置和角色无法发挥作用，也就不必强求争斗，可以采取适当的步骤来调整自己的状态。"复即命"意味着要顺应天命，按照自己的实际行事。在常人看来，当自己处于弱势地位时，往往会想方设法地对抗对手，但这种方式并不一定是高明的做法。恰恰相反，有时候需要虚心接受现实，尊重事实，放弃一些不必要的争斗，才能赢得更加重要的胜利。"渝"是改变、调整的意思，九四爻居柔应柔，通过适当渐变，适时调整态度和行动方式，才能获得安宁和吉祥之兆。象曰：复即命渝安贞，不失也。如爻辞所释九四能"复即命，渝安贞"而无失。

九五，讼元吉：刚健的中正爻居于尊位，处理讼争时果断且公正。讼争都能得到公平的解决，结果是大吉。同时领导者正确公平地解决了讼事，必然会得到众人的认可和尊敬，也会为领导者自身带来荣誉和好运。象曰：讼元吉，以中正也。当处理讼争时，如果刚健、公正的领导者居于尊位，那么结果将是大吉。这一点可以从"讼"卦的爻象中看出来。

上九，或锡之鞶带，终朝三褫之：锡指赏赐，鞶带是皮革制的腰带，用来奖励贡献。上九爻是阳刚之爻，居于讼卦的极位，与六三爻争讼。六三爻本性顺从，不愿意讼争。上九爻刚愎自用，不停息争讼，可能会有胜诉并被赏赐鞶带。但由于诉讼不止，再讼败诉被剥夺回赏赐。褫，读作 chǐ，意为剥夺。这意味着上九爻热衷于讼事不停息，终究不会获益。终朝三褫之，意指一天之内多次被剥夺。象曰：以讼受服，亦不足敬也。上九爻热衷于讼事，即使被赐予鞶带命服也不值得敬佩。因为赐予鞶带同时也说明了是通过争讼获得的。未能提前预防争讼，也不值得尊敬。

由此，热衷于引起争议和争讼不是领导者应有的处事态度，也不值得民众的敬佩；争议导致的利益同样无法真正获得敬佩。作为政治家，预防分化与错误的发生是最基本的责任，未能做到这一点，无资格要求民众的尊敬。敬佩应建立在实际政治作用与实效上，而非单一的地位或利益基础上。

师卦：容民畜众

坎下坤上

序卦：讼必有众起，故受之以《师》。"讼必有众起"或当是"讼必由争起"，争执不能通过谈判调停，也不能通过法律裁决解决，导致师战。因此"师"卦列在"讼"卦之后。"师"卦上为坤卦，下为坎卦，内险外顺。内险象征争执各方本有关系，属于内部。外坤，外行顺乾，以亨通实现贞对情况之利措施行牝马之贞，按照贞对情况的作战方案行动。六爻中一阳知大始处下体之中，象征师战将帅，众阴顺从统众。

卦辞：师，贞，丈人吉，无咎。

彖曰：师，众也；贞，正也。能以众正，可以王矣。刚中而应，行险而顺。以此毒天下而民从之，吉。又何咎矣。

行师作战是大型军事行动，涉及大量军队和武器装备等，需要大量人力，不是少数政治家或将帅单独完成的大事，而需要众人之力合作方能推动。所以"师，众也"。"贞"意"正"，一是师战有正当理由，二是指挥合乎师战规律，贞对情况得众人自愿信从，称王天下不过"能以众正"。九二以刚处中，象"九二"刚决能遵循正确的军事规律，得师战中道。正应六五之君象征政治家或将帅得到了君王与上位领导的充分信任与授权，方进行这场大事。

九二刚决贞中，虽然这场行动将遇到重重难关，但是政治家或将帅已经下定决心，立足正义，决心完成大事，能够巧妙应对各种难关险阻，最终获胜取得胜利。即使这场行动不可避免地会带来毒害天下的征战，人民也会追随服从，能获胜大吉大利，不会有咎过。因为政治家或将帅的正义立场和正确恰当的行动，国人会同心同德，坚定支持，最终也能以胜利结束这场征战，不会给天下带来大灾难。

大象曰：地中有水，师。君子以容民畜众。易经以地中有水象征师战，提示水不会脱离地，并顺地势运动。兵众在民中，以民意行动，唯有容忍保护其民，才能畜聚兵众。

六爻简释：

初六，师出以律，否臧凶："否"意"不"，"臧"意"善、好"。否臧，不善，不好。开始军事行动前，应首先阐明这场军事行动的正当性与道义依据。之所以发动军事行动，动员军众，是为了依法制止混乱、防止暴乱。行动必须符合道义和法律，合乎理性。如果军事行动没有合理的道义依据和法律依据，单凭武力胁迫动员军众，即使在当下取得军事胜利，也必然会给民众带来损失与怨恨，产生深重灾祸。取胜无意义。象曰：师出以律，失律凶也。"失律凶"即爻辞"否臧凶"，没有法律依据和违背作战规律的行师都会失败。

九二，在师中，吉无咎，王三锡命：九二是师卦中唯一阳刚且处顺中的卦，九二有阳刚的决断力与处世灵活性，能准确把握情况，能根据师战规律行动。"在师中"，完全根据战争需要指挥安排，不必请示最高领导。"吉无咎"，必然取胜，不会有咎过。取胜之后，君王以极致的礼节表示对指挥者的厚爱宠信，以示对其功绩的认可，也因其赢得战胜增添国威与君权。象曰：在师中吉，承天宠也。王三锡命，怀万邦也。爻辞"在师中吉"指九二与六五之君相应，象征九二"承天宠信"，赋予九二师战全部权力。爻辞"王三锡命"意为王"六五"三锡恩命褒扬"九二"建立了怀绥万邦的战功。

六三，师或舆尸，凶："六三"爻阴柔处于下卦之上，未在军事行动中获取过足够的经验，无知而自命中正，这种情况绝不可取。下卦之上象征六二在战争现场监军，不懂战事却干预"九二"战事部署，师战部署不能贞对情况而"师或舆尸"，那些无知者的恣意干预，导致损失惨重，死伤枕藉，车舆废墟，形成极大"凶"。这说明开展军事行动，指挥者必须严格按照军事战术规律进行部署与指挥，不容任何无知的干扰与插手。一旦有人违背实战规律随意干扰，必定会导致败亡灾祸。规律是取胜的关键。象曰：师或舆尸，大无功也。爻辞"师或舆尸"意如果"六三"干预战事必大败到"师或舆尸"，大无功。

六四：师左次，无咎：左次，退避驻守："六四"阴柔处顺正，象征指挥者在开展军事行动时能够根据形势变化来灵活退守和调整部署，保证军队安全。虽然灵活退守一次次无法赢得胜利，难以取胜。但是，至少能避免彻底溃败损失惨重，远胜于"六三师或舆尸"。象曰：左次无咎，未失常也。凡事当因时施宜，师战国之大事更当因时施宜。开展军事行动最关键是指挥者必须具备灵活应变能力，能够灵活适应形势变化，妥善调整部署。只要没有"失当"的灵活应变，就能够实现减损与避败的目标。灵活应变是取胜与避败的决定性途径，而非偶发错误行动。

六五，田有禽，利执言，无咎。长子帅师，弟子舆尸，贞凶："六五"处师战尊位之中，用师之主。"六五"是顺象，表明其不主动用兵，由敌方侵犯称"田有禽"，犹如自己的耕田进入了禽兽，破坏自己种植的作物，不得已只能应战。六五继续灵活顺应形势变化实施部署，首先行以"利"在"执言"，明确敌方罪责，声扬正义，鼓舞士气，自无过咎。并以"长子帅师"，擅长师战的属从主导实战，并非最年长的儿子主导。因明确非擅长师战从属主导则"弟子舆尸"，必然大败，贞对凶。

这说明当指挥官被动应战时，指挥者应该采取的灵活思路，以及确保实战指挥权落在有才华专业人手中，以减轻损失与避免败北。灵活思路与专业领导是减损而避败的关键。象曰：长子帅师，以中行也。弟子舆尸，使不当也。军事行动指挥权应该交付给最高标准的"帅将"专业能力，而非其他因素。不能以其他因素（如年龄最长等）代替"帅将"专业能力标准。军事行动涉及国家重大事项，应该让拥有最高专业能力标准来主导，否则"任人不当"损害将严重。本爻辞强调重要行动应依赖最高专业能力标准。

上六，大君有命，开国承家，小人勿用：上六象征师终功成，大君以爵命赏有功。立下巨大功劳可封建新封地，获得最高荣誉。但功劳不及也可获予其他官职机会，表达政策支持。"开国承家"目标不仅需要战功，政治管理能力也同样重要。仅仅获得战功不足以胜任重大职位，重要官职需要政治能力强，政治素养深厚。小人无政治才能难以担当重任。可以给小人赏赐无权的爵位和财产，而不能让其进入核心决策机构。

由此，一切以"开国承家"为目标之举措，都应依靠人才、依靠拥有政治管理能力的人才，而非仅仅战功。象曰：大君有命，以正功也。小人勿用，必乱邦也。大君有命用以"正功"，赏罚与功劳相称。小人勿用，才德不济不能授予官职，授予官职必搞乱管辖领地。

师卦提示意义：

师卦以师战为例，所提示原则适合所有相互纷争关系。诸如序卦传："讼必由众起，故受之以《师》"，即所有激烈到以师战解决状态，多起源于争讼，当今的国际贸易战是典型事例。无不起于至少有一方违背相关规定，所谓权威组织调解裁决不得贯彻，失去其权威性。其实并非仅只国际贸易，所有争斗都起于此。师战原则是"田有禽"，对方侵害了我的权益，或权威组织裁决不起作用，或裁决屈从于强权，违反相关规定。不能接受。师战基础条件是平时"容民畜众"，时时防患于未然，自始至终都要有所准备，累积对抗实力。在某种意义上，任何问题，所能成就的功业，都与实力相堪配。战略策略是必须的，只是任何战略策略有效的基础是实力。开始战争之前，要公开声扬自己的理由，明确广泛告知。集聚自我士气，瓦解对方士气，得到有关方的同情支持。在上述基础上，以六五爻辞所提示"田有禽，利执言"和"长子帅师，弟子舆尸，贞凶"原则选帅任将，以获得可能的最好结果。

08

比卦：亲比贤者

坤下坎上

序卦：众必有所比，故受之以《比》。比意亲近辅助。人作为同类大体近同，不同个体需求多样性和特长局限性，决定了为实现理想结果都需相互辅助。辅助必亲近。最普遍的事例是正常人都结成夫妻，组成家庭，生儿育女，由家庭扩展为家族乃至国家，所有这些无不是亲比互辅、互补，目的都是成就所期待结果。以此易师卦后设比卦。师战结束，胜利方主导，为和谐共处分工互补组合，结成各种亲比关系。比卦上面是坎卦，下面是坤卦。它象征着水在地上，这是非常密切的关系。在比卦中，只有九五这一位阳爻居于刚中正之尊，上下五阴爻都亲比相从，就像一个人统治着万邦，四海都仰望着他。这就是比卦的意义。

卦辞：比，吉。原筮元永贞，无咎。不宁方来。后夫凶。

彖曰：比，吉也。比，辅也，下顺从也。原筮元永贞，无咎，以刚中也。不宁方来，上下应也。后夫凶，其道穷也。

比，吉也。比，辅也，下顺从也：释卦辞"比、吉"。相"亲比"协力亨通实现贞对情况之利，吉利。"亲比"协力亨通实现贞对情况之利，需要分工协作。九五刚中正准确知大始，了解全局情况主导准确安排资源。卦中的五阴爻都顺从比辅"九五"。

原筮元永贞，无咎，以刚中也：释卦辞"元永贞，无咎"。原筮，表示团队主导者（"九五"）会在合作前，仔细分析实际情况，认真评估问题和难点，并制定妥善措施，确保合作计划不会出差错。并按准备的计划展开合作，通过高效协同，灵活调整方式，最大限度实现预期目标和利益，就不会后悔。

不宁方来，上下应也：释卦辞"不宁方来"。卦辞"不宁方来"指不能知大始，自处不得安宁来亲比"九五"，阴阳协力亨通解决问题，获贞对情况之利，上下都非常满意。

后夫凶，其道穷也：释卦辞"后夫凶"。团队的后来者不是出于充分评估形势和合作优势，而是因为当时别无选择才勉为其难合作，这样的合作始终存在不稳定性。后来者加入后，尽管进行了合作，但分工未能合理设置，各成员难以发挥所长，难以产生良好的协同效应。人才无法得当使用，合作难见佳果，即使有优秀成员参与也同样如此。

大象曰：地上有水，比。先王以建万国，亲诸侯：水与其他物质的相对密切程度最高。水与土地的贴合程度极大，使水能够流畅流动，涵养万物。在团队或合作关系中，密切程度高是实现高效协作的关键所在。国君（先王）通过设立诸侯国和任命诸侯，建立了密切的合作体系。国君（先王）通过诸侯（合作）将密切合作的作法和理念传播至整体国民，如水滋润整个土地。

由此可以看出，密切的合作就如同水与土，能够使整体受益，实现最大利益。良好治理的关键在于建立稳定而密切的合作体系，使合作理念能够充分渗透，产生系统性作用。"亲比"就是此种合作体系和理念的主要体现。密切合作是实现国家兴盛、国利民福的根基所在。

六爻简释：

初六，有孚比之，无咎，有孚盈缶，终来有它，吉：比卦的初六具有技能，积极自愿接受"知大始"九五的安排和指挥，"有孚"。"九五""知大始"安排得当，必然引来诸多具有超常才能者主动投入合作，发挥所长，"比之无咎，有孚盈缶"。在"九五"的合理领导下，团队合作关系更加紧密密切，信任度高涨，充满活力。初六的行为会带来很多难以想象的诸多亲比者加入团队合作，"终来有它吉"。象曰：比之初六，有它吉也。正是"初六"公开昭示我是执行者，愿意顺从有超常见识者主导，使得成员间的理解与合作达到了超出预期的程度，产生了难以想象的有意义成果。

这说明团队合作要获得超出预期的程度，关键在于具有超常见识的领导者能够给予恰当指导，以及成员对合作的理解和待人处世的谦逊，这些才能使团队整体发挥出色，实现有意义的创新应用。

六二，比之自内，贞吉："六二"爻平和温和，适合团队合作中需要协调整合各方关系的要职，与主导者九五的特征（刚中正）相对而言，更为互补。"六二"对团队合作的理解和技能都令人满意，能够准确执行九五的指导和要求，完成合作任务。"九五"能够准确理解形势和"六二"的价值所在，明确知道"六二"具有完成合作的必要技能，因而积极吸纳六二参与合作，亲临指导。

在主导者和六二的配合下，整体团队通过各自优势的融合，实现了刚柔相得益彰的状态，进一步提升了团队的效能和合作效果。六二通过与主导者的密切合作，充分发挥所长，亨通地实施合作计划，贴合实际情况，实现预期利益和效果，最终取得成就。象曰：比之自内，不自失也。"五""二"① 刚柔中正相应，九五知大始明确

---

① 在本书中，为了表达的简介，我们有时以爻的位置来表示爻，比如"五"表示"九五"，"二"表示"六二"。

六二准确以顺中正相应，主动亲比六二，六二顺中正以待九五亲比，"五""二"以自身内在才德相协为用亲比，"二"不自失顺中正。

六三，比之匪人：六三不中正，处位与"二""四"相比，与"上"爻相应，都是阴柔特征，都不能很好地合作。所以在合作中，如果找不到好的合作对象，这种合作就没有意义。象曰：比之匪人，不亦伤乎。刚柔相合与协同才能成事。六三不正，没有与其合作之人，它的存在就没有意义。还有比六三境遇更悲凉的吗？

六四，外比之，贞吉。六四顺正象征准确执行。九五刚中正居尊，"四"以顺贞外亲比九五刚中正，九五、六四刚柔中正相协为用以贞，亨通实现贞对情况之利，贞吉。象曰：外比于贤，以从上也。六四爻辞"外比之，贞吉"就是指六四外比刚中正的"九五"贤君，相协为用以贞，亨通实现贞对情况之利。六四爻通过与九五爻的相合并发挥其应有的作用，六四爻才能贞吉、亨通，产生利益。如果单独存在，它的作用必然有限。

九五，显比。王用三驱，失前禽，邑人不诫，吉：九五代表最高知识和道德，而且正位中极，代表王权应有者，能制定全天下的政令，使其政治规范显露于天下，达到导引天下的作用。"王用三驱，失前禽，邑人不诫"意思是古代天子在猎围时候留下一条路供野兽逃生，表示不忍夺取所有生命，只捕获不要命入侵者。这说明"九五"制定的政令公平合理，既不动辄灭绝生命也不偏袒居民，同等对待全天下，符合民心所愿，这才能得到全天下的认同并带来吉利。象曰：显比之吉，位正中也。舍逆取顺，失前禽也。邑人不诫，上使中也。九五爻代表刚中正之贤，居于至高无上的正位之上，其所制定的政令措施总体上是贞正的，能够有效管理天下形势，并通过"王用三驱"明确公示，让天下人都能体会并亲近这些政令，从未产生失当之处。"舍逆取顺"指婉转地放过野兽逃逸而不是坚持追捕，所以"失前禽"的用词反映出不忍将所有生命夺走。因为政令既然适度，不需要单独告诉百姓，所以"邑人不诫"。同时，"吉"的意义在于九五爻正是靠其在"上位"的地位，运用其权柄使其政治道德在天下显现。

上六，比之无首，凶：六爻位于上位，比之终。首是指开始。人们的合作关系，开始密切未必最终密切。但开始时如果不参与合作，等事业兴盛来临就很难亲近密切了。上六是阴爻，无知，地位较高，但非常傲慢。事业开始时不亲比他人，与人不合作，事业兴盛时去求比，不会获得他人的器重，这是凶兆。象曰：比之无首，无所终也。六爻是阴爻，缺乏阳刚的正义，也缺乏"知"的深度与广度，不是很好的合作对象。事业开始时他不去和人合作，事业成功时他去和人亲比，所以"上六"不可能与人们获得真正的合作，只是一个空洞的象征。

09

小畜：明定制度

☴

巽上乾下

序卦：比必有所畜也，故受之以《小畜》。"畜"意思为汇聚一起，组成具有相互关系的整体，不分开，亲比之后就会成为一个有机整体有"聚畜"，解易者多解为小畜是巽入刚健，巽顺刚健。字面意义不错。只是这刚健指什么？巽入刚健又指什么？小畜"内乾"，"亨通实现贞对情况之利"，包括亨通实现贞对情况之利所需条件，需解决的问题，当有的作为等，都需先明确具有，故列为内卦，内在明确具有且以之行动。"巽外"意外在行为巽顺内在明确的"亨通实现贞对情况之利措施"。

"巽上乾下"何以称"小畜"？《礼·祭统》有"孝者，畜也。顺于道，不逆于伦，是之谓畜"。可见"畜"字并非简单"畜聚"，所畜"顺于道，不逆于伦"。小畜所畜是"亨通实现贞对情况之利措施"，这"亨通实现贞对情况之利措施"指什么？易卦序由讼而师而比而小畜，继之履而泰，不难理解小畜卦义由讼引发师战，师战胜利建立新组织，新组织不同存在相协为用，需要制定"亨通实现贞对情况之利措施"，以之执行实际亨通实现贞对情况之利。所畜聚即新组织新成员针对新情况当尽的责任和所需条件，就是组织制度总体文本文件。所称"小"指只是思想认识的"所需条件，目的和实现措施规定"，并未实际执行实现，"小畜"之意。

卦辞：小畜，亨。密云不雨，自我西郊。

象曰：小畜，柔得位而上下应之，曰小畜。健而巽，刚中而志行，乃亨。密云不雨，尚往也。自我西郊，施未行也：

小畜，柔得位而上下应之，曰小畜。健而巽，刚中而志行，乃亨：象传释小畜卦象征意义。小畜只有六四是一阴爻，另五爻都是阳爻。六四阴爻处阴位"柔得位"，六四爻能够顺畅地遵循上下阳爻（代表阳刚）的规定和要求，并在实践中付诸行动，"实际做成"。它能够有效贯彻阳爻的意图，能与上下五阳爻"相协为用"来共同完成某种事业，上下阳爻都"应之"依赖于它与之互动。

六四是阴爻，是上卦中地位最低，六四爻能够顺畅地"亲比"（理解而贴近）九五爻的刚中正之意，能够理解并体会刚中正的价值标准，还能够顺畅地按照五阳（代表阳刚）的要求"认识"并实践，使其"做成"，但这做成的只是逻辑意义上"做成"文本文件，即"制度文本"，提供遵守执行。制定做成"制度文本"称"小畜"。

"小畜"的过程指从开始制定制度文本，到文本文件制定完成。继之才能以之行以牝马之贞执行，亨通实现贞对情况之利，都非"小畜"所指，是继"小畜"后履卦以"制度"规定的责任"行履"。小畜内乾外巽，内乾，亨通实现贞对情况之利措施，刚健。六四为主爻的外卦巽，象征外在行为巽顺内在认识的"亨通实现贞对情况之利措施"，将其整理成"制度文本文件"。九二爻、九五爻都刚中。九二内体乾刚中，内在认识亨通实现贞对情况之利措施。外卦巽顺，六四巽顺正，处六爻总体顺中，准确巽顺表述内在认识的亨通实现贞对情况之利措施，形成文本文件。

一旦九五爻作出准许执行某项政令或措施，那么就必须按照所制定的"亨通实现贞对情况之利措施制度"来全面落实执行，要取得令行禁止的体现。行动行为必须按照刚中正的原则进行，即获得兴盛、祥瑞与利益。

密云不雨，尚往也。自我西郊，施未行也：这句要点和难点都在"施未行也"的"施"字。"施"字有"施行"义，但这里"施"字后紧随"未行"，可断定"施"字不是"施行"。"施"字含义项很多，这里只为理解"施未行"，举其相关者。"施"字一是"设置""制订"，二是"给予"。如《三国志·蜀书·诸葛亮传》"立法施度，整理戎旅。""立法施度"即制订文本形式的制度、法规。只制订相关制度文本，"施"予人阅读，讨论，决定后遵照执行。明确强调制定者，决策者，执行者，由不同人完成，各司其职。卦中六四爻象征制定文件者，不一定自己亲自以之施行，只制定文件文本，提供有关人等讨论决策，之后由执行者实际执行。执行者不在小畜卦中。由此可见，小畜卦义就是制定新组织的制度，小畜之义。所畜聚是可能情况及应当如何解决相应问题的措施。古人解释的"才艺书画"纯属胡说八道。由上述可断定小畜卦就是制定制度政令文本，小畜之义。

大象曰：风行天上，小畜。君子以懿文德。小畜卦象上巽下乾，风行天上即"风行乾上"，风行在"亨通实现贞对情况之利措施"上，风是自然，没有人参与，风对"亨通实现贞对情况之利措施"的所有构成部分，按照它们自身分量轻重和外在形体等因素，吹到"亨通实现贞对情况之利措施"的所当止位置。风吹对它们一律对待，它们最后处位只决定于它们自身轻重及形状和它们之间的相互作用关系和次序，也就是它们应处于的位置。

君子以"懿文德"，德字始见于商代甲骨文，"彳"双人为人的行为。右上"十四"为"直",古时"直"同"值"。右下"心"字。"德"字义为"行为与心内所想等值",实现心内所想为"德"。小畜象辞"懿文德",美懿文德,使思想清楚处于所处位应当做什么,如何做,然后以所认识实际做,实现心里所认识,与所认识等"值","懿文德"之义。由此可确证,小畜卦意指建立组织后,为相亲比实现和谐协作,先规定当设岗位及其责任权力的制度,都以之履行实现规定结果。所以"懿文德"决不是古人解释的"才艺书画",而是将所有构成的相互关系记录并准确明确解释说明,以使所涉对象当以行为执行,也就是师战后新组织的制度文本。

六爻简释:

初九,复自道。何其咎,吉:初九阳刚知大始,下卦乾体知大始,上应六四,象征初九爻的意图渴望通过六四爻来实现。要真正实现进步,初九本应该"认识情况"、判断状况,然后"制定措施",当然没有咎过,吉利。象曰:复自道,其义吉也。初九虽处下,知大始处初位为正,象征初九准确掌握情况。应六四,"六四"亲比"九五","初九"与"六四"相协为用制定解决问题措施,提交九五允准颁发执行,既和情况,又和责任制度,其义吉也。

九二,牵复吉:小畜阴畜阳,似与"复"无关,初九、九二两爻都出现"复"字,且初爻辞明确指出"复自道",古人解释几乎都含混成了"复自位",由此造成小畜卦解释难与58小畜卦义吻合。故小畜卦爻凡有"复",都是复归到阳知大始,阴做成物,阴阳相协为用成就其事之道,即都通过特长履行责任,成就相协为用。初九以刚处刚正,九二以刚处顺中。初九刚正应六四,可牵动九二爻复于应六四,九二爻通过与六四爻阴柔相协为用,实现与九五亲比相协为用,"九二,牵复吉"。九二所以能"适时变异用刚柔，就是由其以刚处顺中，象征能适时用刚柔"。"以刚处顺中"真是"大矣哉"，实际生活中确实存在如九二以刚行顺中的多面手。象曰：牵复在中，亦不自失也。九二所以能被初九牵复应六四……乃至与九五相协为用，就是因为九二爻能够根据情况灵活转换为强势或柔和，来适应不同对象与任务，实现合作。

九二在被初九牵复时是行顺中，初九行刚正，初、二相协为用。一旦与初九牵复，即可应六四，九二行刚中应顺正六四相协为用。一旦与六四相协为用，亲比九五时，九二所用六四顺正亲比九五刚中正。九二总是"牵复在中，亦不自失也"。

九三，舆说辐，夫妻反目：九三刚正，六四顺正，虽阴阳亲比，由于九三的责任是以其掌握情况提出意见，政令文本由六四完成。六四制定政令不单需要考虑九三掌握的情况，亦需考虑初九和九二掌握的情况，更需考虑如何使九五允准。所以提交九五的政令文本不可能完全按照九三的意见，只能六四统筹决定。九三刚正需服从六四顺正，刚正服从柔正，三、四关系如"舆脱辐，夫妻反目"，九三的意见不能被六四完全采纳。象曰：夫妻反目，不能正室也。在形成政令文本上，九三只能服从六四，九三不能改变六四的意见。象征阴阳倒易，九三不能正家室。

六四，有孚，血去惕出，无咎：六四小畜主爻，责任是准确阐述所有阳刚认识，仅限于准确阐述，称小畜。唯有准确阐述才能使九五全面理解允准颁发执行，有实际意义，有孚。避免只顾及片面意见造成全局失误，才无咎过。血去，惕出，无咎。象曰：有孚惕出，上合志也。六四制定的政令合于情况且明确，能执行亨通实现贞对情况之利，"有孚，血去，惕出"，确证政令文件合乎阳刚认识，贞对情况，九五能允准颁发执行，上合志也。

九五，有孚挛如，富以其邻：九五刚中正，准确知大始，居尊位处理所有问题，亲比六四，准确理解六四汇总情况制订的政令文本，适时批复允准执行，有孚挛如。政令合于情况，上下愉悦执行，解决所有问题，富以其邻。象曰：有孚挛如，不独富也。爻辞"有孚挛如"指六四制订的政令考虑了所有情况，制定的政令决策十分妥当可靠，能够解决所有的问题。不只限于九五掌握的情况。

上九，既雨既处，尚德载。妇贞厉，月几望，君子征凶。到上九，六四已准确理清总体需解决的所有问题，制定了解决政令。九五已批复允准，尚处于学习理解中，"既雨既处"。不能只限于理解，需要执行实践使实现，尚德载。若只限于学习理解，不实际执行，无意义，"妇贞厉"。所有情况都有了解决措施，只待执行，"月几望"。若仅限于学习理解，不实际执行无意义，"君子征凶"。

君子不能总是审核文本，情况会改变，文本再完美也是对此前情况的认识，不符合总在变化的情况，"妇贞厉"。政令文本几近尽善尽美，"月几望"。情况改变，知大始君子需根据情况完善制度，固执此前认识不改变，不能贞对所有情况，"君子征凶"。象曰：既雨既处，德积载也。君子征凶，有所疑也：爻辞"既雨既处，德积载也"，指政令正在学习，逐步加深理解中。所以总在学习理解修订，并未必须以之执行，就是尚未准确把握，有所疑虑。

注：（畜，既多音又多义。作名词，读 chù，指"禽兽、动物"，如"牲畜""六畜""畜生"。作动词，读 xù，饲养，如"畜养""畜牧""畜产"。小畜卦"畜"，或当读"xù"。近于现在的聚蓄，意汇聚。）

10

履卦：定法安民

☰☱

兑下乾上

序卦：物畜然后有礼，故受之以《履》。不同存在本性不同，其用不同，会聚共成其事只能以其本性能成之用。明确规定不同存在本性能成之用称为礼。周易说的"礼"是"周礼"，"周礼"的规定是否针对情况是可以讨论的，但做事需要针对情况安排资源是无可置疑的。履卦天上泽下，自然世界确实如此。意为所有行履都当如天上泽下那样安排资源，具体规定当以此为追求目标，争取达到，难能准确做到。

卦辞：履虎尾，不咥人，亨。

彖曰：履，柔履刚也，说而应乎乾。是以履虎尾不咥人亨。刚中正，履帝位而不疚，光明也。

履，柔履刚也，说而应乎乾。是以履虎尾不咥人亨：以二体①释卦名卦义。履卦上下二体象征下卦愉悦地配合、听从上卦"乾"的思想。行动有清晰的目的与方向，柔顺听从刚明，见识少的听从见识多的，见识晦暗的听从见识明晰的，这些都是事实、是正理，是实现成功与亨通的坚实基础。通过自觉遵循正确原则，就能够

---

① 二体，意味着上下两卦。

"任何危险都能解决"，就如在履虎尾也不会被虎所伤害一般，必然亨通。

刚中正，履帝位而不疚，光明也：九五阳刚中正，以极高的责任感与操守，非常正确地履行帝王之位，没有任何疏忽，解决所有问题，实现贞对情况之利，光明也。

大象曰：上天下泽，履。君子以辨上下，定民志。天在上，泽居下，清楚分明切实。君子观履卦象，感悟到首当辨别上下之分，以之定属民心志。"上下"就社会总体来说，制定政策为上，政策会左右民众心志。社会风气紧随政策，被政策左右。有什么样的政策，就紧随相应的风气。所以君子制定合理的政策，制定判断事情的统一标准，天下就无纷争，天下治。

六爻简释：

初九，素履往，无咎：初，事之始，在下位象征还未行动。事情开始了又没有行动。在前进的路途中，能够始终依靠内在的准备和实力，并根据这些来确定行动方向和方法。在做事的过程中，如果关注外部因素而忽略自身准备和能力，容易出现失误和错误，而如果专注于自身内在素质和能力，就可以避免出现问题。象曰：素履之往，独行愿也。爻辞"素履往"意思是按照自己的本性和能力去行动，不依赖外界的资源，所前往的目的地是自己内心所期望的。

九二，履道坦坦，幽人贞吉：九阳刚，二顺中，刚明，能够根据情况准确行动。他们拥有准确的资源和能力，所以道路平坦，无碍。如果能够保持内心的宁静和平和的状态，就能得到吉祥的结果。然而，即使有上进的志向，也未必一定能够顺利实现，需要更多的努力和际遇的垂青。在实现目标的过程中，需要时刻警惕自己的情绪和状态，做好积极应对各种挑战的准备。象曰：幽人贞吉，中不自乱也。爻辞"幽人贞吉"意思为能力和措施都贞对情况，准确解决问题，不会自乱。

六三，眇能视，跛能履，履虎尾，咥人凶。武人为于大君：六阴柔只能以刚明规定行以牝马之贞执行完成。三刚位要求认识情况制定解决问题措施。六三不堪三位之任，类似于视力不好或者脚步不稳，无法准确地执行任务。这种状态下，如果盲目行事，很可能会遭到失败和负面后果。

六三爻无知，不能胜任"三"位之任，这说明有人无知和武断，却想完成君王等高位的作为和责任，这种愿意和企图是完全谬妄不切实际的，达到了极端而不合理的程度。象曰：眇能视，不足以有明也。跛能履，不足以与行也。咥人之凶，位不当也。武人为于大君，志刚也。爻辞"眇能视"意思虽能见，所见不准确，不足以有明。"跛能履"意思为跛足能行履，不能顺利行进，不足以胜任责任。咥人之凶喻才能不能胜任责任。武人为于大君，指心志超越才能。

九四，履虎尾。愬愬，终吉：愬愬，惊恐不安。九居四位不正。"九"知大始，能够正确认知自己的局限，明白有些高位职责超出其能力，然而，它并非就此放弃责任，而是采取各种合理措施，包括实践摸索、合作交换与其他手段，来逐步履行责任，终吉。"三""四"都不正，却是有知与无知的差别，结果正相反。象曰：愬愬终吉，志行也。"四"虽不堪任，由自知不堪任而谨慎寻找出路，履行了执行责任，志行也。

九五，夬履贞厉：夬义刚决。"九五"阳刚乾体，居于至尊之位，内卦是愉悦、欢悦。阳刚本身没有重大过失，属于合理正常的行动，但或者由于内在的盲目乐观，或者由于过分情感用事或者追求瞬间的满足而盲目行事，最终可能会让"阳刚"的行动带来严重的失误，给整体系统带来巨大挑战与危险。

由此，九五做事时，需要时刻对自己的内心状态进行检视，以保持内心的冷静与平衡，避免在外力的影响下盲目行事。象曰：夬履贞厉，位正当也。九五爻象"位正当"，正当内体盲目"悦"，所以"夬履贞厉"。

上九，视履考祥，其旋元吉：履终，"旋"，反转回顾，强调恰当完成某事后，仔细审视总过程并检查是否周全，是实现良好结果的关键。这里特别指出要以非常周详与考虑全面深入的方式，审视涉及所有方面的履行过程，查明是否遗漏不周或存在问题所在。只有通过如此审视，才能确保事成圆满元吉。象曰：元吉在上，大有庆也。经"视履考祥，其旋元吉在上"，则大有福庆。

履卦对管理的提示意义：

履卦是小畜的继续，小畜卦"施未行"之"行"，"行"在"履"中。"履"实际执行小畜懿文德的制度方案。执行制度是实现制度制定者所追求的目标，要达到的结果。故首当重视"小畜懿文德"的结果。"小畜懿文德"，不是"懿文德"方案正确就万事大吉，仍需实际执行者正确理解，具体实施。懿文德方案正确是前提，实际落实在准确理解并实行。

象传"履，柔履刚也，说而应乎乾"不是空对空，无所指，无目标的泛泛之说。意在提示履卦之乾，就是小畜"上巽下乾"对"乾"所懿文德。组织必须恪守遵循的天道。执行"小畜懿文德方案"，要像履虎尾之小心翼翼，步步清楚准确理解并实践。卦辞和象传，都是释卦象。履卦象，就是象征执行者与方案关系。

自古至今，对小畜的错解，说什么"懿文德"指"才艺书画"，造成小畜和履卦不仅未得有机衔接，甚至错解的恶果。使本当光辉普照的先贤智慧，以巫术流传泛滥，后辈何以面对古之先贤。

11

泰卦：顺天应地

☷

乾下坤上

周易自屯至大有卦序提示意义：

周易乾坤后自屯到比六卦都涉及八卦坎，或指凡事开始无知多坎险，需解决如何处理坎险问题，确保不出现最坏情况。自小畜到大有也是六卦，都涉及八卦乾，或指能处理解决坎险避免最坏情况，重视认识亨通实现贞对情况之利措施，行以亨通实现贞对情况之利措施，实现亨通实现贞对情况之利。泰卦是涉及八卦乾的第三卦，小畜是把亨通实现贞对情况之利措施畜聚成文本文件，提供相应情况使用，并未实际使用。履是开始实际以亨通实现贞对情况之利措施实际施行行履，泰卦是内在制定亨通实现贞对情况之利措施，外卦准确执行亨通实现贞对情况之利措施，都是普适于相应情况的任事原则。

简单来说，《周易》中的一些卦象描述了如何处理和解决问题，避免最坏的情况发生。它强调认识和执行相结合，思想认识主导，躯体相应部位以职责执行。这些行为都需要，并且需要相互配合才能达到最好的效果。

本解认为古人所谓阳气阴气不知所云，难以理解所指，尽量回避引用。万不得已，仍分别归之于认识和执行，这样阳和阴都是人的行为，实际存在。这些行为都需要，不应该抑阴褒阳，是分别根据情况履行相应责任，二者相协为用亨通实现贞对情况之利。

序卦：履而泰，然后安，故受之以《泰》。履卦象征天在上，泽在下，意为人生即行履，只要象天泽中的层次分明那样，制定措施，安排措施，使各当其位，都堪所任，必亨通实现贞对情况之利。泰卦象征坤外乾内，乾知大始居内制定亨通实现贞对情况之利措施。坤具有技能，以乾制定措施行以牝马之贞执行完成，实际亨通实现贞对情况之利，以此天下泰通，这是显而易见的道理。履得其所，才能贞对责任，胜任责任则舒泰，安处。以此泰卦列履卦后。泰卦坤阴在上，乾阳居下，象天地知能交相为用，成就其事，万物生成，为通泰。

卦辞：泰，小往大来，吉亨。周易"小"指阴，"大"指阳。"往"义由内至外，"来"义由外至内。"大来"指阳刚知大始由外至内主导决策，制定亨通实现贞对情况之利措施。"小往"指具是以阳性决策为基础，依托阳决策之外的技能进行实际运作，使决策得以顺畅实施，利益得以实现。

彖传：泰，小往大来吉亨。则是天地交而万物通也，上下交而其志同也。内阳而外阴，内健而外顺，内君子而外小人，君子道长，小人道消也。

泰，小往大来吉亨。则是天地交而万物通也，上下交而其志同也。小往大来，阴往阳来，象天地之气交互万物得以生长，通泰。象人事上下交通，相互助益，志意同。

内阳而外阴，内健而外顺，内君子而外小人，君子道长，小人道消也。卦象阳来居内，阴往居外，阳进阴退。乾健在内，坤顺在外，内健外顺，象君子在内，小人在外，君子道长小人道消，知大始君子主导所以通泰。

大象曰：天地交泰，后以财成天地之道，辅相天地之宜，以左右民。天地及阳阴双方的相互作用，是万物繁茂生长和繁荣的基础，互动和合使天地与万物达到通泰状态。一个好的君王需要致力于促进天地与阴阳的交互作用和通泰状态。他需要实施有益于交互通泰的法制和政策，以使民众能够合理利用天时（天的时机）和地理条件（土地条件），辅助天地的化育功能，达到万物丰茂美盛的利益。如春播种、夏助长、秋收割、冬储藏，万物都本有相应的生长周期和特点。一个君王只需要适时实施适宜的政策，助益于天地赋予万物的本性发挥，促进万物丰茂生长，达到万物美盛的效果。

六爻简释：

初九，拔茅茹，以其汇，征吉：初九的位置是刚明在下，象征贤哲处于艰难困境。在当时情况下君子周而复始，实施适宜政策，决心促进国家进步。在实施政策时必须团结同类，彼此倚重，如茅草根系一般，共同前进，方能获得利益。

象曰：拔茅征吉，志在外也：象辞"拔茅征吉"是全部爻辞"拔茅茹，以其汇，征吉"的省略语，意思为君子通过拔茅（采取适宜政策）征吉（获得利益），是将当时情况修复通畅，体现出贤哲致力提升的决心。贤哲认识到仰仗外界资源才能获得吉利，外在的机遇是自己进步的重要因素之一。所以贤哲需要团结同类敏锐地抓住和利用这些机会，才能走得更远，赢得更多的成功。

九二，包荒，用冯河，不遐遗，朋亡，得尚于中行："九二"以刚中处顺中既准确刚决又准确顺以情况。"包荒，用冯河，不遐遗，朋亡"四项并非不同的概念，而是相互联系、互为必然结果的，它们共同体现出九二得尚于中行的特征，避免偏移和极端。"包荒"代表容忍乱象，意味着政策宽容开明。"用冯河"代表采取强硬措施，但只限于必要情况下维护利益，没有超出适度之处。

"不遐遗"意味政策不偏袒特定集团，而是公正公平。"朋亡"，意味着在处理人际交往时，应摒弃狭隘的亲疏观念，不因私交而偏颇失衡。由此，在任何情况下，九二的政策措施都坚持以中正为主，推崇公平行事，避免走向极端。象曰：包荒得尚于中行，以光大也。象辞"包荒"是爻辞"包荒，用冯河，不遐遗，朋亡"的省略语，由九二以刚中行顺中，象征凡事准确根据情况果断决策，而有"包荒，不遐遗"之胸襟宽容，"用冯河"之果敢，"朋亡"之无私，这都是"得尚于中行"的必然结果，故称四者是"得尚于中行，以光大"的必然结果。

九三，无平不陂，无往不复，艰贞无咎，勿恤其孚，于食有福：陂，斜坡。"三"泰将过中，泰极否来。由此爻辞警示泰极将否，大意是既不存在绝对平坦的道路，也不存在只前往不复返情况。因为人们所面对情况总在变化，需要人孜孜致力于认识情况，根据需要解决问题的情况修习识见，习练执行能力，则解决问题亨通实现贞对情况之利。不需要焦虑或忧心忡忡。上面描述的"贞对情况需解决的问题修习识见，习练执行能力"是切实可靠的道路。唯有追随这条道路，才能取得真正的成就和幸福。象曰：无往不复，天地际也。泰九三爻辞"无往不复"由九三是泰卦下体乾之上，紧邻坤之下，在卦中是乾坤交际，象征自然天地交际，人任事的思想认识和执行行为交际。本爻阐述贞对情况乾坤阴阳互相合作、互相配合具有普世意义。"贞者事之干也"就是人们一定要严谨、准确、持之以恒地针对情况做出决策、进行行动。不要为变化而忧虑，贞德修养会带来日臻丰裕与幸福。

六四，翩翩。不富以其邻，不戒以孚：阴称不富。六四做事合乎道德正理，心志和行动相合称为翩翩。六四处世中庸，虽然有一些长处，但并因此看轻和忽视身边的人。六四拥有内心深处的洞察、决心与信任，不需要人告诫，自然流露。象曰：翩翩不富，皆失实也。不戒以孚，中心愿也。六四翩翩下往疾飞，是因为其行为阴柔，但又处高位，这与自己的真实水平不符。所以六四不用告诫，翩翩下往疾飞，是六四内心的决心驱使其实践出力行动，是六四的中心意愿。

六五，帝乙归妹，以祉元吉：商朝多个帝王名帝乙。考究"归妹以祉"的帝乙具体所指几无意义，要在"归妹以祉"所指意义。"归妹以祉"意思即使帝王之女亦要成婚，成婚定是"下嫁"。帝王帝乙规定其女下嫁所享福祉随"下嫁"夫家，不再享"王姬"福祉，这无疑具有进步意义。帝王之女的丈夫公婆乃至家族所有成员，应当很少有才德不能堪配王姬的情况。若在夫家仍享帝王尊贵无益家族和谐。自制定"归妹以祉"礼制的帝乙后，凡王姬下嫁都降其尊贵，顺从夫家。帝乙推动社会进步，世代称誉。爻辞"帝乙归妹以祉，元吉"，意为六五以阴柔居君位，象征效法帝乙归妹降其尊贵，倚任顺从九二刚明贤臣，政事亨通实现贞对情况之利，都享其福祉，元吉，完美到尽善成治泰之功。"归妹以祉"指人的社会责任应该只以才能为准，待遇应该只以责任为准，而不是以出身和关系为准。这样就能自然地造就一个竞相增益才德的社会氛围，促进发展繁荣。这句话至今仍然有现实意义。"帝乙归妹以祉，元吉"这句话至今仍然有现实意义。象曰：以祉元吉，中以行愿也。爻辞"帝乙归妹以祉，元吉"，意为废弃以出身为准，改为只以才德安排社会责任，这样能够满足持续兴旺的愿望。

上六：城复于隍，勿用师，自邑告命，贞吝：复，倾覆。隍，城墙下的沟壑。意为泰极则否，象征城墙最上即将倾覆于城墙最下的沟壑，"城复于隍"。"勿用师"，根本不可能组织起军队。政令只能在狭小的私邑中有作用，"自邑告命"。造成这种结果，因为

"上六"的智慧与领导力难以适应新的局面。象曰：城复于隍，其命乱也。城复于隍意为最后命令无法执行，混乱无法停止，已经被否决。

泰卦提示意义：

天地阴阳交合，相辅相成、互相通泰是发展的前提。唯有通泰才有创新，成就新发展。创造这样一个天地阴阳交合，相辅相成之通泰环境，是治国者的主要责任和最高原则。这个原则应当持续不改变。

所谓君子小人，内涵复杂，泰卦主要指见识才德。所谓君子决策，就是决策根据"民众心愿和利益"，并非指君子的社会地位。未言之义是小人只根据自我利益进行决策。这里面的含义是即使身处高位亦可能为小人，身处微贱亦可能是君子。

事物多是由连续渐变到质变，即哲学语言的"从量变到质变"。为有效利用对象，首先需对其有清楚的认识。最通用，简洁的方法是对其连续变化进行"裁成"，分段认识理解。在诸段认识基础上，认识全体。

要认识和理解多个对象，才能促成它们相互"辅相"，创造出原本不存在的新存在。这既是科学研究的基础思路，也是最高层次的思维。所有巨大的进步都始于裁成（分解）辅相（相辅相成），并以阴阳交互协理为继。无论是高速公路、高铁、袁隆平先生的杂交水稻、李保国教授在太行山种植苹果、光能发电、核电、手机通信、网购等等，都是出于裁成辅相的阴阳交泰。

要实现阴阳协调的通泰，需要创造一个适于人们相互协作、相辅相成的社会环境。在这样的环境中，人与人之间的斗争减少，沟通以理为主，从而奠定了社会总体通泰的基础。最基本的是要诚意尊重科学、尊重知识、尊重专业人才。闻道有先后，术业有专攻。

先王征战建国，精通战争规律；后王或深谙治人之道，但都难以精通无穷的诸多具体专业知识和事务。他们的责任重在制定政策、创造氛围、形成风气。制度习性形成了"上有好者，下必甚焉"的局面，因此应当少干涉具体事务，不以私意宣扬典型。每个人都会根据自己所处的环境，认识和把握自己的相辅相成之道。

12

否卦：俭德辟难

☰
☷

坤下乾上

序卦：泰者通也。物不可以终通，故受之以《否》。泰义①通。通泰之极则否，易因此在泰卦后设否卦。否卦乾上坤下，象征天在上地在下，天地隔绝不相交通为否，否决。

卦辞：否之匪人。不利君子贞，大往小来。

否之匪人：世界实际情况是，最宏观的自然世界是太阳和人类居住的地球都在不停地运动。由于运动使地球与太阳的相对位置不断改变，形成了白天黑夜的明暗、四季不同的冷热、年月四时以及各种不同的气象状态。同时，这也造就了地球上各种存在，包括无生物和有生物的生存繁衍。所有存在中，唯有人类拥有思想，能够根据思想指导行为。人类以对自己最有意义的原则，使所有存在相协为用，成就人之用，这就是人道。所谓人道，就是不同存在相交融，成就人的不同之用。不同存在相交融是成就人不同之用的"人道"的前提，没有不同存在相交融就没有所谓的"人道"。否卦象征天地不相交融，所有存在相否决，没有了相交融的人道，"否之匪人"。

---

① 本书中多处以"义"来表示"意思"，用"义"更精简。

不利君子贞，大往小来：从人类存在的意义来说，君子既包括阳刚知大始，制定亨通实现贞对情况之利措施者，也包括具有技能，以措施行以牝马之贞执行完成，实际亨通实现贞对情况之利的坤顺君子。但由于历史的局限，卦辞"不利君子贞，大往小来"，这里的"君子"明显只是指阳刚知大始的君子。在否卦象征意义的特殊情况下，这个君子不包括执行者。应当理解为历史局限的特指。但卦辞"不利君子贞，大往小来"仍然有正确意义。由于时处否决，知大始的君子不具有决策权力，无知者决策，阳刚君子执意坚持正确意见也无意义。

象曰：否之匪人，不利君子贞。大往小来，则是天地不交，而万物不通也。上下不交，而天下无邦也。内阴而外阳，内柔而外刚，内小人而外君子，小人道长，君子道消也。

上下不交，而天下无邦也：我国可能由于地理形势是大平原的原因，中古时期的夏商西周已经是一个大一统的国家。为了便于治理，建立了诸多邦国，最高统治中心根据国情制定政令，下发给邦国执行。政令统一，减少了下层纷争和征战。这种制定政令和颁发执行的过程，就是所谓上下交通的邦国之道。

内阴而外阳，内柔而外刚，内小人而外君子，小人道长，君子道消也："内阴而外阳，内柔而外刚"即指否卦象中的"内阴，内柔"和"外阳，外刚"。它意味着"内小人而外君子，小人道长君子道消也"。当无知者在内庭制定政令时，政令必然悖于情况，无法解决问题。这样，"小人道长"，而"君子道消"。

大象曰：天地不交，否。君子以俭德辟难，不可荣以禄。知大始的君子观察否塞之象，隐藏自己所认知的东西，不表现于外，使之不被人看见，以避免被害。同时，他们不因为荣华财富而自负，更注重内在的品德修养。

六爻简释：

初六，拔茅茹以其汇。贞吉，亨："拔茅茹以其汇"意为拔掉长有茅草的根，因为茅草易于滋生害虫和可忽略的小问题（其汇），为后续顺利发展腾出空间和条件。它指出在事情初始阶段，需要保持警惕和谨慎，去除一切不必要的滋长、蔓延，才能铺平道路，为未来顺利发展奠定基础。这种审时度势、去杂抽纯的思维在很多事情上都是通用的。无论面临新工作、新项目、新生活，期初能关注整体大局，清洁周围环境，都有利于取得良好开端，获取初步成功。象曰：拔茅贞吉，志在君也。爻辞"拔茅贞吉"意为行为只对下卦有意义。虽"初六"爻的心志在奉君命，所谓"处江湖则忧其君"。但由于处在思想被否决的阶段，不能对上面的决策者产生作用。

六二，包承，小人吉，大人否亨：六二爻也处于上下体不交通的状态，六二对上体①没有意义，但对同体仍有意义。六二爻顺中正，与初六和六三相比，初六和六三都不正，六二仍能包容承顺助益初六和六三，小人吉。六二正应九五大人，但因为由于不相互交流的"否"时，上下体没有交流，六二不能帮助九五亨通。九五只能依靠"九四"和上九的关系了。

六三，包羞：六三爻性情阴柔，处于"否"下体最上，中正，象征邪滥无所不至当羞耻。虽六三与九四相比，与上九相应，但上下体没有交流，"四""上"不能助益三。只有处比位的顺中正六二能包承六三的羞耻，六三的羞耻得到六二的包容承受，包羞。象曰：包羞，位不当也。否六三，既否决又"位不当"实为羞丑。也只有顺中正的六二能包容承受。

---

① 上体是指上面三爻构成的"上体"，下体是指下面三爻构成的"下体"。

六三爻强调在面临羞耻感时，通过他人的谅解与同情，获得赦免和缓解。但最终仍需要从根本上改正自己的错误和不足，方能真正解脱。

九四，有命无咎，畴离祉：九四爻是一个阳爻，表示有能力、有才干，接近君位，可以为领导者提供巨大的帮助。但是，这种能力和才干需要得到领导者的认可和信任，才能发挥出实际的价值。在处于接近权力的地位时，必须要执行领导者的指令，秉持守卫国家稳定的责任心，才能顺利完成任务。"四"位已过"否"中，否决松动，需要与其同类六三、初六一起合作，实际实现君命，才能获得福祉。九四爻强调在"否"时期，执行君命，顺应时势的重要性。如能实现君命，即使动作受限，仍能无咎且获得意外之福，关键在于正确地把握君道需要和时势动向。象曰：有命无咎，志行也。在济否的过程中，仍必须遵循君命，听从领导安排，不可能随意施行个人的意图和行动。只有遵从领导者的意愿，才能成功地化解危机、拯救危亡，实现自己的理想愿景。

九五休否。大人吉。其亡其亡，系于苞桑："否"已过中，上下否决松动，刚中正居尊称大人，象征刚果准确结束了"否"的状态，大人吉。所以能刚果准确结束"否"的状态，就是由其知大始处，而且能有"否决"的绝对权威，总有"其亡其亡"之诫，既能时刻警惕准备，又能准确抓住时机而"系于苞桑①"。象曰：大人之吉，位正当也。九五之所以能够结束天下之"否"，获得吉利，是因为它以刚中正居于尊位，具有刚中正的见识和行为。它能够调动全部资源，准确解决问题。

---

① 苞桑是一种树木，由于其性质柔软而耐久，所以以此喻代居中而稳健的九五爻，这就要求九五爻要具备过人的耐心和毅力，在困境中坚定不移，持续进行分析和探索，找出逃离困境的正确方法和策略。

上九，倾否，先否后喜：上九爻是否卦之终，已经处于一种"否"的状态，看起来未来也很难走出困境。不过，上九爻有"知大始"的能力，懂得如何从大局出发，解决困境。在这种情况下，"上九"能准确地针对情况，保持清醒的头脑，平衡的思维，寻找最合适的突破口，有计划地进行应对和处理，就能实现"贞对情况之利"，实现倾否后的"亨通"，并带来后来的"喜"。

附录朱子语："九四"否已过中，上三爻是说君子，言君子有天命而无咎。大抵易为君子谋，且如内三爻是小人得志时，然不大段会做得，事初则如此，二又如此，三虽做得些个也不济事，到四则圣人便说那君子得时，否渐次反泰底道理。五之苞桑系辞中说得条畅尽之矣。上九之倾否到这里便倾了否做泰，渊阴阳各有一半，圣人于否泰只为阳说道理，看来圣人出来做须有一个道理使得天下皆为君子，世间人多言君子小人常相半，不可太去，治之急迫之却为害，不然如舜汤举伊尹、皋陶，不仁者远，自是小人皆不敢为非，被君子夹持得皆革面做好人了砥。否本是阴长之卦，九五休否上九倾否，又自大故好。盖阴之与阳自是不可相无者，今以四时寒暑而论，若是无阴阳亦做事不成，但以善恶及君子小人而论，圣人直是要消尽了恶，去尽了小人，盖亦抑阴进阳之义。某于坤卦亦曾略发此意，今有一样人议论谓君子小人，相对小人不可大故去他，则反激其祸，且如舜汤举皋陶伊尹，不仁者远，所谓去小人非必尽灭其类，只是君子道盛小人自化，虽有些少无状处亦不敢发出来，岂必剿灭之乎！文蔚。

朱子这段话的意思如下：

九四爻之后表示君子处于有利位置，命运不会有大的咎罚。在否时期，小人可能占优势，但不能持续。到九四时，君子方刚起势，能逆转局面。九五时时警惕危机，并极有耐心摆脱困境，到了上九就结束了"否"的状态到了"泰"。通常而言，阴阳互为存在之基，但以善恶及君子小人而论，圣人需要抑阴进阳，也即为推动"阳"方面，圣人倾向消除"阴"面，去尽小人。但不代表必须完全根除小人。只要君子道盛，小人自然湮没。不是完全去除，而是让小人无法发扬自己，并且被君子化解。总的来说，圣人的目标是使天下皆为君子。圣人的路径是进化，不是革命。象曰：否终则倾，何可长也。人类是一种能动的存在，总能根据情况制定亨通实现贞对情况之利的措施，并通过修习执行技能，使刚柔阴阳相协为用，总能亨通实现贞对情况之利，解决问题。这是由人类的能动本性决定的。人类之所以为人，就在于自觉地贞对情况制定措施执行解决问题。人类不会持久处于否决状态。

13

同人：明辨亲疏

☰
☲

离下乾上

序卦： 物不可以终否，故受之以《同人》。天地不交为否，上下相同为同人。与否相反，所以否卦在同人卦后。世界处于解除否决的状态，应当同心协力解决问题，因此在否卦后设立了同人卦。同人卦上面是乾卦，下面是离卦，象征亨通实现贞对情况之利措施在上，火向上明照，上下一致以亨通实现贞对情况之利为原则，以牝马之贞来行动，实际亨通实现贞对情况之利。上下两爻都非常明确什么是正确的目标和措施，并同心协力行动。

九五阳刚居尊，上卦乾之主。六二下卦离之主，虚中能容故明。二五刚柔中正相应，上下一致于亨通实现贞对情况之利，这就是同人的意义。这个卦中唯一的阴爻是内在智慧的主爻，众阳都希望与它合作，这个爻所认识都能做成，意义最大。

卦辞： 同人于野，亨，利涉大川。利君子贞。同人乾上离下，亨通实现贞对情况之利措施在上，火虚中在下向上明照，明确容纳亨通实现贞对情况之利措施。六二象征具有技能，顺中正，准确顺以亨通实现贞对情况之利措施做成，实际亨通实现贞对情况之利。上下相协为用无时空限制，都亨通实现贞对情况之利，何况郊远。同人于野，亨，利涉大川。"五"尊位全面准确认识情况制定措施，

"二"具有技能，以虚中之明理解九五制定措施，准确执行完成解决问题，亨通实现贞中情况之利。九五、六二都贞中职责，堪称君子，利君子贞。

象曰：同人，柔得位得中而应乎乾，曰同人。同人曰，同人于野，亨，利涉大川，乾行也。文明以健，中正而应，君子正也。唯君子为能通天下之志。

同人，柔得位得中而应乎乾，曰同人：六二柔居顺中正，柔得位。正应乾九五刚中正，六二柔得位得中而应乎乾。上述象征称同人。

同人于野，亨，利涉大川，乾行也：六二顺中正应九五刚中正，无时空限制，所有情况"六二"都严格准确实际做成乾刚中正"九"五规定，"同人于野，亨，利涉大川，乾行也"。

文明以健，中正而应，君子正也："文"意为阴阳交错，"明"由虚中能容。下体离文明，上体乾刚健，离文明准确执行乾刚健规定，文明以健。九五刚中正，六二顺中正，九五、六二中正相应。九五准确制定亨通实现贞对情况之利措施，为刚健君子之正。六二准确理解九五制定措施，具有技能，以五规定行以牝马之贞执行做成，柔顺君子之正。君子正也。

唯君子为能通天下之志：九五爻代表知大始君子根据情况制定措施，六二爻代表顺中正君子执行完成。九五、六二爻准确刚柔中正相应，能够解决天下所有问题。只有刚柔中正相应的君子相互协作，才能实现通达天下的心志。

大象曰：天与火，同人。君子以类族辨物。天在上，火性炎上与天交与，明在上的亨通实现贞对情况之利措施。天与火不苟同，只同以亨通实现贞对情况之利措施，执行完成。人应当遵循火的明，主动炎上与亨通实现贞对情况之利措施交与，明在上的亨通实现贞对情况之利措施，同于所明亨通实现贞对情况之利措施，以亨通实现贞对情况之利措施为标准之同为同人。人应当有自觉地辨识对象是其所是。以所辨识把对象分为不同族类，用以决定是否同，同什么，如何同。

六爻简释：

初九，同人于门，无咎：九处初为正，致力于与人相处融洽，达致和谐。程传认为"同人"卦表示人出门在外，与人相处时，不可偏私、疏离。同人之际要广纳众人，以公正之心相处，顺利地相协为用，无咎。象曰：出门同人，又谁咎也。当我们与外界广泛接触时，无偏私地贞对情况相协为用时，谁能认为有咎呢？

六二，同人于宗，吝：二虽阴乃同人之主。作为同人之主必须广同。六二爻作为主爻如果只同于五爻，而不与其他爻相互协调和配合，则同人之主的能力就会受到限制，使得事业难以有所发展和进步。如果只和个别人员合作，而忽略了其他重要的人员关系，那么很可能会因为小团体利益而损害整体利益，这是"吝道"的表现。象曰：同人于宗，吝道也。六二爻作为同人之主却只与五同，乃同于宗党，吝道。

九三，伏戎于莽，升其高陵，三岁不兴：九三刚正不中，与顺中的六二相比，九三卦和六二卦都包含刚中和顺中两种属性，所以在某种意义上"象征"或代表的意思与对方"同"。然而九五刚中正居尊，六二顺中正相应，象征九五与六二以刚柔中正"同"。三比二相对五二应，理不直义不胜，九三畏惧不敢显比，又不甘退出，伏藏兵戎于林莽中却不敢行动，只能时升高陵顾望，如此持续三岁之久终不敢兴兵。

本爻的爻辞未言吉凶，但在这种情形下，大概率是凶象。其中，九三爻刚正而不中，意味着过于固执而不够灵活，很难获得成功。六二爻顺中,则预示着对待事物适度顺从、灵活处理的态度能够取得收获。九五爻刚中正居尊,则可能暗示身处高位必须担负起更多的责任,不能偏离中正之道,否则会受到惩罚。

总的来说,这段话传递出的信息是,要在不同的环境中灵活变通,刚柔相济,遵循中庸之道,这样才能获得成功。在处理复杂关系时也要注意策略,不要因为过于执着于某些道义而忽略了实际利益。同时,伏藏兵力的策略也要谨慎使用,因为不合时宜的伏兵只会增加自己的风险,而不利于自己的发展。象曰:伏戎于莽,敌刚也。三岁不兴,安行也:九三比二的对敌是至尊刚中九五,敌刚也。九三刚正自知不能胜,却不甘心舍弃,而伏藏兵戎于林莽至于三岁,几不可有行动机会,终未敢行。

九四,乘其墉,弗克攻,吉:四阳刚不中正,与二没有相应,九四想要同六二达成一致或者合作,有九三隔离,这种情况像是乘坐马车但无法前进,障碍重重。九四不中正且与二无应比关系,不敌三正比二,四以刚居柔不执意用刚,象征九四能自我反思改过,不放弃攻击的立场,这是吉兆。象曰:乘其墉,义弗克也。其吉则困而反则也:九四爻辞"乘其墉"指九四与二隔着三,爻辞"弗克攻"是九四认识到跨越三与二产生联系,并非仅只"力不克",主要是认识到按理它也不应该这样做。由四卦起初由于力不从心而感到困难,但通过反思认识到本不应违背规则与二阴卦直接联系,所以选择退让并恢复正常秩序。九四卦之所以"吉",是因为遇到困难后能够"反则",即进行自我反省和退让。

九五,同人先号咷而后笑,大师克相遇:五刚中正应六二顺中正,中间有三、四所隔不能直接建立联系,最开始有困难和挑战。然以九五、六二刚柔中正相应以都,无可战胜,犹如大师克必得相遇。象曰:同人之先,以中直也,大师相遇,言相克也:同人开始所以称号啕，是因为六二爻、九五爻中诚理直，却不能相遇，由此产生的强烈不满，就像是愤怒的"号咷"。爻辞"大师克相遇"指九五卦和六二卦刚柔兼备、中正相应的力量，犹如大师之间的较量，最终必定会达至相遇应和的状态。

上九，同人于郊，无悔：上在外象征郊远。内无应象征终无与同。本就应当无与同，无同合理，正常，无可悔。其中，上九爻处于相对偏远的位置，没有人与之同的状态本来就是应该的，合乎逻辑的，并没有什么好悔的。象曰：同人于郊，志未得也。同人之时处于郊远，欲同的心志未实现，很正常。

14

大有：扬善抑恶

☲

乾下离上

序卦：与人同者物必归焉，故受之以《大有》。同人卦象乾上离下，亨通实现贞对情况之利措施在上，火向上明照，象同以亨通实现贞对情况之利措施，又象征只有实行"亨通实现贞对情况之利措施"的人，才堪为能动存在的人，与其他存在的根本不同。

大有卦象离上乾下，这表示以虚中容纳"亨通实现贞对情况之利措施"，实际采取这种措施行动，可以达至"亨通实现贞对情况之利"，其所"明"的是"至大"的事物。这里的"大"就是指"亨通实现贞对情况之利措施"，以"天"为其象征。采取"同人"卦所明的有利措施行动，就可以达到"亨通实现贞对情况之利"，这是"至大"之事，且会持续扩大，这正是"大有"卦的象征意义。

卦辞：大有，元亨。具有"亨通实现贞对情况之利措施"，所以至大，大有。卦象征具有"亨通实现贞对情况之利"才是所有至大，"大有"，以之行动"亨通实现贞对情况之利"，"元亨"。易六十四卦，卦辞直接说"元亨"的是"大有，蛊，升，鼎"四卦，都是六居五并九居二，象以虚中居尊位之明，应刚中知大始，用"刚中知大始"能解决所有问题，都"亨通实现贞对情况之利"，

"元亨"之义。晓瑜"虚中之明"为"大有"。

彖曰：大有，柔得尊位大中而上下应之，曰大有。其德刚健而文明，应乎天而时行，是以元亨。

大有，柔得尊位大中而上下应之，曰大有。卦所以成就大有，由五以顺中居刚中尊位，柔得尊位，象征处理天下所有问题时，都需要运用"亨通实现贞对情况之利措施"来实施，这样上下才会相应。六五顺中准确选择贞对情况的措施，以之执行亨通实现贞对情况之利。六五所选择实施的不过是"亨通实现贞对情况之利措施"而已，但其结果却是"至大"的，这正是"大有"卦的意思。

其德刚健而文明，应乎天而时行，是以元亨。"德"意思是行为结果与心中期待"等值"，一致。由容纳天下"亨通实现贞对情况之利"措施，并以之实施实际实现，其德刚健而文明。总是行以"亨通实现贞对情况之利措施"，应乎天而时行，实际"亨通实现贞对情况之利"，是以元亨。

大象曰：火在天上，大有。君子以遏恶扬善，顺天休命。火在天上明高及远，照明需解决的所有问题及解决措施，以之执行亨通实现贞对情况之利，大得其有，大有。遏恶，遏制亨通实现贞对情况之利的障碍。扬善，弘扬亨通实现贞对情况之利措施才能。顺天休命，休意思是"吉庆，美善，福禄"。休命，美善的命令，政令。顺天，顺应亨通实现贞对情况之利措施。休命，休美亨通实现贞对情况之利的政命，明确执行。

六爻简释：

初九，无交害，匪咎，艰则无咎：在"大有"的开始阶段，处在卑微位置的初九爻没有得意忘形的过错。初九爻没有可以对应与之直接相关联的爻位，所以还未有相互间的伤害，这不是它的过错。但在"大有"的发展过程中，常常会出现骄傲过盈的失误和相互之间的伤害。所以，"大有"卦的开始阶段就通过这句爻辞明确警示要警惕因骄傲过盈和相互伤害而产生的过错。象曰：大有初九，无交害也。大有之初即自觉警惕骄盈之失和交与之害，而行以简约，不会涉于骄盈之失和交与之害。

九二，大车以载，有攸往，无咎：九以刚居二，表示知行顺中，能配合居中六五爻君主的要求，成为君主所倚赖的人，既能制定针对情况的恰当措施，又能准确地执行并完成。这就像是载运着天下重任的"大车"，无论走到哪里，都能"亨通实现贞对情况之利"，绝不会犯任何错误。象曰：大车以载，积中不败也。象辞"大车以载"是爻辞"大车以载，有攸往无咎"的省略语，意为九二刚中，知大始准确把握情况制定政命。行顺中，具有执行技能，准确执行完成。准确制定政令，识见和执行技能都积累于九二自身中，九二制定政令并执行完成，都亨通实现正中情况之利。九二爻所积累的这些能力，使其处境始终如一，不会失败。

九三，公用亨于天子，小人弗克：九知大始，三下体之上象征王公诸侯。九三刚正准确履行王公诸侯责任，它以丰厚的贡品向天子朝贡，象征其治理成果丰硕，朝贡也十分隆重。小人不会如此，无知不能履行责任，难能成功治理。即使偶有大有也只能收敛民财，损公肥私。象曰：公用亨于天子，小人害也。九三刚正，在大有的时代能够向天子朝贡。若小人处在大有时代，既不会以忠臣之道侍奉君主，也不会以财富使人民富裕，只会不遗余力地掠夺民财，以损害公共利益而谋取私利。这种作为不但危害天下，也伤害人民，更会自食其果，危害小人自己。

九四，匪其彭，无咎：以刚处四不正且过中，象征拥有过多超出应有的财物。"匪其彭",匪即"非",不是,"彭"意为"过盛"。"匪其彭",只要能认识到拥有的财物"非其当有",即超出应有程度,主动上缴的话,就可以免除过错。如果不主动上缴,那就是过错。象曰:匪其彭,无咎,明辨晢也。九四能明辨所有是否己所当有,以规定处置非当有,可赦免咎过。

六五,厥孚交如,威如,吉:厥义"其",孚意为"诚信,信实"。"交"意为"结交,交往,交情"。威意为"威望",威信。如意为像,相似,样子"。六五以虚中处大有之尊,孚信下交,有威信,能实现大有,吉利。象曰:厥孚交如,信以发志也。威如之吉,易而无备也。爻辞"厥孚交如"意为六五爻以虚怀若谷,容纳正确的态度真诚地与下级交往,这种信任态度激发臣属共同应对大有世道而全心投入,由此,六五爻获得更高的威望,臣属全心投入职责,达至"亨通实现贞对情况之利",所以是吉利的。爻辞"威如之吉"喻示六五爻虽以柔性居大有之尊位,上下皆是刚爻,但它能以"虚中"抛除自我主观,准确理解情况与下级交往。所以,下属既不会轻慢大意,也不需要戒备,只需全心投入职责,就能达至"亨通实现贞对情况之利"的目的。

上九,自天佑之,吉无不利:六五以虚中之明,准确把握亨通实现贞中情况之利措施,执行解决所有问题,亨通实现贞中情况之利。到上九称"自天佑之,吉无不利"由五上为天位,应当遵循天道。所谓天佑都是"客观实际",即所谓的"天"本就存在"亨通实现贞对情况之利措施"佑助,就是大有"六五以虚中之明与刚明九二交与",所以称"刚明"的重要内涵之一就是"虚中之明",实际是最准确的刚明,只是呈现为顺中。凡不尽心佑助虚中之明,非愚昧即奸诈,六五不会任用。象曰:大有,上吉,自天佑也。自天佑是本就存在的"亨通实现贞对情况之利措施"

佑助，只有知者能认识把握，无知者不能认识把握。"亨通实现贞对情况之利措施"本就存在却不能自然实现，亦非所有人都能认识把握使实现。能否实现只在人认识。认识决定于学识，执行决定于技能，所谓"天佑"一定是具有学识和技能的"人佑"。这就是大有提示的意义。

15

谦卦：藏峻行谦

艮下坤上

序卦：有大者不可以盈，故受之以《谦》。有大可能盈满，由此易大有后设谦卦。"谦"意为有才学自以为无，不懈进取。谦卦以"坤上艮下，地中有山"为象。地体平顺，山高峻，谦义平顺中蕴藏着高峻。又像外顺内艮，内在艮止于外顺，外顺是内在本有，非只是外在呈现，谦之义。

卦辞：谦亨，君子有终。

象曰：谦，亨，天道下济而光明，地道卑而上行。天道亏盈而益谦，地道变盈而流谦。鬼神害盈而福谦。人道恶盈而好谦。谦尊而光，卑而不可逾，君子之终也。

谦亨，天道下济而光明，地道卑而上行。这里的"济"代表交流。只有采取谦虚的态度，才能顺达。天道以其气势下济，与万物交流，化育万物，使之光明。地道卑下，其气上行与天交流。天地通过上下的交流，达到通达的目的。

天道亏盈而益谦，地道变盈而流谦。天道无论日月都是明极转向暗，暗极转向明。满级转向缺，缺极再转向满……天道亏盈而益谦。地势总是盈满坍塌陷入卑下，增益卑下，地道变盈而流谦。

鬼神害盈而福谦，人道恶盈而好谦。所有莫名其妙尚未认识原因的现象都呈现为消减盈满，补益亏谦。有自觉意识的人无不厌恶盈满，喜好谦恭。

谦尊而光，卑而不可逾，君子之终也。谦自处卑顺成就尊高不可逾越。唯有知大始君子明确总有未认识存在，终生孜孜以谦认识实践，亨通实现贞对情况之利，尊高光显不可逾越。

大象曰：地中有山，谦。君子以裒多益寡，称物平施。"裒"读 póu。地卑顺，天高峻，谦象卑顺的地中蕴藏着高山，内蕴峻高，外行顺为谦。君子认识世界，裒除虚浮的表象，补益被遮蔽的真实内蕴，认识贞对对象实际，以实际内蕴安排任用。

六爻简释：

初六，谦谦君子，用涉大川吉：凡任事，认识客观存在情况最重要，解决问题必须根据情况行谦顺。处谦时，初处象谦，六爻顺亦象谦，初六谦之，初不了解情况以谦谦。君子以亨通实现贞对情况之利措施行以牝马之贞用"谦谦"，严格用"亨通实现贞对情况之利措施行以牝马之贞"能解决所有问题，"用涉大川吉"。象曰：谦谦君子，卑以自牧也。卑，根据情况需要谦卑。"自牧"，自我修习学识才能。爻辞"谦谦君子"意为"以亨通实现贞对情况之利"需要，自我修习制定亨通实现贞对情况之利措施所需学识。根据执行措施的需要习练技能执行完成，亨通实现贞对情况之利。

六二：鸣谦，贞吉：谦六二顺中正，准确以乾制定的措施行以牝马之贞。鸣，动物发出的叫声，动物都理解了六二对乾制订的措施准确顺从，严格执行完成。执行结果必然贞对情况解决问题，"贞吉"。象曰：鸣谦贞吉，中心得也。六二谦德美誉远为传闻，却仍贞对情况思考如何改进，只因六二衷心理解谦德的真实意义和作用。贞对情况不懈改进无止境，都是人本有的责任，贞对情况任事只是履行了作为人的责任，本就应当不懈为之尽力。

九三，劳谦，君子有终，吉：九知大始处三刚正，下卦艮之主，互卦上震之主，下坎之中，象征总为解决坎险问题行动，解决出险即艮止，不再有其他。有功劳行谦谨至终，六五倚任，众阴顺从，"君子有终，吉"。象曰：劳谦君子，万民服也。有功劳不自居，只孜孜以致力堪称劳谦君子，万民敬服。

六四，无不利，撝谦：撝，读 huī，施布。四坤体顺正，象征上恭谨侍谦德之君，下卑巽礼让劳谦之臣。不懈施布谦德，撝谦。无不利于解决问题，象曰：无不利，撝谦，不违则也。事君不为得其容悦。巽让劳谦之臣由其有大功。六四无妒功嫉能之心，只以扬功称善之美。在处事方面，遵循既定的规则，绝不违背规则。

六五，不富以其邻，利用侵伐，无不利：阴柔称不富。君主不应以赏赐及封职来争取下属的归心，而应以谦和顺从的态度来获得下属的拥护。但是，君主不能仅仅依靠谦顺，还需要威严相加，利用攻击征服不服从的才能使天下归顺。人君需要正确判断形势，既需要刚强也需要柔顺，只有兼备刚柔，才能尽善尽美地行使君道，避免弊端。对外来侵犯者，应施展强硬手段使其屈服。采取上述方式，没有不合时宜的，所有的问题都能解决，没有弊端。象曰：利用侵伐，征不服也。如果对方不理会谦和姿态，那么就需要采取强硬的方式予以制服。

上六，鸣谦。利用行师，征邑国：下面象辞就是爻辞解释。象曰：鸣谦，志未得也。可用行师，征邑国也。六以顺居谦亢位，象切望只以呼号行谦，令天下归附，称"鸣谦"，自鸣其谦，总在呼号"我行谦……"。只以呼号"我行谦……"，终究得不到天下的归服，其志向尚未达到，可以使用军队征服那些不归顺的小型国家。私邑之国理当归服不归服，"可用行师"征服。

16

豫卦：乐神兴物

坤下震上

序卦：有大而能谦必豫，故受之以《豫》。承二卦之义以为次也。谦意思为自我评价不会超越实际。大有象明天理天道，具有天理天道，所有盛大，远远超越自认为应当具有，故愉悦。以此易于大有和谦卦后设豫卦。豫意思为安和说乐。卦象外震内坤，外动内顺，外动顺以内在认识，动为实现目的，愉悦。

卦辞：豫，利建侯行师。

彖曰：豫，刚应而志行，顺以动，豫。预顺以动，故天地如之，而况建侯行师乎。天地以顺动，故日月不过，而四时不忒，圣人以顺动，则刑罚清而民服。豫之时义大矣哉。

豫刚应而志行，顺以动，豫。刚应指九四爻得到众阴爻的响应。"志行"表示阳刚之气的上行志向得以实现，知大始发动，上下阴爻都顺从，九四爻的心志得以行事。"顺以动"代表"豫"卦中的象，外震动内坤顺，这是顺从乾而动，动而得到众阴的顺从，所以"豫"，愉悦。

预顺以动，故天地如之，而况建侯行师乎。豫卦象内顺外动，豫顺以动，故天地如之，即乾坤如之，天地也是坤顺以知大始乾贞对情况认识制定措施动，实际亨通实现贞对情况之利，而况建侯行师乎！建侯行师虽然是人事中最重要的，相对天地之动又算什么，只能是顺以知大始乾制定的亨通实现贞对情况之利措施动，实际亨通实现贞对情况之利。

天地以顺动，故日月不过而四时不忒，圣人以顺动，则刑罚清而民服。天地根据情况制定所有政令，从而成就了日月恒久常以之度出没，从无过越，造就了四时从不出差忒。圣人知大始，准确认识情况，以亨通实现贞对情况之利制定刑法，清楚明白，万民信服，都根据刑法规定行动，天下平。

豫之时义大矣哉。豫卦象征顺以情况动之道，适用于所有情况，空间普适自天至地，时间上亘古至永久的未来，所有问题都不过是"顺以情况动"，只要人自觉致力于认识准确把握情况，以亨通实现贞对情况之利制定措施，以措施行以牝马之贞，都能亨通实现贞对情况之利。再没有超越"顺以动"的意义了，自觉的人永远以顺以动，都能亨通实现贞对情况之利。

大象曰：雷出地奋，豫。先王以作乐崇德，殷荐之上帝，以配祖考。雷是天地之气交互薄击发出的声音，冬季阳气潜闭地中，随太阳地球运动相对位置改变到一定状态成春夏之交，阳气动而出地，即豫卦上震下坤象征。雷声提示不再闭塞，万物复苏，开启奋震……先王观雷出地奋，和畅发声，明确万物复苏，作声乐以殷盛荐之上帝，提供万物复苏环境，与祖宗的指示相符。

六爻简释：

初六，鸣豫凶：阴无知不中正，它应当顺从四阳爻的领导和号召，但卦象显示它急于上升并发出声音，称为"鸣豫"。初六既然无知无能，缺乏经验，什么也做不了，不可能真正上升，凶。象曰：初六鸣豫，志穷凶也：爻辞"初六鸣豫"意思初六欲上的志意穷极，只是才不堪任，欲望远远超越能力，不可能上，"凶"之义。

六二，介于石，不终日，贞吉：豫唯六二顺中正，准确顺以"亨通实现贞对情况之利措施"动止。上六正但象征上六爻置于事外，其他四爻都不正，六二爻像坚硬如石，处在正确的位置，又互艮之下能适时止步，象征它一旦偏离正确方向，它不会等待太久就会回归。它遵循"亨通实现贞对情况之利"动止，准确解决问题，贞吉。象曰：不终日贞吉，以中正也。爻辞"六二，介于石，不终日，贞吉"，意为适时行以"亨通实现贞对情况之利措施"就在六二心里，行止正中"亨通实现贞对情况之利"坚确如石无差失。

孔子著系辞传赞六二"见几"称："知几其神乎！君子上交不谄，下交不渎，其知几乎？几者动之微，吉之先见者也。君子见几而作，不俟终日。易曰：介于石，不终日，贞吉。介如石焉，宁用终日，断可识矣。君子知微知彰，知柔知刚，万夫之望。夫见事之几微者，其神妙矣乎！"这段分析深入阐释了孔子对六二爻"见几"的高度赞赏。"见几"代表着看见事物微妙变化的能力，知微知彰，能决断而不失时，如石般坚定无误，这是君子的至高品质，值得万人景仰。

六二"上交不谄，下交不渎"是因为"知几"，君子与上位者交往时，不会奉承谄媚；君子与下位者交往时，不会轻视侮辱。这是因为君子能够明白自己的处境和身份，不会自负或自卑，因而可以保持清醒的头脑和恰当的行为。正因为君子能见微知著，作出准确判断，而且行动准确而适时，所以会吉祥。人生最重要的是能够看到情况的变化，并有解决问题的能力。通过"易之门"的乾坤的教示，不断实践，就可以成就"宇宙代数学"的"易"。未见而作是妄为，见而不具有技能不能执行，坐而论道不会有实际结果。这都不是君子所为。

"知几"的重要意义在于能够洞察事物的细微变化，作出准确判断，采取适时行动。这是人生最重要的能力，需要通过学习《易经》，特别是乾坤变化的教诲加以实现。如果不能看到变化，无实施能力，只空论道，不能达到真正效果，这都不是君子之道。

六三，盱豫悔。迟有悔：盱，瞪大眼睛眺望。六三阴柔无知处刚不正，亲比豫主九四，象征其根据九四规定做成。但不正不具有技能，象瞪大眼睛眺望仍不明九四规定而有悔，"盱豫悔"。看不清楚自然不能及时行动解决问题，"迟有悔"。象曰：盱豫有悔，位不当也。三象睁大眼睛眺望仍不明九四规定，"盱豫悔，迟有悔"，六三无知处刚位不正，虽亲比九四却看不清九四规定，"盱豫悔，迟有悔"。

九四，由豫。大有得，勿疑，朋盍簪：豫义有三，备豫，和豫，逸豫。通过认知备豫，执行实现和豫，完成后逸豫。九四以九处四不正，但处上体动之主，豫之主，亲比六五，六五倚任，象征豫之缘由，由豫。五阴都欲亲比四，四得亲比，"大有得"。四虽不正，但因为亲比六五，六五所倚任，勿需怀疑九四处豫时的作用。四所认识规定以六五名义下发执行，四犹如聚合五阴的簪子，无论开始的备豫，任事中的和豫，完成后的逸豫，都是五阴根据九四的认识行动聚合完成。象曰：由豫大有得，志大行也。五阴根据九四认识任天下事，大有得，通过备豫，和豫，大得圆满完成天下事的逸豫。欲造就天下逸豫的心志大得施行。

六五，贞疾，恒不死：六五以柔居豫尊位，才不及事不堪任，凡事倚任九四，由四认识贯通众阴的备豫，和豫，实现逸豫。五居尊不任事，象总有疾患，恒久于疾患而不死。长期处尊位不事尊事。象曰：六五贞疾，乘刚也。恒不死，中未亡也。爻辞"贞疾"指六五总不能履行职责，处疾患状态。所以总不履行职责，由其乘九四阳刚，九四代任政事。五爻辞"恒不死"，指五所享尊号尚存未废除。所以未废除，由六五行恒不死的中道，完全倚任九四，"九四"圆满代"六五"履行责任。

上六，冥豫，成有渝，无咎：冥，昏冥，虚幻。上六阴柔居豫极，上六阴柔，但处在极乐迷幻的状态，人容易迷失自我，不知反省。但事物总是在变化中，如果一个人能够意识到状况的变化，清醒过来，不再迷失自我，那么也就不会有过错之处。象曰：冥豫在上，何可长也。冥豫在上必然渝变，不可能长久。

17

随卦：动止随时

震下兑上

序卦：豫必有随，故受之以《随》。能使豫悦则有随者，易以此随卦列豫卦后。随卦兑上震下，象征说而动，动而说，说动相互依随。两者关系开始与因为豫悦而行动，根本是因为行动而获得豫悦。这些都是随。古时认为女随人，故随卦象征少女从长男。又象征雷震泽中，泽水随雷震动，体现震动引起其他事物的跟随变化。再看卦的变化，乾上九卦来居坤下，下体成震。坤初六卦往居乾上，上体成兑，表示阳下阴，阴必悦随，随之义。随成卦既取二体义，又取爻义，又有卦变，最为详备。

卦辞：随，元亨利贞，无咎。

象曰：随，刚来而下柔，动而悦，随。大亨贞无咎。而天下随时。随时之义大矣哉。

随，刚来而下柔，动而说，随。象辞中，刚来指阳刚从乾卦来到坤卦，柔来指阴柔从坤卦来到乾卦随卦下体是震卦，代表乾有智慧的能判断大局的人来到坤下，坤卦必非常欢悦地跟随。作易者以震下兑上象征随，是因为自古至今未有知大始阳刚不能使具有执行技能者顺随的，更别说随卦中初九爻处于最下位，最有智慧的人能来到最基层，执行者必定完全随从。

大亨贞，无咎，而天下随时。卦所以为随，是因为刚来下柔，动而说。指乾上九来居坤下，坤初六往居乾上，阳刚来下柔，以上下下，以贵下贱，如是众阴必欢悦地追随。又下动上说，行动带来欢悦自然跟随，由此各方都必须以特长尽力然后才能大亨，自然无咎。如果不贞，就不能亨，也不可能使天下随从。天下所随从的必定是那些识大始、认识当行之道的贤人。他们跟随贤人采取行动能够实现针对具体情况，并实现在具体情况下的利益。天下所随从的都是能够根据情况实现亨通并获得利益的智慧。

随时之义大矣哉。君子应随着情况的变化灵活地调整自己的行动。要做到这一点，就需要自觉于准确判断形势，并根据形势与自己的长处妥善安排资源。除此之外，并没有其他确定的原则。所谓"随时"的准确含义就是根据具体情况而变通，这也是能够应付各种事情的最大意义。

大象曰：泽中有雷，随，君子以向晦入宴息。随卦由震而兑，"震"卦象征东方日出，意味着光明和行动。"兑"卦象征西方日落，意味着渐趋晦暗和休息。所以，作者用"随卦由震而兑"来比喻，随着人的认知或者环境从"光明"向"晦暗"的变化，应对应地从"行动"转向"休息"。动止随时。

六爻简释：

初九，官有渝，贞吉，出门交有功：初九随震体动之主，有追随者，官意为责任。这意味着初九应承担的责任会有变动，"贞吉"表示如果初九始终坚持根据实际情况变通，就会取得成功。"出门交有功"意味着只要根据实际需要的才能选人，根据实际需要办事，不计较人情关系，就能胜任责任并有所成就。象曰：官有渝，从正吉也。出门交有功，不失也。当工作环境和要求发生变化时，选择人才就需要更广泛的评估，以找到真正符合新要求的人选。这要求选拔的标准体现实际需要，而非主观偏向。只有这样，最终选中的人才更有可能胜任工作，符合实际需要。如果选拔过于主观，容易选错人，造成"失于不堪任"的结果。

六二，系小子，失丈夫：六二离代表刚中正至尊的九五很远，紧邻在下位的初九。六二看不到长远，只与目光短浅的小人在一起，而失去了目光远大智慧卓越的"大人"，太没见识了。象曰："系小子"，弗兼与也。"系小子"是爻词"六二，系小子，弗兼与也"的省略语。"弗兼与也"，"小子"和"丈夫"两者不能兼顾，只能有其一。

六三，系丈夫，失小子，随有求得，利居贞：阴柔不能自立需依附于阳刚的人。六三向上与九四相比，象征六三依附于刚强的人。六三与初九都在下卦，初九象征小子，失小子，就是远离初九。四无应，比六三是最合适的关系，六三、九四都不正，亲比交互责任都能得正。"随有求得"肯定辞，"利居贞"，警示辞，表示只要选择正确的依附对象（四），便可得到所需的支持和照顾。象曰：系丈夫，志舍下也。六三爻辞"系丈夫"亲比九四，必舍去同体初九。三初同体，象征近亲联姻，本就不合适，三能"志舍下"，亲比九四。虽六三和九四都不正，六三比九四几乎是唯一选择。

九四，随有获，贞凶，有孚在道，以明，何咎：九四，刚强的人处在四这个位置不正，九四处在臣位时需要格外小心，以免过于强硬，造成伤害。如果阳刚之人要随心所欲获得自己的目的，即便有所作为，也会产生祸患。然而，如果阳刚之人能够坚守臣位应有的作风与品质，顺应大道行事，那么其积极主张和行动也不会造成伤害，反而会有正面作用。

这些理念具有普遍的人生哲理。要做到"知行合一"，首先应明定自己在不同关系和角色中的位置，然后遵循这一位置应有的准则行事。只有明确自身定位，才能准确判断何时该进，何时该退，如何度量将产生什么样的影响，这是达致正确行为的先决条件。这些理念不仅对管理人际关系具有指导作用，也有利于个人的自我修养与成长。其中的人生智慧，古今皆宜。象曰：随有获，其义凶也，有孚在道，明功也。如果处在接近君主的高位，想要随心所欲获得私利，必然会产生祸患。但是，如果能够坚守臣位应有的作风与准则，忠实于君主，那么不但不会有咎过，还会有所建树。这也启示人们，即便在高位，也应谨记自己的角色定位，不可忘乎所以，不可过分追逐私利。否则必然会招致灾祸。

九五，孚于嘉，吉：九五中实居尊得正，中诚贞对情况施政，孚诚成就嘉美的结果，吉利。象曰：孚于嘉吉，位正中也。处于高位的人，如果能够遵循正道，诚实守信，必定会取得良好结果，前景光明。而在高位上要做到"位正"，也就是明确自身责任，不忘自己对于国家和百姓的承诺。

上六，拘系之，乃从维之，王用亨于西山：拘，拘留。维，捆绑。到九五随从关系基本理顺完成，只有上六处于上极不肯归从，只能使用强力拘留、捆绑。就像当年周文王在岐山对不肯服从的殷商顽固分子那样，恩威并使，终能解决问题。象曰：拘系之上穷也。爻辞"拘系之，乃从维之"意思是对极个别顽固分子只能以强力，因为其思想固化，对其说教无意义。

随卦的提示意义：

天下随时，既是随卦提示，亦是周易核心思想。一切都根据所处情况，首先认识把握准情况。能凡事自觉随时，则近于具有了大智慧。

"随"具有普遍意义，有随从、顺从之意思，但不能沦为盲目跟随。盲目跟随，不分明智、错误，随不当，则失败。刻舟求剑的故事很好地说明了这个道理。当时船正顺流而下,船主却执著于"随"正在行进的船上所刻印记寻找沉在水下的宝剑,最终什么也得不到。这种随类似于盲目跟随外物,无视当下有意义之事的境况。虽然有"随"的行动和努力,但却没有意义和成果。

"随"确实具有一种普遍的意义,"随时",因时而异,最关键、最广泛、最重要。但随学问才德,取法于众善、效法有德之人,将其智慧吸收为己有,更具体。

"随"是普遍存在,"随"的对象有人和事,人们应随从有智慧和修为的"人",有价值的"事"。这需要行之有效、证之有果的标准。"随"的关键标准是"宜",而评判"宜"的标准可以是君子之道——往圣、贤人的经典论述,可以是利弊成败,能带来利多弊少的结果,还包含天道——也即符合自然法则的事物和行为。

18

蛊卦：振民育德

巽下艮上

序卦：以喜随人者必有事，故受之以《蛊》。承二卦之义以为次也。盲目跟随必然会有不好的结果，故称为"蛊"，以此易随卦后设蛊卦。蛊义有事。卦象山下有风，风在山下遇山折回物乱为蛊。蛊义坏乱，"蛊"字虫皿，皿有虫，蛊坏。左氏传云：风落山女感男，卦象长女下于少男，乱其情。风遇山折回，物挠乱，象有事，故称蛊者事也。

既蛊坏需治理，亦是事。所以"蛊"代表的"事"不仅指坏事，也包括需要治理的状况。卦象风在山下成蛊，卦才巽顺艮止，以仁义的正道来制治乱象，止住不良后果。

卦辞：蛊，元亨，利涉大川。先甲三日，后甲三日。

象曰：蛊，刚上而柔下，巽而止，蛊。蛊，元亨而天下治也。利涉大川，往有事也。先甲三日，后甲三日，终则有始，天行也。

蛊刚上而柔下，巽而止蛊。刚上而柔下，"乾初九"上升为上九，"坤上六"下沉为初六。让阳刚尊者居上，阴柔卑者居下，调整不同人的位置。男虽少居上，女虽长在下，尊卑得正，上下顺理治蛊之道。以道德为标准，有节制地顺从，方能化解麻烦。

蛊元亨，而天下治也。利涉大川，往有事也。治乱能使尊卑上下正，在下者巽顺上者，止齐安定，事皆止于顺，则何蛊不治，其道大善而亨，如此天下治。在世界混乱之时，一个有见识有智慧的人不应退缩在一旁，而是应当勇敢地面对挑战，做有益的事来弥补社会的缺憾。

先甲三日，后甲三日，终则有始，天行也。治理蛊坏需思虑因果，先甲三日，后甲三日，甲十天干之首，事之始。先甲三日为十天干上周期"辛"日，喻治蛊为"更新"，没有实例效法，需要根据情况思虑、推究，考察再三。后甲三日为"丁"日，比喻治蛊欲达到的将来，所追求结果，需"叮咛"再三。分别指认识情况制定措施，推究考察结果。"先甲后甲"以致"三"，意思唯思虑慎重周详推究深远，才不会操切导致失误。

"终则有始，天行也"，终，结果。始，开始。结果如何，决定于开始。要有好的结果，需准备相应条件，条件结果总相应。准确认识所需条件需思虑谋划再三，即孔子"君子谋道不谋食。耕也，馁在其中矣；学也，禄在其中矣。君子忧道不忧贫。"与"终则有始"义近。措施决定结果。

大象曰：山下有风，蛊。君子以振民育德。山下有风，遇山而回，物皆散乱象有事。君子观有事，以振济于民，养育其德也。在己则养德，于天下则济民。君子之所事，无大于此二者。

六爻简释：

初六，干父之蛊，有子，考无咎，厉终吉：以"六"处"初"，以顺行刚。有才能有主见能根据情况采取措施的儿子，部分抵消了父辈咎过。初六干父之蛊有困难，但儿子还是用自身的办法化解了父辈带来的混乱，最终取得了成功。象曰：干父之蛊，意承考也。子干父蛊是承继先考的意愿。

九二，干母之蛊，不可贞："二"刚中处顺中，应"五"以顺中处刚中至尊。"二"与"五"关系不同于"初"与"四"关系的是，"初"和"四"是父子关系，并且六四已亡故，是已故去的柔父。"初"所干是亡父已成的蛊败，并且是"意承考"，亡父有遗嘱。"二"与"五"是母子关系，未明确六五已亡故，二所干是六五的现实作为，"二"很有能力，能够认清现状采取行动纠正母亲带来的混乱。现实中"五"有失责之处，但尚未造成混乱，不干预就会造成混乱，所以干预是必要的，只是态度不可贞固以刚，"不可贞"，而要选择一个中间而妥善的方法。象曰：干母之蛊，得中道也。九二虽阳刚，处下巽体顺中之位，象征解决柔母带来问题的巽顺中道。

九三，干父之蛊，小有悔，无大咎：九三刚阳居下卦之上，刚正过中，是一个能主导和负责的角色，有能力纠正问题。九三又处于巽体顺位，与上九处应位，象征九三可以顺从之道去化解父辈带来的问题。九三刚正难顺，但处巽体还是采取了顺从之道，能够纠正父辈带来的混乱局面，但混乱局面仍然存在，需要持续改进。象曰：干父之蛊，终无咎也。"九三"刚正能匡正"上九"固执不动造成的蛊败。九三处于巽顺的位置，内含刚正之能。九三有能力却不摆出干预的姿态，适时主导却不直接强加，最终能完全化解困境而不破坏父子关系。

六四，裕父之蛊，往见吝：六四适度顺从之位，面对父辈造成的混乱，倾向于以宽容和克制的态度应对，没有完全公开自己的立场。象曰：裕父之蛊，往未得也。六四的顺应之道（顺正）并不适度，对父辈造成的混乱很宽容，长此以往，无法治理父亲制造的问题。

六五，干父之蛊，用誉：六五既有能力，又能听取他人意见，并且处于高位。六五有行动能力，九二提供思路，六五与九二互相助益，最终化解父辈带来的问题，并获得称赞。象曰：干父用誉，承以德也。六五表面上主要通过自己的能力（阳刚）化解父辈的问题（蛊），但实际上更关键的是："承以德也"，即依仗九二提供的合理思路（德），才最终获得成功与称赞。

上九，不事王侯，高尚其事：五象征王，三象征侯。上九在五上，不应三，不事王侯……比喻上九不涉世事，高洁自守，高尚其事。上九不为虚荣的地位所累，不去参与权力游戏，而只关注自己真正感兴趣的事情，关注心灵上的成就感。象曰：不事王侯，志可则也。上九表面不参与尘世事务，但实际上是为维持自身的真实追求，符合其内在的价值标准。

19

临卦：教思无穷

☷☱

兑下坤上

序卦：蛊者，事也。有事而后可大，故受之以《临》。临者，大也。"蛊"字象皿中生虫，蛊坏。故蛊义为"事"，且是坏事。"临"字金文字形左边是人，右上角象人的眼睛，右下角"皿"，器皿。意思是人从高处俯视低处，居高临下，监临发现问题。临卦二阳在下知大始，以亨通实现贞对情况之利制定措施，上比阴柔行以牝马之贞执行完成，亨通实现贞对情况之利，发展壮大，"临者，大也"，临卦象征意义。

卦辞：临，元、亨、利、贞。至于八月有凶。

象曰：临，刚浸而长，说而顺。刚中而应，大亨以正，天之道也。至于八月有凶，消不久也。

临，刚浸而长。说而顺，刚中而应。临卦象征二阳刚自下浸长，二体内悦外顺，说而顺。九二刚中刚决，准确根据情况制定解决问题措施，六五顺中安排资源，"以牝马之贞"的态度去落实执行九二制定的措施，刚中而应。

大亨以正，天之道也。以上述必然大得亨通，因为内外都行以正，"内"贞对情况制定措施，"外"准确执行措施，结果亨通实现贞对情况之利，天之道也。

至于八月有凶，消不久也。卦辞"至于八月有凶"源于下图易十二辟卦之说：

十二辟卦图

复	临	泰	大壮	夬	乾	姤	遁	否	观	剥	坤
11	12	正	二	三	四	五	六	七	八	九	十
子	丑	寅	卯	辰	巳	午	未	申	酉	戌	亥

上图十二卦，临卦下二阳爻象征阴历十二月。历时八月到来年八月，象征观卦。观与临互为"综卦"，即倒过来看任何一卦都与另一卦正看相同，象征意义相反。观内八卦为坤，外八卦为巽。倒过来看，临是观，观是临。临卦辞"至于八月有凶"指再历经八月到观卦象征正相反。临卦"初"、"二"两阳爻都成阴爻，阳被阴消（见上十二辟卦图），称"有凶"。易强调"事物发展盛极必衰"，只有从盛大开始就自觉防满，适时而止，方可持久。自然现象历经半年有正相反变化。人任事持续成功多会松懈，不能持续严格准确根据情况采取措施必然会带来问题。

大象曰：泽上有地，临，君子以教思无穷，容保民无疆。泽之上有地即岸，水地临接。不同存在临接含容水地为最，以此易以泽上有地象临。君子观临卦象以水地相临接，则教导思考深度广度无穷尽，亲临保民无疆界限制。

六爻简释：

初九，咸临，贞吉：咸意为感。阳长感动阴，初九行动起主导作用，六四应初九被感动。咸卦意为感通，相应感通意思重于其他卦。"六四"顺正近君，"初九"刚正，与"六四"相应以正，象征初九为六四信任，得行其志，贞吉。其他卦"初"爻重"初"最终意义，不强调初九本身的位置如何，但临卦不同，它强调初九本身的位置价值。凡"贞吉"都是因为它具体情况下：初九正位，措施合理而且态度贞固。当然具体的措施是否合理要取决于实际情况。象曰：咸临，贞吉，志行正也。爻辞"初九，贞吉"，意为初九阳刚居阳位，应四顺正。初九之所以吉利，关键在于它内心行正之道，以顺应"四"为原则。这一原则体现在其以刚正之方式顺应"六四"，这才形成上下和谐和最终的吉祥。

九二，咸临，吉无不利：九二象征阳长渐盛，刚中，应和"六五"顺中之君，象征"九二"与"六五"心志相通感动并获得"六五"信任，得行其志，成其事，吉无不利。吉意为已成之事，无不利象征将来情况。象曰：咸临，吉无不利，未顺命也。爻辞"咸临，吉无不利"，并非由九二顺六五之命，而是九二准确知时势当行之正，提出意见，六五允准执行。是九二主导，六五采纳。

六三，甘临。无攸利，既忧之，无咎：说，体之上，悦在上，下临二阳刚。六三阴柔无知不中正，只会甜言蜜语讨好下面，并无实质贡献。二阳的监督让六三"知危惧而忧虑"，意识到自己的错误，选择针对情况修正自己的过失，无咎过。象曰：甘临，位不当也。既忧之，咎不长也。爻辞"甘临"意思为阴柔处刚位，又悦体之上，下临二刚，才能不能履行责任，不当处三位，位不当。由不能履行责任而忧虑，从而根据情况自我改进、自我修正，修习学识，会逐渐胜任责任，咎不长也。

六四，至临，无咎：上体之下，切临下体，临之至。上顺正近君，下应刚正初九，能任贤使能。这是临之至，至临，无咎。象曰：至临，无咎，位当也。近君得其任，顺正而且才能胜任责任，同时应"初"刚正下贤。六四针对上下的要求，极致完美的临接，全方位地履行自己的本分。这关键在于六四"位当"，在应处的位置上，顺应上面的君子，回应下面的要求，帮助上下胜任责任，因此无咎。

六五，知临，大君之宜，吉：六五，顺体柔中，处于至尊位置，能准确回应"知大始"之臣的要求。同时能授权、倚任"九二"不劳而治，这是最符合大君地位的事情，所以吉。象曰：大君之宜，行中之谓也。顺中之德应刚中之贤，无需劳烦，所有政令出于九二，准确正中情况，得大君之宜，行中之谓也。

上六，敦临，吉无咎："上六"坤顺之极，并不是过分"临接"，而是宽厚而温和，随和而得体，"敦临"。"初二""二阳"虽非"上六"正应对象，然而身居至高地位的"上六"却以最高的顺从服从"初二""二阳"，阳爻必定响应、必定顺从。"上六"这种谦让和顺的态度，最终能获得吉庆与安康。象曰：敦临之吉，志在内也。上六获得吉庆，并非凭借外物，而是源自其处世的根本态度。上六内心希望与"初""二"相互合作，获得下位者的支持和信任，所以才会显示出谦让顺应的敦厚作风和外在行为，最终获得吉祥。

20

观卦：观照万象

坤下巽上

序卦：临者大也。物大然后可观，故受之以《观》。观所以次临也。临义监临，发现解决问题，发展壮大。所以序卦传"临者大也"不准确，是监临发现问题，继之解决问题，发展壮大。所以临是大的"前提"本身并未大。"物大然后可观"是事实，太小至少难以直接观见。凡主体观视对象物为观，平声，观是动词。作为标准为所观视为观（guan），去声，观是名词，如楼观。人君上观天道，下观民俗，为观视，动词，一声。修德行政，为民瞻仰为观，名词，四声。观卦象巽上坤下，风行地上，遍触万类，象周观。周观不等同于观。二阳在上，四阴在下，阳刚居尊，为群下观仰。各爻只取观见。都随情况为义。

卦辞：观，盥而不荐，有孚颙若。

彖曰：大观在上，顺而巽，中正以观天下。观，盥而不荐，有孚颙若，下观而化也。观天之神道而四时不忒，圣人以神道设教而天下服矣。

大观在上，顺而巽，中正以观天下。"九五"刚阳中正，卦中所涉问题都能解决，大观，居尊位在上。顺而巽，顺应自然规律和变易，不强求僵硬规则。九五中正居尊位，能以公正中肯的立场和眼光来观察天下。

观，盥而不荐，有孚颙若，下观而化也。观察要像刚洗濯清洁自己时那般严肃认真，但不轻易推荐引导，下民如神祇般仰观，自觉仰望从化。

观天之神道而四时不忒，圣人以神道设教而天下服矣。天地自然运行的规律稳定不变，所以可以作为观察和学习的对象。对自然规律的观察是获得神圣智慧的起点。圣人通过体会和融入这种神圣的自然规律，制定出顺应自然的教化。人们服从这种教化是因为他们感受到圣人实践的理念神妙地符合人性与社会运行的规律。

大象曰：风行地上，观，先王以省方观民设教。观卦巽上坤下，象征风行地上。开国先王受启于"观卦巽上坤下，风行地上吹及庶物，庶物随风摆动无遗易"，法"风吹周及庶物"巡省四方，了解民情需解决的问题，贞对需解决问题制定政令施教，庶民以之执行，亨通实现贞对情况之利无遗易。

六爻简释：

初六，童观，小人无咎，君子吝：爻以观瞻为义，都观九五。初六是处在下位的小人，不能具有"九五"那样的视野和观察力，这是童观，称"小人"之道。"小人"不能理解效法，很正常，不值得指责。但如果对于地位高的君子不能超脱局限，具有宏观视野，则可称羞。象曰：初六，童观，小人道也。初六观九五如幼童观九五，是因为初六本就不能理解九五的作为，小人道也。

六二，窥观，利女贞：窥，从小孔、缝隙或隐蔽处偷看。六二观九五如从小孔、缝隙隐蔽处偷看，窥观，只能见自己责任执行部分，其他都不能观见，"窥观，利女贞"。象曰：窥观女贞，亦可丑也。女子只能观见承担责任部分即为贞。若君子不能观见全部亦可谓羞丑。

六三，观我生，进退：六三虽然不是正位者，但能通过观察顺应环境变化，灵活应对局面。象曰：观我生进退，未失道也。六三自观无论进退，或顺正或顺中正，都当位，未失道也。

六四，观国之光，利用宾于王：观我是自我观察，标准是观察"九五"。六四亲比九五，能明确观见九五，"观国之光"明确观见国家的盛德光辉。六四顺正，既能明见国家的盛德光辉，准确顺以效法行牝马之贞，执行完成九五认识，获得王者的青睐。象曰：观国之光，尚宾也。六四能以顺应正道的态度清晰地看到国家的赫赫荣光（观国之光），同时六四也能以顺应正道的态度执行九五的要求，必然会成为高处重用的宾客。

九五，观我生，君子无咎：九五是关键爻，代表天子之位和君王立场，君主之位决定着国家的治乱和民众的风气。所以要审视君主的水平，只需要观察民众的"生命情状"。只有国民全都成君子，君主才能说无过。这就是周易认为的主政标准。象曰：观我生，观民也。了解我九五的情况，只需观察民众的生活情状。

上九，观其生，君子无咎：刚阳处上不当位，象征贤人君子无权位，而学识道德为天下观仰。观其生，强调自我观察，审视自己的识见和行为（所生出的结果），这保证了"我"的进步与成长。能使自己成为君子，我上九无咎过。做"君子"需通过自我修养，包括"学识"和"道德"修养，这是超越位置权力的标准，是学人的自我审视标准。象曰：观其生，志未平也。观学识道德为天下观仰贤人君子生命情状，必然是永远"志未平"，因学识行为需要与时俱进，总有不能贞对情况的识见行为，心志总处于"未平"状态。

21

噬嗑：明法断罪

震下离上

序卦：可观而后有所合，故受之以《噬嗑》。嗑者合也。既可观则有来合者，以此易观卦后设噬嗑。噬意思为啮，咬。嗑意思为合。口中有物间隔，咬碎后合。噬嗑上下二刚爻，外刚中虚象人颐口。柔爻中虚又一刚爻象颐中有物隔，上下不得嗑，必啮碎得嗑为噬嗑。在口为物隔不得合，在天下为有强梗谗邪间隔。故天下事凡不得合，当用刑法，小惩戒大诛戮，除去则合得治。凡不合都是有间隔，无间则合。万物皆合而后能成，未合都是有间。间隔为天下大害，噬嗑为治天下大用。去除间隔需要用刑罚，因此卦象中取用刑为义，二体明照威震象征用刑。

卦辞：噬嗑，亨，利用狱。

象曰：颐中有物曰噬嗑。噬嗑而亨，刚柔分，动而明，雷电合而章。柔得中而上行，虽不当位，利用狱也。

颐中有物曰噬嗑，噬嗑而亨：当口中有异物阻塞时，通过吞咽动作将其吞下去，就可以消除阻塞，使咽道畅通自如了。

刚柔分，动而明，雷电合而章：当是"电雷合而章"，自然现象闪电在先，雷震随后。《周易》中阳刚先认识，坤柔随后执行……准确说当是"刚柔分,明而动,电雷合而章"。刚柔观念分立,明白后行动。在天气现象中,先有闪电,然后雷声,两者交织在一起产生秩序。

柔得中而上行,虽不当位,利用狱也:六五以柔居中象征用柔得中,"上行"指居尊位。柔虽然居五位,不是阴阳相应的正位,但其行动是因为明白事理,之后采取有效的行动,象征他能够利用好刑法,秉公处理。

大象曰:雷电噬嗑,先王以明罚敕法。雷电噬嗑,或"电雷噬嗑"更准确,先明后动,在明的前提下行动。既是噬嗑卦象征意义,亦做任何事都当恪守的通则。先王,开国制度之王。明罚,明确制定惩罚罪责的法律。敕法,敕(chì),帝王的诏书、命令。敕命,敕书,敕封,奉敕等。敕法意思是以最有权威的帝王诏书颁布法律文书。

六爻简释:

总览六爻辞象辞,初九、上九象征被审罪犯,中间四爻象征断狱施刑法官,爻辞象辞讲审判断狱情况及需采取措施。

初九,屦校灭趾,无咎:"九"居初位象征下民,受刑人。屦(jù)古代用麻葛制成的鞋,这里是用麻葛制成套在脚上的械具。噬嗑之始罪小刑轻,故屦于足灭没趾,惩惧使其不敢进于恶,故无咎。系辞传有:"小惩而大诫此小人之福也"。对初犯施以轻微惩罚,在开始就纠正他,所以称为"无咎"。象曰:屦校灭趾,不行也。通过惩罚和训诫来遏制他人错误行为,起到"不助长其恶行"的效果。

六二,噬肤灭鼻,无咎:二应五位象征用刑者。四爻都以噬为义,二居中得正表示对罪犯用刑很正当,罪犯易服。"噬肤灭鼻"的意思是,用刑时狠狠地鞭打罪犯,直到深入肌肤使鼻子都泛红肿起，但这还算无咎。"六二乘初九之刚"象征行刑者需要使顽强的罪犯感到深深的痛苦才能起诫戒作用。象曰：噬肤灭鼻，乘刚也。乘刚象征用刑于刚强罪犯，不得不深严，深严得宜为中。

六三，噬腊肉遇毒，小吝，无咎：六三为阴爻属性，但处于阳位三，表明不适任，就像咬腊肉却咬到有毒的东西，代表遇到困难无法胜任。这是阴性在阳位有所不足，能力有限。正常情况下应无咎，即这只是局限性，本身无大碍。象曰：遇毒，位不当也。象辞"遇毒"是全部爻辞"六三，噬腊肉遇毒，小吝，无咎"省略语，这是阴不适任刚位的必然结果。

九四，噬干胏，得金矢，利艰贞，吉：**"九四"**表示近乎君主的位置，需要处理一些很严重的罪行。"噬乾胏"指像啃嚼已经晾干联结的肉和骨头一样，解决案件很困难。金代表刚强正直，矢代表直接，九阳象征金，处四顺位，顺应正确。九四像金矢一样直接准确，能穿透骨肉缝隙，不会遇阻碍，会获得成功。象曰：利艰贞，吉未光也。爻辞"利艰贞"，九四应以顺正方式行事，如果九四以顺正方式行事，本不需"艰贞"，想进就能进，就能准确直接进入能顺利通过的路径。

六五，噬干肉，得黄金，贞厉，无咎：五尊位，权势和气势决定其审理案件比九四容易，称"噬乾肉"，比九四"噬乾胏"容易。六五顺中处刚中称"黄"，与阳刚"九四"相比，称金，得黄金。六五虽位高权重，但本质仍带点柔软，所以处理案件需要以"贞固怀厉"的态度，才能无可指责。象曰：贞厉，无咎得当也。所以能无咎，以其虽刚中至尊却体柔，比四阳刚为居中用刚，能守正虑危，无过柔危厉的咎过。

虽然"六五"表示刚中至尊的位置，但其实质是带有柔软性质的。相比"四"纯阳的刚中用刑位置，六五需要注意自己柔性本质带来的弱点。所以六五处理案件时，能够坚持正直守法的同时，也要留心自身柔软的危险性，不致过于柔弱或纵容。正是因为考虑到了自己的弱点，采取"贞厉"的态度，所以处理案件过程还算恰当，成为"无咎"。

上九，何校灭耳，凶：上九代表阳极之貌，噬嗑已极。"何校灭耳"是用木板制成的刑具套住犯人的脖子，将耳朵盖住。这表明该犯人的罪行极其严重，已经到无法掩饰和无法宽恕的地步，凶。何，负荷。校，读 jiào，刑具。象曰：何校灭耳，聪不明也。聪意思能听清言语，不明指不明白言语所指事理，听等于未听。耳朵代表能听清楚声音，但不代表能明白声音表达的意思。"何校灭耳"实际上代表着听到声音但不明白意思，再听也无济于事。古人对人体结构与功能认识不足，错误地认为耳朵问题导致无法理解，因而以刑具处罚耳朵。实际上无法理解是大脑问题，不是耳朵的责任。应该通过教育启发智慧，开发大脑，即古人所称的"心"，使之能理解。

噬嗑的提示意义：

从世界到国家，以至任何人群集聚共事，首先要让人们和谐。而要获得和谐，就必须要有明确的合天理顺民意的规矩规定（小畜懿文德），之后按照这些规则和规范行事。规则和规范必须符合天理和民意，即因果律，否则规则和规范就无法体现公正，也不会推行下去。强行执行，只会导致混乱。

在制定合天理的法律后，需要以最权威的形式颁布，让全民都知道，便于人们遵守、执行。

晓谕在先，都必须遵照执行。凡有违背，则为噬嗑九四象征的间隔，阻碍和谐，只能咬碎。可见噬嗑的蕴意，人所有行为必以法律制度，不得违背。凡有违背，必得相应惩罚，以此社会得以有序运行。

晓示以上卦离之明，惩治以下卦震之动。明在上在先，动在下在后。动是根据"明"而来的实际操作。

噬嗑卦象传的提示意义：

（1）任何组织，小到人体各器官，大到国家世界，凡不得和谐畅达，皆由有间隔。有间隔必须去除，否则影响发展。

（2）去除间隔必须动，不动不可能去除。但又不能盲目动，只能先明后动，不明不能动。

（3）如何先明：噬嗑卦成于否卦六爻之变，凡有卦变都有深刻蕴意。

噬嗑成于否卦。否卦象征上下隔绝。凡有上下隔绝，领导都在上，小民都在下，即天在上地在下。解决的办法是具有最高权威的领导否卦九五到最基层成初九，下卦成震，开始动。即如古时的"微服私访"。初九象征领导主动行动了解情况之动。故"动"有二义，一是九五动到最下成初九，二是初九主动行动了解情况，不能期待民众主动。

柔得中而上行：柔得中，最重要又被掩盖的情况上到至尊六五，于是上卦成离明，象征上已明确情况。这时初九就是执行者，根据上卦所明开始动。因上卦所明是基层情况本身，根据情况行动，问题必能解决。

22

贲卦：文质彬彬

☲☶

离下艮上

序卦：嗑者合也。物不可以苟合而已，故受之以《贲》，贲者饰也。嗑意思为合，不同存在都以才能相互补益行动，成就比各自独立更有意义的新存在，这就需要以目的需要明确所有参与者的责任，当具有的才能，当有的行为，实现的结果，都需要明确规定。明确规定就是文饰，即所谓"贲"，易因此在噬嗑后设贲卦。贲卦象征山下有火，山聚集草木百物，下有火向上照，明见其上所有存在呈现形象，象征经过贲饰，以此易以山下有火象征贲。

卦辞：贲亨，小利有攸往。

彖曰：贲亨，柔来而文刚，故亨。分刚上而文柔，故小利有攸往，天文也。文明以止，人文也。观乎天文，以察时变。观乎人文，以化成天下。

贲亨。柔来而文刚，故亨。分刚上而文柔，故小利有攸往，天文也：通过贲饰能得亨通。贲卦成于上坤下乾的泰卦，上卦坤"上六"爻下来到二位成六二，柔来而文刚，下卦成离明，所见清楚明确，就是贲饰指的亨通，故亨。

分刚上而文柔，故小利有攸往，天文也：由上述"柔来而文刚"，下卦乾分出刚爻九二到上卦最上成为"上九"，分刚上而文柔，上卦成艮。二体内明外止，内在明确认识即止，不再有其他，只是明确认识，故小利有攸往。天文，是对实际存在即"思想认识"，中国文化称为"天官"的文饰。

文明以止，人文也：贲卦内离明外艮止，意思为明确认识即停止，再无其他，所明只是人思想认识对象，"人文也"。

观乎天文，以察时变。观乎人文，以化成天下：观察客观存在，可察知所关注对象随所处环境条件变化的情况。观察人"文饰"的对象，可见到所有实际存在按照自己认识改变的情状，以化成天下。

无论处于任何社会地位，从事何种工作，承担什么社会责任，都承担着"柔来而文刚"，即以虚中之明，掌握情况变化，同时"分刚上而文柔"，根据清楚变化和自己希望的改变方向制定措施。只要才德堪所任，当会取得可能的最好结果。其要有四，一是及时"柔来而文刚"，明确所处情况。二是"分刚上而文柔"，认识情况，根据情况制定应对措施。后继问题由"坤做成物"完成。贲卦所提示只是"柔来而文刚"和"分刚上而文柔"。能成其二，就基本能及时明确情况发展趋势，制定相应措施，获得所谓"小利有攸往，天文也"的结果。即贲卦仅限于明确情况，准确制定能解决问题措施，所谓"小利有攸往"，因为只是"天文也"，意味着贲卦主要强调思想认识，需要进一步的实践来验证。虽只是"小利有攸往"且有待执行，但如果我们能提前准备并及时执行，通常能够获得大的成功。

大象曰：山下有火，贲。君子以明庶政，无敢折狱。草木百物聚生山上，火在山下从山下向上照明，明见所有存在，象征全面准确贲饰无遗移，无差失。君子观察到山下有火，效法其明照，修明庶政，使所有可能涉及事件都有明确规定，就是现在强调先立法，明庶政，都有明确规定，都以法律制度规定行动，成文明之治。无敢折狱，"折"意为"断"，常说的"折断"是同一个意思。"无敢折狱"不是"不敢断狱"，而是"无果敢断狱"，也就是君子不应该草率地断定案件。裁断狱审案件"以事实为依据，以法律为准绳"，基础是"事实"，标准是"法律"。君子审判案件必须根据这两个方面，缺一不可，"无敢折狱"的意思。

六爻简释：

*初九，贲其趾，舍车而徒：*初九这个位置是贲卦中的第一位，代表了最下面的位置，没有明确的责任或功能。然而，这并不意味着它无所作为。"贲其趾"意味着它应该准备好应对可能的变化，并满足其责任。"舍车而徒"则暗示了放弃依赖（象征性的车），选择独立行走。这是鼓励初九自我提升，学习新知识和技能，独立履行责任。象曰：舍车而徒，义弗乘也。初九刚明，处下为正，象征能独立理清所处情况，尽心认识梳理做出正确选择，合于义。企图他人主导反而悖逆情况，不会有好结果。

*六二，贲其须：*二顺中正，三刚正，都无应。"六二"阴虚"九三"刚实，"六二"应当依附"九三"行动，以虚中之明贲饰"九三"应该采取的行动。自三至上象征颐口，三象征下颌，六二象征贲饰下颌的胡须，"贲其须"这可以理解为对行动的细致打磨和修饰。六二启示我们，即使我们的位置或角色较低，我们也应该尽力做好自己的工作，并在对方的引导下进行细致的准备和修饰。象曰：贲其须，与上兴也。爻辞"贲其须"，"与上兴"，意思为"六二"与"九三"同兴盛，九三刚正，六二顺中正。九三贞对情况制定措施，六二准确执行完成，实际亨通实现贞对情况之利，二与其上"九三"同兴盛。

*九三，贲如濡如，永贞吉：*在贲卦中，"九三"被视为文明的

极致，它与第二位和第四位有密切的关系。这两个位置都在修饰第三位，使得第三位过于修饰，就像湿润的物体一样，本质变得模糊不清。这个象征告诉我们，虽然修饰和装饰很重要，但是过度的修饰可能会掩盖本质。修饰应该用来揭示本质，而不是掩盖它。只有真实地理解事物的本质，我们才能做出正确的决策，这样做将带来好运。象曰：永贞之吉，终莫之陵也。只有针对本真进行贲饰，才能完全充分发挥"贲饰"的作用，莫之陵越。文饰不到或有过都失其真实，都不能充分发挥能发挥的作用。

六四，贲如皤如。白马翰如。匪寇婚媾：在贲卦中，"六四"原本想要进行装饰和修饰，这就是"贲如"的含义。但是，它改变了想法，选择了保持自己的本质，就像白色一样纯净，这就是"皤如"的含义。（皤，白色，质素）出乎"六四"的意料的是，初九像一只长满羽毛的白马一样飞翔而来，这就是"白马翰如"的含义。很明显，初九并不是来做坏事的，而是来寻求合作，这就是"匪寇婚媾"的含义。象曰：六四当位疑也，匪寇婚媾，终无尤也。象辞总结爻辞意义，六四顺正，虽曾疑虑初九是仇寇，最后理解了初九是婚媾，匪寇，无过尤。

六五，贲于丘园，束帛戋戋，吝，终吉：六五以顺处刚中正至尊，这意味着它有责任和权力，但因为其本性阴柔并不适合担任领导。它与上面有阳刚之贤的"九"有密切的关系，"九"在这里被比喻为一个高于"五"的"丘"。"上九"有着丰富的经验和知识，就像一个充满美食和果实的花园，这些经验和知识都为六五所用，这就是六五"贲于丘园"的含义。然而，这些经验和知识需要根据当前的情况进行选择和应用，就像需要重新剪裁和包装的丝带，这就是"束帛戋戋"的含义。

因为六五处于尊位但不能胜任，需要帮助，这是"吝"的含义。但如果"五"能够根据当前的情况选择和应用它的经验和知识,最后还是会带来好运,这就是"终吉"的含义。象曰:六五之吉,有喜也。"六五"成功地应用了"上九"的经验和知识,政令正中情况,顺中实施,解决问题,有喜。

上九,白贲无咎:白贲,质白其比。到六五之末进入上之前,已制定完成所有岗位职责政令,能贞对情况准确解决问题,无需再贲饰,白贲无咎。象曰:白贲无咎,上得志也:在贲卦中,"上九"的位置代表了修饰和装饰的极致。但是,如果持续过度的修饰,往往会导致失真或过度包装。"白贲"的含义是,我们应该对事物保持真实和纯粹,无过无不及,不再过度修饰。这样,我们才能避免错误,"无咎"。这种做法是对处在"贲"这一位置上的人的期待和建议。

贲卦的提示意义:

人生就是基于所处情况,为达到下一步可能的更好为目的,制定相应措施。基础是了解情况,自觉基于所处实际状态,运用学识,谋划达到可能更好的目标及实现措施。贲卦之义。在此基础上,以之实践,使实际实现,切实达到所贲饰的"更好"。这就是人,能如此才堪为人。

回到老问题,所贲饰准确与否,能贲饰时空跨度,只决定于主体所具有才德。才德有天赋成分,而更重要的仍是自觉于认识自我现实,选择当修习的学识,自觉用于实践的意识。这些或对任何人,任何情况下,都是需要"不懈"之贲饰,再根据所贲饰继续修习。贲饰未来的原则是乾卦辞"元亨利贞"。元,要更好,需改变什么,可能改变什么。亨,要进行的改变逻辑上能实现的条件及过程能通达。利,为了可能的最好,对所有资源重新安排,使在新条件下,都能充分发挥特长,避免特短。包括所有资源不足,如何获得。贞,所有这些都以不伤害无辜为原则。

剥卦：厚下安宅

坤下艮上

序卦：贲者饰也，致饰然后亨则尽矣，故受之以《剥》。贲饰是对对象认识解释说明，解释到清楚准确即当止。但文饰除关注准确外，亦关注文字华美，一旦追求文字华美则很难准确贞对实际而文饰有过。文饰有过越对象实际，剥除了真实。易以此贲卦后设剥卦，受之以剥。

卦辞：剥，不利有攸往。

彖曰：剥，剥也。柔变刚也。不利有攸往，小人长也。顺而止之，观象也。君子尚消息盈虚，天行也：

剥，剥也。柔变刚也。不利有攸往，小人长也：剥意为剥落，阴柔长盛消剥阳刚，阳刚君子不利有作为，因为阴柔势长。

顺而止之，观象也。君子尚消息盈虚，天行也：当阴势长剥阳之时，阳刚君子知不可有所往，顺时而止，是由观剥卦象的启示。剥卦下坤上艮，内顺外止，内在自觉顺以阴剥阳情况，艮止外在所有作为，这是剥卦象提示，当恪守。天的行为也是崇尚贞对情况消息盈虚。所有存在都有消衰有盛长，有盈满有虚损，顺则实现目的，逆则失败，所谓知大始就是敦尚贞对情况，中国文化称为"事天"，也就是遵循天的运行规律。

大象曰：山附于地，剥，上以厚下安宅。当山依附于地面时，山能得到稳定，这是因为地面的厚重和扎实。如果基础不够厚重，那么上面的建筑就无法稳定。这就是剥卦的象征意义。人们生活在社会中，需要面对许多未知和难以预测的情况。只有当我们的知识基础足够厚重，我们才能应对这些未知的情况。这就是"上以厚下安宅"的含义。

六爻简释：

初六，剥床以足，蔑贞凶：在剥卦中，"初六"、"六二"和"六四"这三个位置都以"床"作为象征。初、二两爻爻辞象辞都把"蔑"字当成了"灭"字。现代二字意思不同，朱熹明确说"蔑，灭也"，或许当时二字同义，所以做相同解释。在这个象征中，床的腿被剥除，这就是"剥床以足"的含义。如果床的腿被剥除，那么床就无法正常使用，失去了它的功能，这就是"蔑贞凶"的含义。象曰：剥床以足，以灭下也。爻辞"剥床以足"意为，阴柔的力量从底部开始剥除阳刚的力量。这是一个警告，提醒我们要注意阴柔力量的增长，以保护我们的阳刚力量不被剥除。

六二，剥床以辨，灭贞凶：辨就是"干"，主干，最有意义部位，床最有意义部分是床板，失去床腿床板仍可用于休息。失去床板就完全失去床的作用。床板就是床干。已剥除了床板，床不再为床，灭贞凶。象曰：剥床以辨，未有与也。六二象征床的主干被剥除，是因其孤身奋斗，没有得到帮助和支持。如果它能得到帮助和支持，那么它可能不会被剥除。

六三，剥之无咎："六三"这一位置是阴爻，居于刚的位置，这并不正常，尤其是在阴力剥除阳力的时期。然而，它却在尽力帮助上面的"上九"。尽管"六三"的力量有限，不能完全解决问题，但它的努力使得它自身没有受到责备，这就是"剥之无咎"的含

义。象曰：剥之无咎，失上下也。三应上九阳刚，以上九认识行动成其事，不参与剥阳，没有剥除阳刚的咎过，剥之无咎。处五阴之间，其他四阴，除五尊位比上九外，初爻、二爻、四爻，这三个阴爻都与知大始上九无应比关系，六三应上九，失上下三阴。

六四，剥床以肤，凶："六四"这一位置与"上九"同处上体，就像是"上九"的皮肤。在阴力剥除阳力的时期，"四"没有抵抗的能力，只能无可奈何地被剥除，这就是"剥床以肤"的含义。由于"四"被剥除，所以这是一个凶险的时期。象曰：剥床以肤，切近灾也。爻辞"剥床以肤，凶"意为上体已被剥除皮肤，六五、上九更切近被剥除的灾祸。

六五，贯鱼以宫人宠，无不利："六五"这一位置虽然是阴爻，但处刚中尊位，顺以刚决行中，不正亦能正。亲比知大始上九，由是率领群阴亲比阳刚上九，"贯鱼以宫人宠"根据"上九"制定措施行动，准确完成，无不利。象曰：以宫人宠，终无尤也。爻辞"以宫人宠"意为六五率领五阴信从上九，就像后宫嫔妃宫女顺从皇帝那样顺从上九。六五赋予刚明上九代为理政，众阴辅助执行，到最后，没有任何过失和担忧。

上九，硕果不食，君子得舆，小人剥庐：在剥卦中，阳刚的力量被剥除，只剩下"上九"这一阳爻。它就像是一个没有被吃掉的硕果。一阳在上，五阴在下，这就像是君子得到了一辆车，也即成功。然而，如果阴爻继续剥除"上九"，那就像是小人剥除了自己的房子，剥除自己的庇护，这就是"小人剥庐"的含义。象曰：君子得舆，民所载也，小人剥庐，终不可用也。爻辞"君子得舆"意君子被人民所接受和承载。君子通过自己的智慧和能力，得到了人民的认同和支持。爻辞"小人剥庐"意小人"终不可用"，因为至终不知悔改，继续剥除君子。

24

复卦：潜启新时

䷗

震下坤上

序卦：物不可以终尽，剥穷上反下，故受之以《复》。复卦的出现表明事物的状态不可能永远保持不变。当事物达到极点，就会发生反转。换句话说，当事物达到极点（如剥卦中的"上九"），它就会开始回归（如复卦中的"初九"）。

卦辞：复，亨。出入无疾，朋来无咎。反复其道，七日来复。利有攸往。

象曰：复亨刚反。动而以顺行。是以出入无疾，朋来无咎。反复其道，七日来复，天行也。利有攸往，刚长也。复其见天地之心乎。

复亨，刚反，动而以顺行：复卦表明刚强的力量已经恢复，能够顺利地行动。在剥卦中，"上九"被剥除，然后反转到下面，成为复卦的"初九"。复卦的上卦是坤（阴），下卦是震（阳），代表动与顺的关系，这意味着可以顺利行动。

是以出入无疾，朋来无咎：剥卦的"上九"处于不正的位置，因此其行动可能带来问题。然而，当它转换到复卦的"初九"，它就处于合适的位置，因此它的行动不会带来问题。这就是"出入无疾"的含义。"朋来无咎"意味着朋友的到来不会带来问题，而是带来帮助。这表明，当我们处于正常的位置和状态时，我们可以顺利地进行社交活动，得到朋友的帮助。

反复其道，七日来复，天行也：阴阳反复象征自然法则，经过七次变化，又回到现在状态，阴阳此消彼长的循环规律。七这个数在中国文化有特殊意义，有说起源于北斗七星。这里不贸冒然确指，因繁复到几无可能全面引用资料，但确多以"七日为人日"，古代每年正月七日为人日。周易一卦六爻设置是否与第七次变化回到原卦有关不得而知，但一卦六爻位，阴阳第七次变化确实回到变化前。

利有攸往，刚长也：复卦的"初九"是阳刚的，随着时间的推移，它会逐渐增长，并继续发展，最终达到乾卦的完全阳刚状态，这表明它的力量无法被制止。这就是"利有攸往，刚长也"的含义。在自然界，这种状态就像是春天回到大地，万物开始生长。在人事中，那些超越常人见识的事物也会随着时间的推移而发展，最终达到繁荣的状态。

复其见天地之心乎：复卦象征着新时代的开启，智者不会忽视这个阶段。尤其是那些难以觉察的新生事物，需要我们特别关注。正如宋朝的易学家和数学家邵雍在他的诗中所说："冬至子之半，天心无改移。一阳初动处，万物未生时。玄酒味方淡，大音声正希。"他用"玄酒"这个隐喻来描述这个阶段，这种酒用于重要的祭祀，尽管它的味道淡，但它的意义却非常重大。最有意义的言辞都很平淡，这都指复卦的初九一阳初动的场景，这是新时代的开启。若不信"玄酒味方淡，大音声正稀"，更请问做周易的伏羲氏，"此方若不信，更请问庖牺"，因为他提出了一阳复生的复卦要开启一个新时代。复卦的意义可能在于，它提示我们，表象的气势汹汹，远不如悄然贞对情况创新有意义。这就是"复所见天地之心"。

大象曰：雷在地中，复。先王以至日闭关，商旅不行，后不省方。"雷在地中，复"，这句话的意思是，雷象征着阴阳的冲击和声音。在阳刚开始复生的时候，它还很微弱，不能发出声音，就像是雷在地中一样，需要静养壮盛。先王以至日闭关，商旅不行，后不省方，这句话的意思是，开国的先王顺应天道，在阳刚开始复生的时候，他们会关闭国门，让商人停止旅行，王也不再巡视四方，不干扰阳的复生。这个解释告诉我们，我们应该遵循自然的规律，根据情况行动或者停止。在《易经》中，"贞"是最核心的概念，即"贞者事之干"，这是我们应该遵循的指导原则。

六爻简释

初九，不远复，无祗悔，元吉："初九"的阳刚力量刚刚开始恢复，它能清楚地识别需要解决的问题，并制定解决措施。因为它是最先开始恢复的，所以它能立即行动，几乎没有偏离需要解决的问题，也就不会有悔恨。因为它能迅速制定并实施解决措施，所以它不会无谓地浪费时间，这是大吉的。象曰：不远之复，以修身也。"初九"能够迅速恢复并解决问题，是因为它一直关注情况，通过学习和修习来解决问题，这就是修身的含义。人生无他，我们需要不断地认识需要解决问题，不断地修习学识，习练技能。

六二，休复吉：休义美善。"六二"得以恢复和实现美好的结果，这是吉利的。"六二"是阴爻，以顺和中正的态度接近刚正的"初九"，它以"牝马之贞"完成"初九"认识的利益和措施，因此，它能实际地达到亨通和贞对情况之利，实际地恢复到贞对情况的状态，这是美好和吉利的。象曰：休复之吉，以下仁也。孟子尽心上明确指出"仁"为"尊贤为大"。六二顺中正，亲比知大始初九，象征准确执行完成初九规定。初九规定贞对情况需解决的问题堪为贤哲。六二准确顺以初九规定，尊敬贤哲"初九"，这就是

"六二"仁的体现。

六三,频复,厉无咎:"六三"频繁地恢复,这是因为六三以阴居阳,不适合承担制定和执行措施的任务。因为它不能胜任这个任务,所以它不能解决问题,只能反复地制定新的措施。频繁地失误并重新开始,这是它不能胜任任务的必然结果,因此有危险。但是,这不是"六三"本人的过错,而是安排岗位的人任人不当的过错。象曰:频复之厉,义无咎也。无知处刚位,必然"频失",有危厉。"频失"是阴柔处刚位的必然结果,这是符合自然规律的。但这不是六三的咎过,是安排六处刚位者任人不当的咎过。这是一种对人性和社会现象的深刻洞察。

六四,中行独复:六四顺正处五阴之中称中行。唯独六四以顺正正应初九阳刚与之相协为用,执行完成初九认识。"六四"以顺和正直的态度,处在五个阴爻的中间,这被称为"中行"。只有"六四"能以顺和正直的态度,与"初九"的阳刚力量相协作用,执行并完成"初九"认识的任务。象曰:中行独复,以从道也。"六四"是五个阴爻中的一个,它独自恢复,这是因为只有它顺从并遵循了"初九"制定的阳刚正道。

六五,敦复,无悔:复卦成于阳刚初九生于坤体之下,坤体厚德载物,敦笃。六五坤体尊位,称敦复。坤纯阴,在阳刚知大始"初九"复时,与"初九"开始合作,没有悔恨或过错。与"初九"相协为用却不能大亨,只能无悔,主要是因为"初九"刚刚恢复时位置较低,掌握的知识和信息有限,多会潜龙勿用。六五以顺中处复尊位,象征能敦笃复于初九制定的措施安排资源,确保执行初九制定的措施,得以亨通实现贞对情况之利。虽确保"亨通实现贞对情况之利",也仅是"亨通实现贞对情况之利"而无悔。只因为除初九刚复知大始外,包括六五自身都阴柔无知,初九处初,掌握情况有限，包括六五五阴都不能帮助九五提供情况，这就是初九所"贞对的情况"，即初九掌握的情况远非实际真实，不可能制定解决所有问题措施，六五处复至尊亦再无所能为，只能"无悔"。象曰：敦复无悔，中以自考也。"考"有两个含义，一是"察"，即观察和检查；二是"成"，即完成或实现。"六五"以阴爻的特性，处在尊贵的位置，以中道的原则安排资源，但不能确保所有的任务都能胜任，只能无悔，不能确保亨通和大吉。

上六，迷复，凶，有灾眚，用行师终有大败，以其国君凶，至于十年不克征："上六"处于复卦的最后位置，象征着无知和迷惑，不能恢复，不能正确处理问题，因此带来凶险和灾难。"灾"指外来的天灾，"眚"是由于自己的过错引起的灾难。这些灾难的根源都在于无知，"用行师终有大败，以其国君凶，至于十年不克征"表明无知的后果是灾难性的，可能导致军队大败，国君遭遇凶险，甚至十年都不能取得战争的胜利。象曰：迷复之凶，反君道也。"上六"处在卦的结束位置，也就是"五"的上方，它的迷惑和不能恢复被称为"反君道"。任何处在迷惑和不能恢复的状态都是违背应有的道路。象辞"反君道"是对爻辞"以其国君凶"的解释，这意味着不能主持政务。

25

无妄：因果无妄

☰
☳

震下乾上

序卦：复则无妄矣，故受之以《无妄》。当事情恢复正常后，就不存在荒诞的期待了，因此我们接受的是无妄的状态。"妄"是指荒诞，与实际情况相悖；"无妄"则意味着没有荒诞，没有不符合实际的期待，结果必然与行动相对应。这就是为什么《易经》在复卦之后设置了无妄卦，提示我们谨慎行事。不能盲目期待造成"妄"，不存在"妄"，所有行动都必有与之对应结果，故必须谋道不谋食。

无妄卦的上卦是乾，下卦是震。震代表动，乾代表亨通，实现对情况的正确理解。这意味着，只有当我们的行动以实现对情况的正确理解为目标时，我们才能取得成功。

如果我们的行动措施与我们的期待结果相悖，那么我们就不会实现我们的期待结果。所有的结果都是对我们的行动措施的回应，不存在虚妄。因此，我们的行动措施非常重要，所有的结果都会与之相应，不存在虚妄。

卦辞：无妄，元亨利贞。其匪正有眚，不利有攸往。

象曰：无妄，刚自外来而为主于内，动而健，刚中而应，大亨以正，天之命也。其匪正有眚，不利有攸往。无妄之往何之矣。天命不佑，行矣哉。

无妄，刚自外来而为主于内："初九"是下体坤卦，从外部来的刚爻，变成了内部的主导爻。"初九"既是震的主爻，也是无妄的主爻，因此它是内部的主导。"初九"的象征意义是，当我们以实现对情况的正确理解为目标进行行动时，我们就能取得成功，不存在虚妄。

动而健，刚中而应，大亨以正，天之命也：无妄下动上健，内动以外刚健，亨通实现贞对情况之利。"九五"处在刚中，与"六二"处在柔中相应，这就是刚中而应，总是适时地提供帮助。大亨以正，即通过正确的行为取得大成功，绝无虚妄，这是乾卦的规定，也是天命。

其匪正有眚，不利有攸往。无妄之往何之矣，天命不佑，行矣哉："其匪正有眚，不利有攸往"，所有的行动都是对情况的正确反应，不存在不对情况的正确反应的行动。如果有不对情况的正确反应的行动，那么就会有灾祸，不利于前行。

"无妄之往何之矣，天命不佑，行矣哉"，已经处于无虚妄的状态，还要向哪里变动呢？不能再变动了，再变动就会产生虚妄，天命即"亨通实现贞对情况之利措施"不会佑助，怎么可能行呢。

大象曰：天下雷行，物与无妄。先王以茂对时育万物。无妄卦的上卦是乾，下卦是震，雷是天下运行的象征，万物生长是遵循规律和节奏的，没有强加任何虚妄的东西。先王制定的法度体现了提供万物成长所需条件的原则，给予万物必要的适时条件，使万物可以顺利成长，实现天然的繁荣利益。先王开创的国家秩序体现了这种天道万物生长的原则。

六爻简释：

初九，无妄，往吉："初九"处于无妄的状态，阳刚在开始的时候就已经正确地理解了大局，对情况的理解没有虚妄，无论是行动还是停止，都能成功地实现对情况的正确理解，前行吉祥。象曰：无妄之往，得志也。知大始处无妄之正，心志和行为都与情况相符，没有违背情况的虚妄，心志没有虚妄。

六二，不耕获，不菑畬，则利有攸往："菑"是指刚开始耕种的"生田"，很难有丰富的收获；"畬"是指耕种三年的"熟田"，通常会有丰富的收获。"六二"处在顺和中正的位置，心志期待与实际情况相符，没有违背实际情况的过度期待。

"六二"的精力总是集中在有意义的行动上，就像不会期待未耕种的生田能有多年耕种的熟田那样的收获。当"六二"正确地放弃过度的期待，精力集中在有意义的行动上时，就能得到相应的结果，利于前行。象曰：不耕获，未富也。爻辞"不耕获"的意义是，既然没有耕种，就不应期待有收获。这暗示"六二"处在顺和中正的位置，总是致力于对情况的正确理解并采取相应的行动，从不期待无缘无故的富有。

六三，无妄之灾，或系之牛，行人之得，邑人之灾："六三"以阴爻处在刚的位置，处在昏暗的地方却要表现明亮，不中正，"震"动体之上，应对上九，象征着常常产生无法实现的妄想，但所有违背实际情况的妄想都必须受到无虚妄的惩罚。就像随意栓系牛可能被过路行人牵走，自己报警，邻居可能会遭受调查的灾难，这些都是真实的，没有虚妄。这提示我们，我们的期待和行为都无虚妄，实际结果就不可能虚妄。就象随意栓系牛本来就可能被路人牵系，认为不会被路人牵系是妄。认为失牛不报警也是妄。认为报警不会侦讯邑人还是妄，认为邑人被无辜侦讯乃至遭刑狱不会报复更是妄。六三象征需要警示切实无妄行。六三象征有诸多虚妄。初九象征行人，六二、九四象征邑人。象曰：行人得牛，邑人灾也。

无论是"行人得牛"还是"邑人灾",都由六三随意妄行系牛引发。没有六三随意妄行,就不会有"行人得牛"和"邑人灾"。六三妄行是根源,需杜绝。

九四,可贞,无咎。爻辞"可贞",这与"利贞"不同。"可贞"意味着可以坚守本位,愿意坚守原则。"利贞"则意味着坚守原则是有利的,这是提示性的词语。"四"是刚阳之爻,虽然不在正位,但是由于其乾卦的特性,所以"可贞",可以理解大局。它处在顺位,象征着顺应实际情况,无虚妄的期待,坚守原则,无过失。象曰:可贞无咎,固有之也。阳刚知时,居顺不妄求,坚守对情况的理解,不妄求无咎过。

九五,无妄之疾,勿药,有喜。"九五"处在无妄的时期,位于刚中正的尊位,正好与"六二"的顺中正呼应,二者协力,可以准确地判断所有的情况并解决问题,不会误判为妄。

如果有人认为"九五"有"妄"的"疾病",那么这是判断者的疾病,是判断失误。如果不把"九五"误判为有疾病并用药治疗,就会有喜庆的结果。如果认为"九五"有疾病,那一定是误判,这是一种疾病,如果用药治疗,一定会造成新的疾病。象曰:无妄之药,不可试也。认为无妄九五有"疾患"定是"误判,疾患",基于九五有"疾患"的"用药救治"都悖于情况,不可试用、试验。

上九,无妄,行有眚,无攸利。当一切都无虚妄到极致,所有的事情都是切实的。既然已经无妄,再行动就必然会产生"妄",所以产生"妄"是由于"行有眚",由于认识不清导致的"妄",没有什么利益。

无妄之行,穷之灾也。已无虚妄,思想行为都正对情况,再行必然生出已处穷尽之灾。

无妄的提示意义：

第一，无妄卦的深刻意义在于象征任何存在，无论何时何地，都处于"无妄"的状态，即其行为总会产生真实无妄的结果。换言之，无论我们的行为是什么，它的结果都会符合因果律，没有虚妄。

比如，如果一个人服下足够的毒药，他肯定会死。这是因果律的规定，服毒必死，这就是真实，没有虚妄。又如，如果一个人学习人生哲学，修习圣贤之道，他将会在通往"知识"和"能力"的路径上逐步前进。这种前进虽然不像服毒立即死亡那样立竿见影，但它确实是真实的，这也是因果律的规定。因此，无妄卦的深刻含义在于提醒我们，我们的任何行为都会遵循因果律，产生真实无妄的结果。无论是身体的行为（如服毒）还是精神的行为（如学习哲学），都会有其对应的结果。

第二，所有的行为结果都必然是符合因果律的真实无妄，是否达到预期的目标，主要取决于我们制定的行动方案是否符合因果律，以及我们执行行动的能力。

比如说，一个战略规划、行动计划、医生的治疗方案、教师的教学方案，他们的结果都必然符合因果律。如果一个医生能够快速治愈患者，那是因为他的诊治方案符合因果律，他对病情的把握准确，他有相应的才德与知识。同样，如果一个医生治疗病人，病人却死了，这也符合因果律，可能是因为病情是当前医学水平无法治愈的病症，或者医生的技术能力不足。因此，如果我们想要让自己的行为达到预期的目标，我们需要提升我们的学识和道德，尽可能准确地理解我们面对的情况，然后根据自己的才德制定行动方案。这是一种符合因果律，真实无妄的行为方法。

由此人生应做什么，只当时时思考与所处情况对应的因果律，这或正是无妄卦以外乾内震为象之深意。旨在提示人，无论所行是顺应达到预期目的的天道，还是悖逆达到预期目的的天道，都会产生与所行相应的真实无妄结果。只是这真实无妄，是真实无妄而有利，还是生害，乃至利害程度，也都真实无妄的与之所行紧密关联。何去何从，只在个人认识选择。所得必是与所选择行为相应的真实无妄的结果。

26 大畜：由学而大

乾下艮上

序卦：有无妄然后可畜，故受之以《大畜》。只有当一切都无妄，都实存的时候，才可以积累和聚集。因此，在易经中，无妄卦之后设立了大畜卦。大畜卦，上卦为艮，下卦为乾，象征天在山中，这表示所积累的已经非常大。"畜"既有停止的意思，也有积累的意思，因为只有停下来，才能积累。从卦象上看，天在山中，象征着蕴藏和积累。从卦的组成来看，艮代表停止，乾代表积累，所以这个卦的意思是停下来积累。

卦辞：大畜，利贞，不家食吉，利涉大川。

象传：大畜刚健，笃实辉光，日新其德。刚上而尚贤能止健大正也。不家食吉养贤也。利涉大川应乎天也。

大畜，刚健笃实辉光，日新其德：从卦象的特性来看，乾卦代表刚健，艮卦代表笃实。大畜，利用我们的内在才德（刚健和笃实）来积累和存储价值。这种存储是充实的，有辉光的。而且大畜总是根据实际情况进行积累和存储，其德日新。

刚上而尚贤，能止健，大正也："刚上"指的是阳刚居于尊位之上，象征着崇尚贤人。"能止健"指的是能够在适当的时候停止，不过分追求强健，这是大正之道。

不家食吉，养贤也：乾卦象征君子有贤德，艮卦象征山，这表示养贤。乾三阳并进，表示君子以德化人，以身作则教育引导下属。"不家食"表示，好的领导需要重视培养人才，不会只执着于自己私利不作为（不家食），这才是吉利的。

利涉大川，应乎天也：内卦艮积累了外卦乾的力量到极致，应该用这个力量去服务天下，而不是只在家中自享。处于天的位置，享受天的福祉，应该通过养贤，让贤者得以施展其道，解决天下的困难，就如同涉过大川一样。这是应乎所积累的乾的道，也是应乎天的道。

大象曰：天在山中，大畜，君子以多识前言往行，以畜其德。大畜卦象征天至大在山中，山所畜乾至大，大畜。君子观大畜象以大其蕴畜。人蕴畜由学而大，学之道多闻前古圣贤之言与行。考察其行可见其用，考察其言求其理解认识。既能理解认识又能以之行动解决问题，确证已理解具有，所蕴畜大。大畜之义。

六爻简释：

初九，有厉，利已：大畜卦的最初阶段，有危险存在，因此最好是保守行事，以利于自己。大畜卦由艮（山）和乾（天）两个卦组成，表示山在天下，象征着大有收获，但也暗示着可能的危险。艮三爻会让乾三爻止。初九属阳，而阳性的特点是向上发展，但在此阶段，如果过于冒进，就可能带来危险。六四爻与初九爻相应，二者应当相互支持。六四爻位于上位，会阻止初九冒进。象曰：有厉利已，不犯灾也。当面临厉害的困难时，保持现状是有利的，这样可以避免遭遇灾难。在大畜卦中，初九处在底部，最为危险，此时应保持谨慎，避免冒进，以防引发灾难。

九二，舆说輹："舆"指的是车，"说輹"是指车轴破裂，不能行驶。这是一个比喻，象征着当前的情况阻碍了前进的道路，必须停下来，不能继续前进。九二爻被上面的至尊六五爻阻止，不能继续前进。虽然二爻处在中位，本应健行，但由于上面的阻止，只能度势而行，不可强求。如果不能前进，就应该停下来，就像车轮脱落，车不能行驶一样。象曰：舆说輹，中无尤也。当车轮脱落（舆说輹），车子就无法行驶。在这样的情况下，停车并不是因为车子的错误，而是因为车子无法行驶。这是一个比喻，象征着在无法前进的情况下，停下来并不是错误的选择，而是明智的决定。

九三，良马逐，利艰贞，日闲舆卫，利有攸往：九三刚健之极，上九亦上进，畜之极思变，与九三不相畜而志同，相应以进，九三、上九合志进如良马追逐。"利艰贞"是告诫"九三"虽然有强大的动力和决心，与"上九"相应而忽视了审慎和警备。"九三"需要坚守正道，才能真正利于远行。同时，也需要注意对车舆的维护保养，不能忽视。象曰：利有攸往，上合志也。"九三"处于"畜"的极端，想要改变当前的停止状态，而上九爻也有上进的倾向。他们的合作，有利于远行。

六四，童牛之牿，元吉："童牛之牿"是指将小牛的角用木头锁住，以防止其因不懂事而受伤。六四爻与初九爻相应，象征着刚开始的状态。在这个状态下，需要在小牛的角上加横木（牿），这样可以防止小牛因不懂事而抵触，从而遭受伤害。通过这种方式，可以事半功倍，非常吉利。象曰：六四元吉，有喜也。防于为害之前，少劳烦免伤害，有喜。

六五，豮豕之牙，吉：豮，读 fén，阉割。猪牙锋利，雄性猪尤凶猛。六五爻位于中位，居于至尊，承担了管理和聚集的任务。这个位置需要准确以顺畜止天下邪恶，就像通过阉割公猪的牙，使它变得温顺一样。这样做不需要用力，只需要准确抓住关键，就可以很好的管理和控制。象曰：六五之吉，有庆也。六五顺中，准确根据情况把握其要，最小代价解决根本，得福庆。

　　上九，何天之衢，亨：大畜卦的主题是畜止，即存止，保存，止于刚大。上下卦阴阳爻相应象征相互畜止。上九、九三两阳志同道合，象征相互助益。"何"即"荷"，扛在肩上，"承载"。衢，通达的大道。"天"，"天庭"，又称"天廷"，最高统治中心。"何天之衢"，承载着通向最高统治中心天庭的大道。"上九何天之衢"，上九爻的重要任务，就是识见承担选贤任能之任，政事就可以大得亨通。这也是象传"刚上而尚贤，能止健，大正"的意思。"能止健"，畜止刚健贤哲至天廷任事，政事大得亨通，大畜之义。象曰：何天之衢，道大行也。上九象征承载通达天庭的大道，其上空豁无阻碍，其道大得行。

颐卦：圣人养贤

震下艮上

序卦：物畜需养，故受之以《颐》。颐者，养也：物既畜聚需养育，无养不能存息，这也是《易经》中大畜卦后设颐卦的理由。颐卦以养育为主题，正如物既畜聚便需要养育一样。

颐卦上艮下震，上下二阳爻中含四阴，上下体象征上止下动，六爻总体外实中虚，象征人颐颔，颐意思为养。人通过口饮食以养身，所以称为颐。易经的圣人设卦喻义，不仅局限于人的饮食养身，更大的层面是天地养育万物，圣人养贤以及万民，与人养生养形养德养人，皆以颐养之道。具体到个人，养生的方式是动息节宣，养形的方式是饮食衣服，养德的方式是学识行义，养人的方式是推己及物。

卦辞：颐贞吉。观颐，自求口实。

象曰：颐，贞吉，养正则吉也。观颐，观其所养也。自求口实，观其自养也。天地养万物，圣人养贤以及万民，颐之时大矣哉：

颐，贞吉，养正则吉也：卦辞"颐贞吉"意思为所颐养要贞对情况解决相应问题，亨通实现贞对情况之利则吉利，"颐贞吉，养正则吉也"。

观颐，观其所养也。自求口实，观其自养也："观颐"是指观察自己如何养育，所养育的是什么，以及养育的过程和结果如何。这里强调了观察和反思的重要性，我们需要在养育中不断观察和反思，以便更好地理解和掌握养育的过程和方式，从而达到更好的养育效果。

"自求口实"是指通过观察自己口中所入的物质（如食物、饮料等），以及口中所出的话语和观点，来反思和评估自己的养生方式和效果。这里的"口实"可以理解为实际的、真实的、实在的，强调的是要真实地面对自己的养生状态，不做自欺欺人的事，只有这样才能真实地了解自己的养生情况，从而做出有效的调整和改进。

天地养万物，圣人养贤以及万民，颐之时大矣哉：天地通过圣人以所知所能养育贤才以及万民，贤才万民以所知所能养育万物，品物繁盛，供万民享用，……人和万物得以生长繁盛，都源于颐养之时，颐之时大矣哉。

大象曰：山下有雷，颐。君子以慎言语，节饮食。言语出于颐口，饮食入于颐口，都是颐口之动，震象。"慎言语，节饮食"并非不要"言语，饮食"，而是不能像雷震那样剧烈迅疾，主在适时，即贞对亨通实现贞对情况之利，这是"慎言语，节饮食"的意思，也是是否做到"慎"和"节"的检验标准。

六爻简释：

初九，舍尔灵龟，观我朵颐。凶："朵"古文有"动"的意思，朵颐，鼓起腮帮吃东西。龟甲是有灵气的占卜用具。颐卦外实中虚象龟。又中虚能容有明的象征，象灵龟。初九应六四，象欲上之四。爻辞是借用六四语言，初九位置的人应该放弃自己的"灵龟"

（即放弃依赖神秘和智慧的卜卦），转而观察"我"的"朵颐"（即观察我如何自我养育和滋养）。这是对初九位置的人的一个警告，告诉他如果他只依赖神秘和智慧的卜卦，而不去关注和学习如何自我养育和滋养，那么结果将是凶险的。象曰：观我朵颐，亦不足贵也。初九位于颐卦的最初位置，是颐卦的开始，表示初生的活动。朵颐，是指鼓起腮帮吃东西，象征心志欲上动应四，表示欲望的发动和满足。

这段象辞的意思是，初九的人虽然有欲望，但是他只关注自己的欲望，只看自己的"朵颐"，而不去看其他的事物，这样就会失去刚明之贞，也就是失去坚定明亮的道德，因此他不足以被贵重。

六二，颠颐，拂经。于丘颐，征凶：六二爻位于颐卦的第二位，位置顺应且中正，与初九相比，象征求初九颐养，上求下颐养为颠倒，违背常理"拂经"。上九在上象征丘，"于丘颐"，"在丘上颐养"，六二位试图去颐养处于更高位置的九位，这与颐养的自然秩序相违背。在自然的颐养秩序中，处于高位的应当自我颐养，而不是被低位的颐养。因此，六二位试图颐养九位是非常困难的，甚至是不可能的，这就是"征凶"的含义。象曰：六二征凶，行失类也。六二、上九非应非比，六二征而上欲颐养位于高位的上九，不仅不得颐养，反失同为阴类的六三和六五的应和关系，导致了凶险的结果。

六三，拂颐，贞凶，十年勿用，无攸利：六三爻位于颐卦的第三位，这是一个阴爻在刚位，位置不中正，动体"震"的最上端，也就是行动不正的极端。六三与上九相应，上九也不正，不正应不正，"拂颐"是指违背颐养之道，凶。"十年"是指十个周期，代表一个完整的周期。"勿用"意味着在这个周期内，六三爻的行动都不被推荐。象曰：十年勿用，道大悖也。六三所以终不可用，因为它的行动大大违背了道义，难以纠正。

六四，颠颐。吉。虎视眈眈，其欲逐逐，无咎：①六四，颠颐吉：六四顺正，象征大臣的地位，是政令的出处。在这个位置上，必须具备足够的知识和能力来履行职责。六四爻与"知大始"的初九爻形成应对关系。六四爻提供了丰富的情况信息，初九代六四制定政令。只要初九爻准确掌握了由六四爻提供的情况，所制定的政令应当能够解决问题，因此，结果是"颠颐吉"，即改变颐养方式也能带来吉利的结果。②虎视眈眈，其欲逐逐：六四虽不能知大始，但顺正处大臣之位，掌握情况全面准确。初九不掌握情况，六四警惕初九遗漏，以"虎视眈眈，其欲逐逐"严格审视，反复以情况核准，以防遗漏失误。③无咎：就是初九刚正知大始制定政令却不掌握全面情况。六四顺正掌握情况唯恐遗漏，而"虎视眈眈，其欲逐逐"审视，六四与初九如是相协为用，所制定政令贞对情况，以之执行亨通实现贞对情况之利，初九、六四都无咎过。象曰：颠颐之吉，上施光也。初九、六四都不能都独立承担制定政令责任，六四顺正上位，委任刚正知大始初九代为制定政令，初九不掌握全面情况，六四提供情况并严格盯准审视，以使初九制定政令全面准确贞对情况，六四上施与初九制定政令之任都得光大。

六五，拂经。居贞吉。不可涉大川：六五居颐养天下尊位。阴柔无知不堪养天下之任，违拂经常情况，称"拂经"。亲比上九，象征有贤师辅助，凡事请教上九，政令能贞对情况解决问题，居贞吉。这只适于常规政事。凡有突发重大危机事件，六五不能及时全面掌握情况，更不能准确向上九陈述，上九自然不会提出准确解决措施，不可涉大川。象曰：居贞之吉，顺以从上也。爻辞"居贞吉"由六五亲比上九，顺应并从上九爻获得指导。未言之义"不可涉大川"指突发紧急事件只能以情况迅疾处理，转述会贻误时机。

上九，由颐。厉吉，利涉大川：上九阳刚知大始，下比六五之君，政令出自上九，这是六五颐养天下的缘由。由是知大始的上九常怀危厉，不懈提示六五了解情况，督促六五落实执行，凡情况及时准确，政令落实执行，都能获得贞对情况之利，厉吉，利涉大川。象曰：由颐厉吉，大有庆也。刚明知大始的上九作为颐养天下的缘由，能够解决所有危机和困难，获贞对情况之利，天下大有福庆。

颐卦的提示意义：

（1）颐，贞吉，养正则吉也，颐义养。颐养具有普遍性，没有不需颐养的存在。但颐养方法"以贞"，总恪守贞才能获得预期结果。恪守贞含义有二，一是针对实际情况，选择最急需解决，且能解决的问题，制定相应措施。措施贞，总是合乎需解决的问题，问题得以解决。被解决客体得以壮大，解决主体人增长了才干，亦得以壮大。颐养就是为了壮大。主客体都壮大。客体壮大是主体人壮大的标识。主体人是在解决具体问题中得以壮大的。

（2）要得到贞的结果，主体人首在时时处处关注所面对情况，以因果律为思维主线，逐一根据解决需解决的问题，制定措施，并实际施行。这是颐养的总体过程，也是所有颐养的通则。

（3）针对具体情况不是空谈，而必须有针对性的具体措施。如果有面对的实际问题自不必说，需要针对具体问题思考措施。就是假设没有实际问题等待解决，个人选择思考和学习问题，亦都存在各个层面的选择。诸如个人的思考方向，阅读资料，通过资料解决什么问题……只要稍加思考，就有很多问题等待解决，诸多资料等待阅读，诸多的问题等待请教……就算是最脱离实际的读书，也有选择哪一本，重点是什么，要解决什么问题等……由这些已不难理解"颐之时大矣哉"，颐养之时的作用意义太重要了。

（4）"慎言语，节饮食"之所指。"慎言语"，表达意见见解当慎重，一是事情是否重要，必须分清主次，不能舍本逐末。二需自己明确清晰。自己不明确清晰，切切不要表达。自己不清楚不可能表达清楚，如果自己不清晰的内容，认为是重要问题要提出并请教。

"节饮食"，雷同选择修习内容，当慎重筛选，不能眉毛胡子一把抓。就如读书说，首先分清大方向，大方向内选择书目。一本书内先读前言概论，根据概论选择章节。也就是说，除非学生教科书，教师已明确并施教了主次。大多书籍，无不有主次。通过目录则可近于发现。

（5）六爻的提示中，至少以下几点当需提及：①首先就颐卦认为"古时认为，女不能自养需从男，阴不能独立必从阳。天子养天下，诸侯养一国，臣食君禄，民赖官养，等等，都是以上养下，为合正理。六二阴柔不能自养，需待人养。"这本身既未必合乎实际，更是大一统文化遗迹，未必适当可不予关注。但是历史问题，亦未必过多评论。②初九，舍尔灵龟，观我朵颐，凶：值得肯定。就是凡事当立足于自己，立足于自己首先立足于自己的时间和能力。二是不能通过不正当手段达到目的。③六二，颠颐，拂经；于丘颐，征凶："颠颐，拂经"强调做事不能违背制度规定。制度一旦规定，未得修改，则须遵守不能违背。可以提出意见，但未修改前，若非自己紧急任务，可以尽力回避。"于丘颐，征凶"，如是我解释的象辞"六二征凶，行失类也"，是指失去恪守"中德"的同类，当时绝不能做的。因"中德"是措施正中情况，已找到正中情况的措施，却要放弃，当然是绝不能做的。④六四和六二都是颠颐，结果相反，就是二为私，四为职责责任。⑤六三，拂颐；六五，拂经。做法近似，结果相反。

28

大过：独立不惧

☱☴

巽下兑上

序卦：颐者养也。不养则不可动，故受之以《大过》。颐意为养，不养不具备行动能力，养到一定程度则根据认知进行行动，所动难能准确贞对情况，有过。这动之过多由认知过失引致，认知为大，执行为小，以此易于颐卦后设大过。大过为卦上兑下巽，泽在木上，水没灭木。泽当润养木，大到淹没木，大大越过了应该的本分，大过。大过卦象阳刚大过于常又居中，大者过，又象过之大，大事过……事有当过。凡大事过都是大过卦象征。而行过乎恭，丧过乎哀，用过乎俭等，都非大过而是小过，执行过，小者过。

卦辞：大过，栋桡，利有攸往，亨。

象曰：大过，大者过也。栋桡，本末弱也。刚过而中，巽而说行，利有攸往，乃亨。大过之时大矣哉。

大过，大者过也：大过卦阳刚过半又居中，阳刚过，做事超出了适度，失去了平衡。

栋桡，本末弱也：以六爻象征栋梁，"栋桡"，中间四阳刚过重，向下弯曲。

刚过而中，巽而说行，利有攸往乃亨：阳刚过六爻之半且处中,刚过而中。两卦内巽外兑,在困难的情况下,以积极的态度——内卦巽的顺从性和外卦兑的和悦性来进行行动,才能获得前行的利益,才能达到亨通。

大过之时大矣哉:这是对大过状态的反思和警示,表达了对过度严重性的认识。这意味着我们需要有清醒的认识,知道自己已经过度,超越了开始时的预期和目标。这种认识是非常重要的,因为只有清楚地知道自己的状态,才能采取有效的措施来改正,以达到亨通和成功,大过之时大矣哉。

大象曰:泽灭木,大过,君子以独立不惧,遁世无闷。大过卦是一个由泽和木组成的卦象,其中泽象征滋润和养育,木则象征成长和发展。在自然中,泽本职就是滋润和养育木,但在大过卦中,泽过度地滋润和养育了木,以至于灭了木,这就是大过的象征。尽管面临过度的滋润和养育,木仍然屹立在泽中,没有被泽完全灭掉。君子看到这个象,就会从中学习到一个道理:即使在面临过度的压力和挑战时,也需要像木一样保持坚韧和独立,不畏惧困难,遁世无闷。

六爻的提示意义:

初六,藉用白茅,无咎:初六爻位在卦的最底部,属于阴爻,代表柔顺。"藉用白茅"形象地描绘出了过于谨慎的行为,白茅是一种柔软的植物,用来垫物,可以防止物品受损,象征防患于未然。初六使用白茅作为垫子,这种行为虽然显得过于小心翼翼,但却无过失。象曰:藉用白茅,柔在下也。初六,以顺处卑,只有以顺从和敬慎的态度来面对生活,这样才能避免过度,防止可能的风险。

九二,枯杨生稊,老夫得其女妻,无不利:九阳刚称"杨",用谐音。二相对初为老,称"枯杨,老夫",初六称"女妻",阴阳相协为用会有实际结果，称"生梯，无不利"。象曰：老夫女妻，过以相与也。二相对初为老，称"老夫女妻"，虽不甚堪配而称"过"，但双方相互配合、合作有实际结果称"相与"。义重在相协为用。

九三，栋桡凶："栋"象征着支撑的力量，"桡"则意味着弯曲或倾斜。整个形象描绘的是支撑力量不足，无法承担重负，导致建筑结构出现倾斜，预示着凶险。九三所以桡的原因有二，一是中间四爻阳刚重，初六和上六两端弱，不能承受中间四爻之重。二是九三、九四处在卦的中部，相当于房屋的中央不可以有支柱，但现在却需要支柱来提供支撑。象曰：栋桡之凶，不可以有辅也。象辞指出了问题的关键，即缺乏必要的支持或帮助。九三提示的意义：九三"以刚处刚"，象征着过于自信、固执己见、不顾实际情况，无法与他人有效沟通，也无法获得他人的帮助和支持。这就像一根独立的主梁，没有其他的支撑和辅助，很难承受重压，因此会出现"栋桡"，即主梁弯曲或倾斜的情况。

在这个爻辞和象辞中，"栋桡凶"和"栋桡之凶，不可以有辅也"都表达的是相同的意思，即由于过于自信和固执己见，无法获得他人的帮助和支持，导致无法承受压力，出现危险的情况。

九四，栋隆，吉。有他吝：九四以刚居阴，象征着以刚应对困难，顺应情况，从而成功地处理了大过的问题，使主梁重新挺直起来，显示了困难已经过去，事情正在好转。这种转变的结果是"吉"。要实现转变还有一个条件，那就是"有他"，九四下应初六，这指的是需要有他人的帮助，但同时也提醒我们，如果过于依赖他人，就可能会失去自我，不能独立处理问题，这就是"吝"。

象曰：栋隆之吉，不桡乎下也。虽然九四的位置有初六的应援，但是九四不能过于依赖初六的帮助，否则就可能再次出现"桡乎下"

的情况。因此，我们在面对困难和挑战时，既要寻求他人的帮助，又要保持自我，独立应对。

九五，枯杨生华，老妇得其士夫，无咎无誉：这里的"枯杨生华"形象地描绘了一棵枯老的杨树又开始开花，象征着在逆境中重新焕发生机。"老妇得其士夫"进一步形象地描绘了一个年老的妇女得到了一个年轻的丈夫，象征着新的力量的加入。但是这个过程只是生活的一种正常的过渡和变化，并没有产生"咎"，即错误，也没有产生"誉"，即赞誉。"老妇"指的是九五，象征着力量已经衰老的状态，"士夫"指的是上六，象征着新的力量。因为九五得到了上六的帮助，所以它能够重新焕发生机。象曰：枯杨生华，何可久也。老妇士夫，亦可丑也。枯杨不生根而生华秀，不可能成生育之功，只能继续枯萎，生命不会长久，亦为羞丑。这个象辞揭示了一个重要的道理，那就是，虽然我们可以通过各种方式暂时改变我们的状态，获得短暂的成功，但如果我们不从根本上解决问题，那么我们最终还是会回到起点，面临同样的困境。因此，我们在面对问题和困难时，不仅要寻求短期的解决方案，也要思考如何从根本上改变我们的状态，以实现长久的成功。

上六，过涉灭顶，凶，无咎：上六阴柔处大过之极，才不堪任，就像企图涉越没灭头顶的河水，即使年轻时善于游泳，年老亦不可能涉越，必遭灭顶之灾，很危险。这个爻意为无视时代发展，冒险行动，自我造成灭顶之灾，以致几乎丧失生命，连悔咎的机会都没有了。象曰：过涉之凶，不可咎也。自我陷于远远超越能力的没顶之灾，除自我抱怨无知涉险外，再无其他可归咎。

坎卦：法水就下

坎下坎上

序卦：物不可以终过，故受之以《坎》。坎者，陷也。大过象征栋梁中间阳刚过于集中，两端阴小过弱，不堪中间之重，造成栋梁折断致使房屋坍塌的险难。周易为警示发生类似的刚大过重危险，在大过后设坎卦。阳刚力量过大时遭受些险陷，不至于继续过越失衡。坎意思为陷落。两八卦都是一阳爻在中间，上下是二阴爻，阳陷二阴中。阴虚阳实，阳刚上下无据象征"陷落"。周易以阳居阴中为陷，陷落，危险。阳在上象征止，在下象征动。阴在上象征说（悦），在下象巽（巽顺进入），在中为丽，意思为附着。

卦辞：习坎，有孚，维心亨。行有尚。

彖曰：习坎，重险也。水流而不盈，行险而不失其信。维心亨，乃以刚中也。行有尚，往有功也。天险不可升也，地险山川丘陵也。王公设险以守其国。险之时用大矣哉：

习坎，重险也。水流而不盈，行险而不失其信："习"意思为"重复"。坎意思为"坑，穴，陷落"，有险。"习坎"，"习坎"指的是连续、重复的危险，或者说是一种重重的危险。内坎是坑中之坑，坎中之坎，险中之险。水在坎内未盈满时，必须继续灌注。然后，当坎被注满后，水会继续流向更低的地方。这个过程会不断重复，象征着在危险之中，我们必须保持对前进的信念，不断去克服困难，即使面对重重的危险，也要坚持下去。

维心亨，乃以刚中也。行有尚，往有功也：维，保持，连接。亨，顺利通达。如果我们的内心（心）能够保持（维）保持刚强和坚定的决心，即使面临困难和危险，我们也能顺利（亨）地渡过。如果我们坚持行动（行）并且有高尚的目标（有尚），那么我们的前行（往）就会有成就（有功）。

天险不可升也，地险山川丘陵也。王公设险以守其国。险之时用大矣哉：高不可升越的是天险，山川丘陵是地险，王公知险难以陵越，人为设城郭沟壑地险守国保民，适时用险非常有意义，大矣哉。

大象曰：水洊至，习坎。君子以常德行，习教事：水所行之常是总注满需要涉越的坎险。水洊至，水总是流向低处，注满一低处，只要仍有低处则继续流去注满。水总是往低处流，这是水的本性。君子观察水的特点，明白了一要像水一样有恒定的道德，二要像水一样顺应自然的变化。人如果发现自己才能不足，见识不广，就要努力学习充实自己。

六爻简释：

初六，习坎，入于坎窞，凶：窞，最深处。初六重复地进入困难和危险（习坎），并且陷入最深的困境（坎窞），结果不祥。"窞"在这里意味着最深的地方，象征着极度的困难或危险。这是因为初六，阴柔无知，处初非正，也即初六在面临困难时，缺乏知识和判断力，没有正确地处理问题。而且初六是下险之下，入于坎窞，没有任何支持和帮助，所以无法从困境中摆脱出来。象曰：习坎入坎，失道凶也。初六重复进入困难和危险之地，而在开始时就没有正确的态度和行为，就会偏离正确的道路（失道），结果不吉利（凶也）。

九二，坎有险，求小得：九二是阳爻，它被两个阴爻包围，这是一个危险的位置，但因为九二是阳爻，代表刚强，它能够准确地把握住机会，以正确的方式应对危险。九二虽在危险之中，与之相比的初六、六三都不正，但是它有"求小得"的机会，只要谦虚谨慎，就可以取得成功。象曰：求小得，未出中也。九二是阳爻，代表刚强，但它处于两个阴爻之间，处于危险之中。虽然通过谨慎和谦虚可以获得一些小的成功，但这并不意味着已经完全摆脱了危险。

六三，来之坎坎，险且枕，入于坎窞，勿用：六三处于危险和困难之中，阴爻（代表柔弱）不处于正位，下险之上，来入于下险，坎中之坎，"来之坎坎"，面临的困难和危险重重，且处境极为危险（险且枕）。无论是前进还是后退，都是危险的，甚至是停留在原地也是危险的。在这种情况下，最好的策略就是静静地等待，寻找机会，避免过多的行动，以免陷入更深的困境。象曰：来之坎坎，终无功也。象辞"来之坎坎"是全部爻辞"来之坎坎，险且枕，入于坎窞，勿用"的省略语，意为六三没有出险措施，不会出险，终无功也。

六四，樽酒簋，贰用缶，纳约自牖，终无咎：六四爻处于正确的位置，其行为符合当前的情况。六四爻虽然处于危险之中，但是它与九五爻（代表君王）有亲近的关系，可以通过交流和协商来解决问题。樽和簋都是盛装食物和酒的器具，而"缶"则是朴实无华的陶器，这象征着六四行为的诚实和纯粹。六四通过窗户来接受和达成约定（纳约自牖），这意味着六四采取简洁有效的行动，可以避免灾难。象曰：樽酒簋贰，刚柔际也。"樽酒簋贰"是爻辞"樽酒，簋贰，用缶"省略语，意思都是简洁纯诚，没有过多的修饰和浮华。这正是顺正大臣与刚中正之君在面临困难和危险（刚柔际）时，应该采取的态度和行为。只有这样，才能在困难中求得生存和发展，最终无过咎。

九五，坎不盈，祗既平，无咎：祗当为坻，在这里，"祗"有两个读音，分别是"zhī"和"dǐ"，并且有两种不同的含义。"祗"读"dǐ"时，表示水中的小洲或高地，而读"zhī"时表示敬仰。在这个爻的解释中，"祗"应该解读为"水中的小洲或高地"，也就是代表"六四"的符号。九五与六四有亲近的关系，即使九五位于危险的水中，但是因为有六四在下面，九五仍然可以与水面保持平衡，不会溺于水中，所以无过咎。象曰：坎不盈，中未大。九五仅限于"坎不盈"，但中道未得光大。因为借助坻六四只能既平。九五爻虽然处在危险的水中，但并没有被水淹没。它的行为还没有达到最理想的状态，因为九五爻过于依赖六四爻，所以只能保持平衡，而没有达到更高的境地。

上六，系用徽纆，寘于丛棘，三岁不得，凶：上六位于卦的顶部，但暗昧之极，在危险的境地中无所适从，有很大的过失，因此被以徽纆（粗大的绳索）捆绑。"徽纆"是由多股线组成的粗大的绳索，"徽"由三股线组成，"纆"由四股线组成。上六爻就像一个被捆绑、被囚禁在丛棘中的人，无法逃脱，处境非常艰难。这个人三年都无法脱离困境，所以是大凶之象。象曰：上六失道，凶三岁也。阴柔自处险极，有严重过失，至于丛棘三岁之凶不得免，终凶。

坎卦的提示意义：

（1）人生总会遭遇些坎险，只是险有大小先后。不存在终生不曾历险之人。随着涉越坎险，自身同时增长着学识才干。

（2）同一情况，对才德学识不济者为坎险，对才德学识足以济者是成就功业之机缘。是机缘还是坎险，只在才德学识所能胜任之近远。

（3）由此人生无它，只在法水之就下，专注一心，寻觅可能遭遇之坎险，修习涉越坎险所需学识才干，从而逐渐减少坎险。一定意义上，才德和功业都成于所历经之坎险。涉越坎险的同时，既成就了功业，同时增长了学识才干，从而变坎险为成就才德功业之机缘。

30

离卦：附丽中正

☲

离下离上

序卦：坎者陷也。陷必有所丽，故受之以《离》。离者丽也。坎义陷，陷于险难需有所附丽，自然之理。易以此坎后设离卦。离有二义，一是附丽，二是明。附丽取阴附于上下二阳。明取虚中，内虚，抛除自我主观，容纳对象，明对象。离以火为象，火体虚，附丽于物而明，又为日亦虚明象。

卦辞：离，利贞，亨。畜牝牛吉。

象曰：离，丽也。日月丽乎天，百谷草木丽乎土。重明以丽乎正，乃化成天下。柔丽乎中正故亨，是以畜牝牛吉也。

离丽也，日月丽乎天，百谷草木丽乎土：离，附丽。日月丽于天，百谷草木丽于土……万物莫不各有所丽，天地之中无无丽的存在。人当审其所丽，"丽"贞对情况解决问题则亨通。

重明以丽乎正，乃化成天下：重明—明对象本性，二明其所用，所用都贞对其本性实现其所能成。所有存在都有其附着，无一例外，都以明德中正化成天下文明。

柔丽乎中正故亨，是以畜牝牛吉也：二五柔顺丽于中正所以能亨通。如果人们能无限柔顺于中正之道，柔顺于真理就像温顺的母牛那样，就能准确地解决问题，结果会是吉利的。

大象曰：明两作，离。大人以继明照于四方。《离》卦的卦象是上下两个离卦相叠，表示光明重复出现，如日月交替照耀。明两作，离：光明重复不间断，这就是离卦的象征意义。有大德大智的人，由此领悟，要像日月一样，用光明的德行来照耀天下四方，不断地教化和引导众生，没有遗易。

六爻简释：

初九，履错然，敬之无咎：初九刚正处下，最开始不了解情况，所见交错无序，未清楚认识，如果以敬慎的态度，逐一梳理这些混乱的事情，最终能够清楚地认识到事情的真相，那么就不会有过错。"知大始"并非一见即知，而应该以谨慎的态度，根据情况需要，遵循原则，逐步梳理和处理，这样才能逐渐清楚地理解和应对。

象曰：履错之敬，以辟咎也。初见都是交错无序，所有人都如此。所谓阳刚知大始，是自觉于根据应用需要为原则梳理，贞对应用需要清楚认识，避免咎过。

六二，黄离，元吉：六五虽柔丽乎中但不得正（因为六五爻并不居于整个卦中间，而是上卦之中间），只能借助其他爻来达到中正。只有六二爻柔丽于中正，黄中色，能够准确正对情况，清晰美盛称黄离。以文明中正同于文明中顺之君，其明所丽准确正对情况，元吉。

象曰：黄离，元吉，得中道也。爻辞"黄离，元吉"义六二象贞中情况需要，准确亨通实现贞对情况之利。

九三，日昃之离，不鼓缶而歌，则大耋之嗟，凶：八纯卦二体象征义都相同，乾内外皆健，坤上下皆顺，震威震相继，巽上下顺随，坎重险相习，离二明继照，艮内外皆止，兑彼己相说。其中离卦人事意义最重要。爻辞"大耋之嗟"的"耋"读"dié"，指九十岁年龄。与之常同时出现的是"耄"，读"mào"，指八十岁年龄。都指老人。

九三下体之终，象征前明将尽后明来继，又象征人之始终，时之革易，称"日昃之离"，"昃"读"zè"，太阳偏西，逐渐降落没灭。九阳刚知大始，三下体之终，前明将尽如日下昃，喻所有存在都至盛必衰，始必有终，所谓"常道"，无不如此。通达"常道"的明哲以顺常为乐。缶最普通常用瓦器，"鼓缶而歌"意为凡合规律无不乐。不"鼓缶而歌"，尽管情况开始变坏，但却不采取行动去改变，只是空谈或者袖手旁观，只能是"大耋为嗟"，老年人的失望叹息（嗟叹意为忧伤，为凶）。象曰：日昃之离，何可久也。日既倾昃，明怎么可能持久呢。一人独自行事不能久明，有人继事能久，退处休息也是不错的选择，身体健康。这些都是顺应情况，避免失败的措施。

九四，突如其来如，焚如，死如，弃如：九四爻从离卦的下卦进入上卦，后者的光明继承了前者的光明。但是，因为九四爻的行为并不正当，它以强烈的方式压迫六五爻，就像突然出现的烈火一样，把六五爻置于死地，让它感觉被完全抛弃。象曰：突如其来如，无所容也。九四不仅不能顺承其君，反而突如其来侵陵其君，必遭人恶众弃，天下无所容处。

六五，出涕沱若，戚嗟若，吉：尽管六五爻处在尊贵的位置，但面临不正当的强迫和压迫，满脸泪水，忧伤叹息。尽管处于困境，但如果能够明智而顺应，提前谋划和采取行动，就有可能解决问题，结果将是吉利的。如果只是自满于自己的地位和能力，不知道恐惧，不提前谋划，那么就无法解决问题。这句说明所有的结果都取决于我们提前做出的选择，这是每个人都应该有的自觉。象曰：六五之吉，离王公也。六五贞对情况提前谋虑解决措施，准确解决问题吉利，是因其以虚中之明处王公尊位。

上九，王用出征，有嘉折首，获匪其丑，无咎：九阳刚在离卦之终，刚明之极。明可以照亮，可以看清是非善恶。刚可以决断，可以果决地贞对情况采取行动。王者应该出征，会得到嘉美之功，折获匪首，胁从不办，这样必无咎害。象曰：王用出征，以正邦也。王者用刚明上九察除天下邪恶以正治邦国，得以治。

31

咸卦：主动谦下

䷞

艮下兑上

序卦：有天地然后有万物，有万物然后有男女，有男女然后有夫妇，有夫妇然后有父子，有父子然后有君臣，有君臣然后有上下，有上下然后礼义有所错。

天地是自然世界万物之本，所以上经首为乾坤。下经讲人伦，夫妇是人伦之始，所以下经首《咸》卦，结成夫妇的原则和过程，继之以《恒》讲结成夫妇共同生活的不同职责，称礼仪。

卦辞：咸，亨利贞，取女吉。

彖传：咸，感也。柔上而刚下，二气感应以相与，止而说，男下女，是以亨利贞，取女吉也。天地感而万物化生，圣人感人心而天下和平，观其所感，而天地万物之情可见矣。

咸，感也。释卦名"咸"卦义"感"，感通。咸字与感字义并不相同。但咸卦意为感通，意为凡相对待存在多会相互影响产生作用，称为感应，感通。咸有"感"义，所以卦辞为"咸，感也"。卦名所以称"咸"不称"感"，本来相感通是因为有"心"，实际是现在的"思想"，古人称"心"。无心不能感，所以咸字加心字为感。但咸卦称咸不称感，指有心于感只是感通于心中相通的存在，而不能全感无不感。感无心为咸卦之感意指全感，无不感。

柔上而刚下，二气感应以相与，止而说，男下女，是以亨利贞，取女吉也：咸卦成于乾上坤下的否卦，不相交通的存在，刚知大始，认识相协为用亨通实现贞对情况之利，主动谦下，由上体上位下到下体三位，请下体六三到上体上位成上六，"刚下而柔上"，上成兑，愉悦。同时上九刚爻居下体三位成九三，下成艮止。上下体下艮止上兑悦，既象征本无关系处于否决状态的男女成婚过程，亦晓喻所有相协为用亨通实现贞对情况之利，都必然且只能是知大始的阳刚发动，主动谦下对能者以充分尊重的"刚下而柔上"，成就"二气感应以相与，止而说"，具体到成婚过程是"男下女"，结果九三上六都处正，象如此感通交互以正，"取女"吉利。也是成就所有交相为用亨通实现贞对情况之利的唯一过程。所有相协为用只能是"乾知大始"主动，对能者充分尊重以"正"，才能亨通实现贞对情况之利，"是以亨利贞，取女吉也"。

天地感而万物化生，圣人感人心而天下和平：由男女相感推扩上述感道普适于自然人事所有情况，自然天之气发动，感通地之气进而化生万物。圣人知大始，都以特长分工感通人心相协为用共成其事，造就天下和平发展繁荣……观天下所有交相感通，无不是知大始发动，具有技能者顺应以之实践，实际亨通实现贞对情况之利，成就天下和平繁荣。这就是天地万物感通的内在动因和外在情状，观其所感而天地万物之情可见矣。

大象曰：山上有泽，咸，君子以虚受人。象辞关键是以虚实现润泽。无论是润泽主体水，还是受润客体土都需以虚，水不虚，若刚实如刀斧进入只是破坏，何谈润泽。即使如洪水刚决进入破坏土地，主非润泽。土不虚若，刚实，水不能进入谈不上润泽。水能进入土，确证土以虚，不虚不能受纳。兑上六虚中象泽水，九四九五二阳象泽底土，看似实却受润，象有虚。下体九三一阳象土，下六二初六中虚，象水渗入土中润泽土。

六爻简释：

初六，咸其拇：拇，足大拇指。咸卦六爻都以人身取象，初最下六无知，不能主导，受制于思想躯体，象咸时脚拇指，不能实际移动身体位置，无实际意义不言吉凶。象曰：咸其拇，志在外也。初应四，象心志感于四。四位外体称初"志在外"。虽心志欲动至外，实际只是如拇指动，不能移动身体位置，身体仍处于原位。

六二，咸其腓，凶，居吉：六二下体之中象腓，小腿肚。阴无知只能随。应九五象欲躁动，动则失顺中正故凶。处顺中贞，居吉。六二爻处于下卦的中部，象征着小腿肚。阴没有知识，只能跟随。如果顺应九五爻的欲望和冲动，就会失去中正的态度，结果凶险。如果能够处顺中贞，那么结果吉利。象曰：虽凶居吉，顺不害也。爻辞"凶，居吉"，义指虽然可能出现不等待被征召，自我主动上前寻求被君王使用的不利情况。但如果能居顺中正，就能顺应君王的命令，不会因为自我主动上前而带来伤害。

九三，咸其股，执其随。往吝：九三刚正下体之上称股，即刚固的腰胯称"咸其股"。这种刚固的状态不能主导行动，只能依赖下面的脚来移动。由于所依赖的是下面的小腿，九三所依赖的既小又在下，随之行动会带来困扰和痛苦。象曰：咸其股，亦不处也。志在随人，所执下也。所以称九三"亦不处"，由于初爻、六二两爻阴柔无知，都盲目躁动很正常。九三刚正果决知大始能贞对情况，艮止之主，如果其随无知在下阴柔失本职，或者上应事外无知上六，都表明它所坚持的方向太过狭隘和短视，不能履行本职要求。爻辞"随往吝"和象辞"所执下"都指此义。

九四，贞吉悔亡，憧憧往来，朋从尔思：九四股之上，象征感通中心，咸通之主，如果能保持贞正，根据情况决定行动，那么结果将是通达无阻。然而，如果九四阳爻处在阴位，不正之意，如果不能保持贞正，反而犹豫不决，频繁地考虑朋友们是否会跟随，可能会遭遇到难以预料的悔恨。如果能果断地保持贞正，根据情况决定行动，那么结果吉利，没有悔恨。象曰：贞吉悔亡，未感害也。憧憧往来，未光大也。爻辞"贞吉悔亡"和"朋从尔思"都是提示，意思为如果你没有被自己的过度思考和犹豫所困扰，能够根据情况保持贞正地行动，那么你就能顺利实现目标，不会有任何悔恨。如果你总是在思考和犹豫不决，那么你就无法准确地认识到情况，也无法充分地发挥你的能力和智慧。

九五，咸其脢，无悔：四之上，脢指的是紧邻颈部的夹脊肉。阳刚居尊当以至诚感天下。应二比上好像牵系六二又取悦上六，所感偏私浅狭，非人君以正大光明感天下，当有悔咎。但夹脊肉在背后，人所不见，若人君不被私欲所动，所感根据真相，则为人君感天下之正而无悔。象曰：咸其脢，志末也。爻辞"咸其脢"义九五毕竟悦体，应二比上，象感通心志浅末，总需警示才能无悔。凡有疏失未能警示，可能有悔咎。

上六，咸其辅颊舌：辅，辅助，颊面颊，舌，口舌，言语用。咸其辅颊舌，都是言语和表情。阴柔说之上，说之主，咸至上虽欲感物之极，却只能发于口舌，并非至诚的方式。象曰：咸其辅颊舌，滕口说也。爻辞"咸其辅颊舌"义为"滕口说"，只以口舌奔腾不停言说，没有实际意义，不可能感通相协为用亨通实现贞对情况之利。

恒卦：助益恒久

巽下震上

序卦：夫妇之道不可以不久也，故受之以《恒》。恒，久也。夫妇当恒久。要恒久，就应该根据特长尽其责任，顺利解决家庭需解决的问题。易以此于咸卦后设恒卦。恒，震上巽下，长男在长女上，象征长男承担家庭的主要责任。又象男外女内，以"乾知大始，坤做成物，象也者象此者也，爻也者效此者也"原则，家内多是常规事，少有变动，长女具有技能，主导家内事有利。家外事相对多有情况变化，知大始长男主导有利，以此利于恒久。又象征自然雷风相与，上下体六爻刚柔相应，都象征相互助益，利于恒久之义。

卦辞：恒亨，无咎，利贞，利有攸往。

彖传：恒，久也。刚上而柔下，雷风相与，巽而动，刚柔皆应，恒。恒亨无咎，利贞，久于其道也。天地之道，恒久而不已也。利有攸往，终则有始也。日月得天而能久照，四时变化而能久成，圣人久于其道而天下化成。观其所恒，而天地万物之情可见矣。

恒，久也。刚上而柔下，雷风相与，巽而动，刚柔皆应，恒：恒义长久。刚上而柔下指乾初九向上居四位，坤六四向下居初爻，刚爻上柔爻下，易处成震上巽下，具有知大始的决策能力，又具有技能执行，这为恒久之道。雷风相与相助益，二体下巽顺上震动，以巽动，能恒久。六爻上下刚柔皆应，亦象能恒久。

恒亨，无咎，利贞，久于其道也：上述所以是措施恒久贞对情况，亨通有利无咎过之道。

天地之道恒久而不已也，利有攸往，终则有始也：天地所以恒久不已是因为天地总是根据恒久之道运行。天地的恒久之道一是总贞对情况动，不贞对情况不能亨通实现贞对情况之利。二是总动不止，不动不能恒久。三是没有亨通实现贞对情况之利措施，则贞对情况重新开启亨通实现贞对情况之利措施的新领域，利有攸往，终则有始也。

日月得天而能久照，四时变化而能久成，圣人久于其道而天下化成，观其所恒而天地万物之情可见矣：日月顺天道往来盈缩能久照而不已，四时总适时益万物变化能持久成就万物，圣人总根据贞对情况施益万物之道化成万物……观所有能恒久存在，即可见天地万物之情状。这情况看似千差万别，不过是贞对情况亨通实现贞对情况之利。具有能动能力的人，其要不过认识情况需解决的问题谋虑解决措施，以之补益学识技能。情况明确，具备学识技能，不过根据学识制定措施，利用技能执行完成而已。

大象曰：雷风恒，君子以立不易方。恒卦提示贞对情况相助益能恒久，相妨害不能恒久，由此君子总致力于根据责任需要修习才德，选择协作对象，根据才能履行责任相协为用，这是君子恒久不易的当立之方。

六爻简释：

初六，浚恒。贞凶，无攸利：于恒时，初六阴爻居下方不正，应四正，欲与九四相应。九四虽不正，但九四是阳震之主，欲与上相应，不想与下应。初六至九四又历经九二、九三二个刚爻，于恒时，初六与九四相应需要疏通诸多阻碍，固执应四称"浚恒"，恒久处于疏通阻碍中，几不可能实现，结果凶险，没有任何好处。象曰：浚恒之凶，始求深也。初六位于恒卦的第一爻，只看到应该与九四爻相应，却没有看到应四需要恒久清除阻碍的困难，这是无法解决的。这种无知导致了对深入追求的过度期望，从而造成了凶险状态。

九二，悔亡：九二阳爻处阴位，当有悔，但因其恒久处中，行为准确正中情况，不会出现不正之悔，悔亡。象曰：九二悔亡，能久中也。九二不正之悔所以消失，因为其恒久知大始，行为恒久准确正中情况，行为持续准确，所以悔恨消失。

九三，不恒其德，或承之羞，贞吝：三虽刚正但过刚不中，应上六，象征舍弃持久保持刚正的德行，转而选择不正当的行为。无法长久地保持刚正的德行，可能需要长久地承受因无知和不正当行为带来的羞愧。九三想应"上"的欲望是毫无见识的狭隘。象曰：不恒其德，无所容也。九三爻只是盲目地坚决应上面的爻，不能持久地保持刚正的德行，反而想要追求不正当的行为。它处于两个刚爻（二和四）之间，无论是前进还是后退，都没有容身之地。

九四，田无禽：九四爻是知大始的阳爻，应该制定政令，但却长久地处在执行完成的位置，不能胜任。就如同长久地在没有鸟禽的田野中猎取，不会有收获。象曰：久非其位，安得禽也。如果责任的承担长久地与自己的才能不符，怎么可能履行自己的责任呢？

六五，恒其德贞，贞妇人吉，夫子凶：六五恒久都顺应中正，准确执行完成任务，坚守美德，这样的妇人吉祥。六五处刚中至尊之位，责任是根据实际情况制定政令，这种责任一般是由知大始的男子承担。但是六五爻承担这个男子的责任，却不能胜任，因此，这个位置的男子凶险。象曰：妇人贞吉，从一而终也。夫子制义，从妇凶也。六五顺中，准确根据阳刚规定执行完成，妇人能坚守初心，始终如一地顺从阳刚，是吉祥的。六五的位责任是制定政令，只能知大始的阳刚堪任，夫子制义，若顺从行牝马之贞的妇人六五必不胜任，从妇凶也。

上六，振恒，凶：上六居恒极又震终，恒极则不常，震终则速动，阴柔不能固守，居上非所安，称振恒，振意思为抖动。如果一个事物长时间处于一个不稳定的高位，那么这种状态终将结束，而这种结束可能会带来不好的结果。象曰：振恒在上，大无功也。这种长期处于不稳定状态的事物或者情况，尤其是在重要的位置或者角色，是无法带来有益的结果的。

33

遁卦：远害不恶

艮下乾上

序卦：恒者久也。物不可以久居其所，故受之以《遁》。恒义久。一切存在都在不断变化，没有永恒不变的东西，变化就意味着有时要退缩逃避，所以《易经》把遁卦安排在恒卦之后。遁就是退缩、躲藏、离去的意思。遁卦由乾卦（天）上艮卦（山）下组成，像是天下面有一座山。天在上面是乾卦的形象，《易经》用乾卦来表示认识和解决问题的能力和进取心。山在地面高高耸起不动弹。人爬山，随着爬得越高，和天的距离总是一样的，好像随着爬高，天也跟着往上退去一样。还像是山高耸突出，天不愿意靠近而往后退去一样。这个卦里有两个阴爻从下面生长起来要盛极而衰，阳爻逐渐消失，寓意古代人认为的小人势力日盛，君子就要谨慎退让一样。

卦辞：遁亨。小利贞。

彖曰：遁亨，遁而亨也。刚当位而应，与时行也。小利贞，浸而长也。遁之时义大矣哉。

遁亨，遁而亨也：遁卦象征小人害君子，君子不遁则被害，遁避免害就是亨。遁而亨也。

刚当位而应，与时行也：九五处尊位刚当位，六二应六五而应。两层意思，一是阳刚君子未必遁退，二是决定遁退能安全遁退。知大始君子贞对情况选择，"与时行"。

小利贞，浸而长也：遁以二阴长成卦，以四阳遁称遁。易为君子谋，卦名以阳为主，故"时义"当以阳遁为大。遁互卦上乾下巽，象征内卦未必一定艮止，应该巽顺亨通实现贞对情况之利机会，逐渐积累力量，"小利贞"。因阴爻是逐步增长的，"浸而长"，阳刚会有"小利贞"机会。

遁之时义大矣哉：遁之时义大"是上述总结，包括"遁而亨，与时行，小利贞"全部。总之是根据"互卦象征内巽外乾"，内在有意识巽顺外在亨通实现贞对情况之利机会。

大象曰：天下有山遁，君子以远小人，不恶而严。遁义逃隐，远去不见。人登山观天，天空总是和人保持一样的高度。君子的识见和天空一样高远，小人的行为和山止于既有高度。山在地面高高耸起不动弹。君子的见识能够随着时势变化而达到成功和正义。山只能停留在原地不变化，所以小人的阴谋诡计永远也比不上君子的成功和正义。君子总能巽顺以乾，远离悖逆动态情况，遇到小人远离小人，不以恶意对待小人，但要保持自己的威严和正道，使小人敬畏而不敢侵犯。

六爻简释：

初六，遁尾厉，勿用有攸往：在其他卦中，初六爻通常处于卦的开始或者底部，但在遁卦中，初六爻却处于卦的尾部，这是因为遁卦的本意是退避或遁走，所以初六爻相当于在遁卦的行动中落在了最后，这样的位置是危险的。初六爻处于柔弱的位置，应当保持低调和谨慎，不要冒进或者采取可能带来危险的行动。如果能够这样做，那么就可以避免灾难。象曰：遁尾之厉，不往何灾也。遁尾往有危。微不往而晦藏可免灾。

六二，执之用黄牛之革，莫之胜说：遁卦的第二爻和第五爻虽然位置上相距较远，但他们在性质上却是相互顺应、亲合，他们的交流非常稳固。黄中色，牛顺物，革坚固，也即六二和九五他们都中正、顺道、互相固守的他们的关系就像牛革一样坚固，非常值得赞扬，无人能胜。象曰：执用黄牛，固志也。九五以中顺之道固结，六二心志坚如牛革，非常坚定。

九三，系遁，有疾厉，畜臣妾，吉：遁强调的是快速或及时的遁退，如果在遁退过程中遇到束缚或阻碍，就需要立即处理，否则可能会带来危险。九三亲比牵系六二，使得他们形成了一种紧密的联系或者束缚。臣妾或者下属可能会因为私恩而对上级产生依赖或者感情，因此，通过畜养或照顾他们来赢得他们的心可获吉祥。君子在待人接物时，应该明辨轻重缓急，对待小人也应保持公正和公平，不能因为私情而偏袒。象曰：系遁之厉，有疾惫也。畜臣妾吉，不可大事也。爻辞"系遁，有疾厉"意为退遁有牵系必造成极度疲惫。爻辞"畜臣妾吉"指当退遁有牵系，照顾臣妾或者下属是吉利的，但"不可大事"，不能忽视更大的责任和任务。

九四，好遁，君子吉，小人否：四初正应，君子有好爱。君子虽有好爱，但他仍然会以道德为准则，没有疑虑，用道德来约束他的欲望，君子吉。而小人可能因为私欲或者偏爱而陷入困境，小人否。象曰：君子好遁，小人否也。君子虽有好爱，能遁不失义。小人不能胜私意，小人否也。

九五，嘉遁，贞吉：九五、六二刚柔中正相应，果决准确进行嘉美退遁，吉利。坚守正道并根据实际情况作出反应，吉利。象曰：嘉遁贞吉，以正志也。居中得正应中正，说明九五其志正，所以吉。人的一切行为都需要符合时宜。要做到符合时宜，就要做到三点：一是准确地了解情况，二是根据学识制定恰当的措施，三是用技能执行到底。

上九，肥遁无不利：肥意为宽裕。遁远逝，无所系滞最有利。上九乾体刚断，在事外下无系应，无牵绊，退遁环境宽裕，称"肥遁，无不利"。象曰：肥遁，无不利，无所疑也。在外已远离是非，无应无系累，刚决无所疑。

遁卦的提示意义：

（1）日有出落，月有圆缺，人有顺逆。君子知时，随时进退，合天理自然。

（2）遁而亨，人确有"身不遁，道不亨"之时。凡是只有隐遁才能道亨之时，需要义无反顾选择身遁，适时隐遁才能使君子之道得以亨通。

（3）人世不会皆君子，亦不会皆小人。时势在转换，无论共处小人还是君子，都是常态。即使处小人得势环境，亦不必垂头丧气，不过暂时不能做事而已，更有机会用心于提高学识，增益才德。即使不能做事，增益才能也合其心志。

（4）处小人之道不恶而严，对个人的影响还不算太大。凡处不可挽回之世，或以汉张良，唐李泌为榜样，行而远之。

34

大壮：非礼勿履

☰☰

乾下震上

序卦：遁者退也。物不可以终遁，故受之以《大壮》。

遁，退去。壮，进盛。遁卦阴长阳遁。大壮阳进，阳刚壮盛。易以阴阳既相互对立，又相互依存，阴不能无阳，阳不能无阴。遁象征阴长阳遁，故继之以阳刚壮盛，大壮。易以阴阳知能相协为用解决问题，故无论阴阳，衰转盛，盛转衰。如没有认识如何行动有意义，就不会行动。只有认识如何行动，不能执行完成，认识不能成为实际存在，同样无意义。

大壮为卦，震上乾下，雷在天上，以亨通实现贞对情况之利措施行动，成功壮盛。卦四阳二阴，刚阳过中刚大壮盛。又象雷在天上威震，阳刚壮盛。

卦辞：大壮，利贞。

象曰：大壮，大者壮也；刚以动故壮。大壮，利贞，大者正也。正大而天地之情可见矣。

大壮，大者壮也，刚以动故壮：以卦象释卦名。易以阴小阳大，大壮上震下乾，阳刚壮盛，以"亨通实现贞对情况之利"措施行动，此种行动就能亨通，就能实现贞对情况之利，"刚以动故壮"。

大壮，利贞，大者正也：大壮外震内乾，象征外以内认识的"亨通实现贞对情况之利措施"动，阳刚知大始的大者正也。

正大而天地之情可见矣："天地之情"就是"乾坤阴阳相协为用情状"，也就是阳刚制定"亨通实现贞对情况之利措施"，阴柔以阳刚制订措施行以牝马之贞执行完成，实际亨通实现贞对情况之利。

大象曰：雷在天上，大壮，君子以非礼勿履。

雷在天上，大壮：大壮上震下乾，"雷在天上，动在乾上"，外之动以亨通实现贞对情况之利措施，结果实际亨通实现贞对情况之利，大壮之义。

君子以非礼勿履：礼指周礼，孔子作传时认为包括了所有情况的制度，根据这些制度行动都贞对情况解决问题。"非礼勿履"是反向说，义行以"礼"，必然亨通实现贞对情况之利。

六爻简释：

初九壮于趾，征凶，有孚：初九爻是阳爻，处在大壮最底部，象征着强硬或者积极的行动。这种行动可能过于强硬，就像脚趾头一样硬，不合适，会带来不好的结果。有孚（有信任或信念）反而会导致过于坚定或者过于固执，导致不好的结果。象曰：壮于趾，其孚穷也。最下用壮行，必信陷于穷困之凶。因为过于强硬或者积极，可能会导致陷入困境，使得信任耗尽。这是一种警告，提醒人们刚开始壮大力量不够时，要避免过于强硬或者过于积极，以免导致困境，丧失信用。

九二，贞吉：九二爻是阳刚壮盛的时期，九二处于阴位，阳刚、阴柔得到平衡，没有过度壮盛，所以贞吉。阳爻处于"二"位似乎不正，但只要行为符合时机和情境要求，就是贞吉的。这也确证在易经中，识别和适应时机非常重要，识时则知易。象曰：九二贞吉，以中也。九二所以贞正而吉，以其行中道。中必正，何况阳刚乾体刚中，必然准确贞对情况。

九三，小人用壮，君子用罔，贞厉。羝羊触藩，羸其角：九三是乾体之终，以刚居刚，刚壮之极。若无知小人处壮极一定会滥用自己的力量。而如果是君子就不用刚壮，用罔（"罔"，谦逊、退让）。但是九三爻虽然刚正，也要警惕危险，不要像公羊那样用角去撞篱笆，否则会被缠住而无法脱身。从爻象很难确定断定九三是否用刚壮，但爻辞警示不要用刚壮。这段话告诫我们，在强盛的时候，要有节制和谨慎，不要傲慢或冒进，否则会招来灾祸。象曰：小人用壮，君子罔也。无知小人用刚壮，九三刚正君子，虽或有过，不会执意用刚壮。

九四，贞吉悔亡，藩决不羸，壮于大舆之輹：九四爻处于刚壮之极的时候，如果能够以刚居阴，不过分强硬，就能得到吉祥，没有后悔。就像公羊把篱笆撞开了，没有被卡住，而是更加强壮。或者像大车的轮辐很结实，使车行顺利，更加壮盛。象曰：藩决不羸，尚往也。困境已经被决定或者解决，没有困扰或困境，但是还需要继续前进或者行动。这是一种鼓励，提醒人们在解决困境后，不能止步，需要继续前进或者行动。

六五，丧羊于易，无悔：羊群行动的特性可能是过于积极或者强硬，习惯于突破阻碍。在这个卦中，四个阳爻并进，而六五爻以阴柔的特性居于尊位。在这种情况下，如果以强硬的方式来治理，就无法阻止四阳并进。因此，六五爻只能放弃其刚硬或者积极的特性，与《易经》的指导相和，这样做无需后悔。象曰：丧羊于易，位不当也。六五爻以阴爻居于阳位，不适合用刚强的态度去治理下面的四个阳爻，因为那样会引起反抗或冲突，还可能自取灾祸，所以六五爻只能用柔顺和和气的方式去相处，就像羊在和气中丧失了强壮一样，这样做不会后悔。如果五爻是阳爻居于阳位，就是刚正之道，下面的四个阳爻也不会觉得自己刚壮，而是会顺从和敬畏。六五爻之所以位不当，就是因为它是阴爻而不是阳爻。

上六，羝羊触藩，不能退，不能遂。无攸利，艰则吉：上六爻是阴爻，处在震卦的最后一位，刚壮之极。如果是无知之人，就会过分用力，而不知道自己的能力和阻碍。就像公羊用角去撞篱笆，结果进退两难，既不能前进，也不能后退。这时候没有什么好处，只有危险。原因可能是由于阴柔的无知，不能准确地估计自己的能力和面临的阻碍。但是，如果能够充分估计困难，并留有余地，就不会出现不能解决的问题。象曰：不能退不能遂，不详也。艰则吉，咎不长也。所以"不能退不能遂"，是不详审自己能力能否胜任解决问题。一旦自觉于先审视实现目的艰难，并据此准备解决措施，那么错误或者问题（"咎"）不会持续太久，这就是"咎不长也"

35

晋卦：自昭明德

䷢

坤下离上

序卦：物不可以终壮，故受之以《晋》，晋者，进也。几不存在刚壮终止情况。凡刚壮有能力必致力于进取。周易因此在大壮后设晋卦。晋卦离在坤上，明出地上。日出地，升益明为晋。晋意为进而光明盛大。

卦辞：晋，康侯用锡马蕃庶，昼日三接。

彖曰：晋，进也。明出地上，顺而丽乎大明，柔进而上行，是以康侯用锡马蕃庶，昼日三接也。晋卦表示因明德而进步和隆盛。明出于地，顺明进，进成就宏大隆盛为晋。所以称"晋"不称"进"，"进"为前进，无"隆盛"宏大义。明在地上，离在坤上，坤丽于离，顺丽于大明，顺德之臣附于大明之君，柔进而上行，上行指"明"，"进"得治理水平。凡卦离在上，柔居君位，多称"柔进而上行"，噬嗑、睽、鼎都如此。晋卦的主爻是六五，它是柔爻居于君位，表明君主温和而有德行，能够顺从大明之道，待下有恩，赏赐有度，能够得到康侯的尊敬和忠诚。康侯是指能够安民治国的诸侯。康侯得到天子赐予的马匹和丰饶的物资，一天之内多次被天子接见和赏赐，这说明天子对康侯非常宠爱和亲近。晋卦用康侯来象征那些顺从大明之君的诸侯，他们都是治理自己国家的主人，而不是辅佐天子的公卿。

大象曰：明出地上，晋。君子以自昭明德。自昭，自我致力于清楚认识，包括对象是什么，自己的优点和缺点是什么，以及应该如何改进。君子不懈致力于认识情况需解决的问题及解决措施，在致力于认识具体问题同时，总结汇聚，提高认识能力。

六爻简释：

初六，晋如，摧如，贞吉。罔孚，裕无咎：初六爻处于晋之下，晋之始，与九四相应想要升进，晋如。但其位置不正，与九四相应也不正，而且受二爻、三爻阻隔，无法前进，这就是"摧如"的意思。在这种情况下，需要坚守正道并且准确评估自己的学识和能力，才能成功地前进。如果位置不正，就无法得到信任，这就是"罔孚"的意思。所有的问题都需要在条件充足的情况下才能解决，"裕无咎"。象曰：晋如摧如，独行正也。裕无咎，未受命也。即使升进遭遇挫折也只以升进正道，致力于提高任事才能，独行正也。才能超越责任需要没有咎过，只可能当下未受命升进。一旦遇到唯有自己能解决的问题，必会得到晋升之命。

六二，晋如愁如，贞吉。受兹介福，于其王母：六二爻本身顺从中正，有学识才能，符合晋升条件，"晋如"，但由于卦中的坎艮互换，导致六二爻面临困难，可能需要停止前进。在这种情况下，需要坚守正道并且准确地规划解决措施，才能成功地前进。同时，六二爻能够在其王母（这里可能指的是九四爻或者六五爻）的帮助下，接受这个大福，并且得到升进。

爻象能"受兹介福，于其王母"，"兹"义"这，此"；"介"义"大"。"受兹介福"，六二能得晋升的大福，因"于其王母"，王指九四，互坎艮中的艮上位，艮之主象"王"，可决定是否艮止。六五在九四上称"王母"。六二与"互坎尊位"九四之母"六五"

处应位，六五了解六二顺中正，准确贞对升晋条件。六四不再艮止，开启升进，六二"受兹介福，于其王母"得升进。象曰：受兹介福，以中正也。六二爻能够享受晋升的大福气，是因为他顺从中正之道，能够根据实际情况做出正确的判断和行动。六二爻得到了六五爻的任用和信任，并不是仅仅因为他与六五爻相应，而是因为他有学识才能，能够解决问题。六三爻和九四爻都是不正之人，他们不能认识到六二爻的价值和意义。只有六五爻是至尊之位，他与六二爻处于应位关系，他了解六二爻的顺从中正，能够准确地顺应情况解决问题。所以六二爻"受兹介福以中正也"。

六三，众允，悔亡：六三爻虽然处于非正的位置，可能会有后悔，但六三处于顺体最上爻，顺之极，下体的三阴爻也都顺上，六三顺从上级，大众都同意或者支持。而且六三非常清晰、明确地顺从上级指示，无悔。象曰：众允之，志上行也。下体众阴心志都同意跟着上级行动，顺丽大明。

九四，晋如鼫鼠，贞厉：鼫鼠，亦称"大飞鼠"或"五技鼠"，能飞不能上屋，能爬不能上树，能游不能过涧，能挖洞不能掩身，能走不能先人。技艺虽多都无意义，难能摆脱窘困。九居四非其位为贪据，贪处高位不能安处。三阴在下必进，四畏忌，贞厉。象曰：鼫鼠贞厉，位不当也。所以称九四象"鼫鼠"，贪婪权势，畏惧失去，行不当。

六五，悔亡，失得勿恤，往吉，无不利：六五以柔居尊可能会有悔。但因其虚中大明，下体坤顺都顺附，所以悔亡。下属都顺符其明，是因为六五能准确根据才能委任职务，不正之悔亡。既然六五都根据才能准确委任职务，则"失得勿恤"，必得而无失，往吉，无不利。象曰：失得勿恤，往有庆也："失得勿恤"是省略语，不要为失去或得到的事情而忧愁，前往的路上有喜庆之事。这句话是说六五爻虚心中正，不把自己的主观意志强加于他人，而是准确地接纳和任用他人的才能和意见，不去在意其他的得失，这样就能够得到成功和吉祥，"往有庆"。

上九，晋其角。维用伐邑，厉吉无咎，贞吝：上九刚居晋极，就像角一样。由于它已经达到了刚猛极点，可能会过于强硬或者猛烈。在这种情况下，只能勉强用来攻击私人的城邑，虽然有些严厉，但是多数情况下能够解决问题，所以吉祥、没有错误。然而，由于过于强硬，可能在面对不同的情况时，采取相应的策略可能有些困难，这就是"贞吝"的意思。象曰：维用伐邑，道未光也。只能用于治理私邑，治道未得光大运用，缺乏普适意义。

附录

康叔，又称卫康叔、康叔封，生卒年不详，姬姓，卫氏，名封，周文王姬昌与正妻太姒所生第九子，周武王姬发同母弟，因获封畿内之地康国（今河南禹州西北），故称康叔或康叔封。卫国第一代国君。

周成王即位后，发生三监之乱，康叔参与平定叛乱，因功改封于殷商故都朝歌（今河南淇县），建立卫国，成为卫国第一任国君。康叔赴任时，其兄周公旦作《康诰》《酒诰》《梓材》，作为康叔治国法则，并告诫康叔，务必明德宽刑、爱护百姓，向殷商故地贤豪长者询问殷商兴亡之道。康叔统治有方，很快使卫国经济繁荣、社会稳定、百姓安居，成为卫国和卫姓的始祖。

周成王年长后，鉴于康叔治国有方，卓越政绩，于是提拔他担任西周司寇之职，掌管刑狱、诉讼等事务。康叔秉公执法，成功维护西周的政权稳定。周成王为表彰康叔辅佐之功，赐给他宝器、祭器等物。康叔死后，其子卫康伯继位。

"康侯",指周武王之弟卫康叔,"锡"是"赐","蕃"是"繁多","庶"是"众多","接"是"接见"。"用"的例子有"作用""功用""效用""利用""用于",等等。古时候没有标点符号,如果加逗号于"用"后,则成"康侯用,锡马蕃庶,昼日三接",意思是,"为了让康侯发挥作用,赐了很多车马,一日接见三次"。如果逗号在"用"前,则成"为了让康侯发挥作用,用了赐予很多车马,一日接见三次的方法"。不论逗号在前或在后,这个"用"字表明"康侯"受晋是被动的。"三",为什么一日之内要接见三次?说明接见一次不行,接见二次不够,非得接见三次不可。有求于康侯,依附于康侯,一次又一次加赐车马,一日之内赐了三次车马,赐的车马已经很多,康侯是否同意发挥作用呢?不知道,卦辞没有说。康侯是个形象,用这个形象代表主方。谁赐康侯车马?是王,在这里,指客方。客方依附主方,给了主方很多好处,希望主方起更好的作用。主方被客方所晋。晋对主方不一定是好事,晋卦有五个爻不当位,表明形势不是很有利于主方。从字面解释,卦辞的意思很简单:康侯受赐很多车马,一日被接见三次。但是,结合卦的结构,深入分析,就可以看出深一层的意思,主方既要顺从客方,也要审时度势(一般,别卦的卦辞以判断词为主。晋卦的卦辞中引用了历史典故,没有判断辞。与其他卦的卦辞风格相比大不同,可能在周文王以后有所修改)。

明夷：用晦而明

离下坤上

序卦：进必有所伤，故受之以《明夷》。夷者，伤也。晋义进。进多有阻碍，克服阻碍难免有所伤，故晋卦后设明夷。夷义伤。明夷坤上离下，象明入地中。晋卦上下体倒易成明夷，故卦义与晋相反。晋象明君在上群臣并进，明夷象暗君在上明者被伤。又像日入地中，明被伤故昏暗，明夷。

卦辞：明夷，利艰贞。

象曰：明入地中，明夷。内文明而外柔顺，以蒙大难，文王以之。利艰贞，晦其明也。内难而能正其志，箕子以之。

明入地中，明夷。内文明而外柔顺，以蒙大难，文王以之：明入于地其明灭为明夷。内卦离象征文明，外卦坤象征柔顺，就像人内有文明之德，外能行柔顺。当年文王就是这样，故称文王以之。指商纣昏暗的明夷之时，文王内有文明之德，外柔顺事纣，蒙犯大难内不失明圣，外得以远祸患。文王所用之道，称文王以之。

利艰贞，晦其明也。内难而能正其志，箕子以之：明夷之时，利于晦藏其明，处艰厄不失贞正。不晦其明遭祸患，不守其正非贤明。当纣之时，箕子商纣叔父近亲遭遇内难。箕子藏晦其明，自守其志，称箕子以之。

大象曰：明入地中，明夷。君子以莅众，用晦而明。夷，读 yí，最早见于金文，本义"讨平、平定"，引申为"除去、诛灭"等，再引申为平坦，平安、平和……象辞"明入地中"是卦象的解释说明，再无其他意义。而"明夷"却是"明哲"被"讨平、平定"，"除去、诛灭"等，目的是"平坦，平安、平和"。处于"明夷"环境，"君子以莅众"的措施是"用晦而明"，未言之义"用明是晦"，"用晦是明"，所以当此只能"用晦"，不能"用明"。

六爻简释：

初九，明夷于飞，垂其翼。君子于行，三日不食。有攸往，主人有言：暗君在上，伤害贤臣，使得初九不得上。初九，伤明之始，九阳明上升象征飞。君子知大始，"于飞垂其翼"表示初九已经丧失行动能力，不可能离开。"于行，三日不食"一表示其丧失行动能力，二也无法领到俸禄。这时初九需要示弱顺从，避免被夷伤，到更重要的地方。此时，有权威人物给出了建议或命令，君子不会因为世俗的看法而迟疑不决。象曰：君子于行，义不食也。君子困穷则离开，义当如此。不食不受俸禄也合乎义。

六二，明夷，夷于左股。用拯马壮，吉：六二明体之中，明之主，明中正，准确明。明夷凡明必伤，即使周密预防，也难能完全避免，为避免深害，"夷于左股"。股即大腿，行路大腿较足和小腿间接，又是左边较右少用。"夷于左股"表示所伤不致不能行动，措施贞对情况，当如壮健之马飞奔那样及时离开。象曰：六二之吉，顺以则也。六二顺中正，准确根据规则行动，即使处伤明之时，既能避免被伤，又贞对情况履行责任，顺中正吉。

九三，明夷于南狩，得其大首。不可疾贞：九三离之上，明之极，以刚处刚，刚正，正应上六。上六坤之上，夷明之极。九三象征以刚正之明擒获伤明大首上六。南意为前方、明方，狩意为畋猎，去害。九三明体刚正，象征能克获夷伤明哲的魁首上六。不可疾贞，擒获首恶当迅疾，然而，不能期待能够迅速地革除旧染污俗，需要耐心和时间，去除旧的污点和恶俗需要渐进的过程。象曰：南狩之志，乃大得也。南义明，狩义狩猎除害，在南方狩猎，九三爻刚正，有大获全胜的心志，目标是除去像上六这样的野兽。

六四，入于左腹，获明夷之心，于出门庭：六四爻出明体始入坤体，说卦传有"坤以藏之"，坤为储藏之地称"腹"，腹主储藏。"入于左腹"，左指多数人不用，左腹指多数人不掌握的信息。"获明夷之心，于出门庭"，意为六四顺正，获得了多数人未掌握的夷伤明哲的信息，于是出门庭不参与夷伤明哲。象曰：入于左腹，获心意也。爻辞"入于左腹"是"六四入于左腹，获明夷之心，于出门庭"的省略语，意为"六四掌握了阴暗伤明的信息"，无力挽救，只有不参与夷伤明哲。

六五，箕子之明夷，利贞：周易多以五爻象征君位，又随情况变动。明夷上六爻是明夷之极，象征暗昧伤明之极，明夷之主。而六五爻顺中正，虽然不是明夷的主爻，但离伤害明哲的主导非常近，所以他可能会被伤害。因此，爻辞以箕子晦藏自己的才能和智慧以避免被害为例。箕子是商纣王的叔父，商朝末期的贤臣，因为不忍看到商纣王的暴政而佯狂为奴，后来被周武王封为箕侯。他晦藏自己的光彩，坚守正道，这就是"利贞"的含义。面对内部的困难，他能够保持正直的志向，行为坚守正道，从而躲过困境，获得贞对情况之利。象曰：箕子之贞，明不可息也。箕子为了避免商纣王的迫害，装作疯癫，隐藏了他的才能和智慧，但是他并没有丧失他的光明之德，他坚持了自己的正道和正义，这是一种无道时代的贞正之举，既显示了他的勇敢，也显示了他的智慧，他的光明之德永远流传于后世，不会消失或被遗忘。

上六，不明晦，初登于天，后入于地：上六爻本来应该有文明之德，能够照亮下面的人，但是他却顺从了明夷的原则，伤害了光明之人，失去了自己的光明之德，变得昏暗无知，这是不明晦的意思。上六最初升至高位，后失去光明之德，沦落到黑暗和邪恶的境地，这是后入于地的意思。象曰：初登于天，照四国也。后入于地，失则也。初登于天，是指上六爻像太阳一样升到了天空，能够照耀四方，表明他有文明之德，能够为下面的人带来光明。后入于地，是指上六爻像太阳一样降到了地下，失去了光明之德，变得昏暗无知，伤害了光明之人，完全违背了居上位应有的正道和正义。

家人：虚中家治

离下巽上

序卦：伤于外者必反于家，故受之以《家人》。家人卦阐述家内人相处原则和追求结果，包括"父子亲情，夫妇和义，尊卑长幼之序，伦理之正，恩义笃实"。既是家人相处之道，也是追求结果。家人卦象内离外巽，离象火，外卦巽。内明外巽，内在明情况，继之基于所明情况制定亨通实现贞对情况之利措施。巽顺亨通实现贞对情况之利的措施，以之行以牝马之贞执行完成，实际亨通实现贞对情况之利。以上二者家道繁盛，兴旺。

九五、六二分别象征男女分处外体内体正中之位，六二内虚中，能容纳情况所以明，明情况需解决问题和解决措施。外在结果巽顺内在措施，执行措施产生就像风吹实际造成相应结果。"二与五正男女之位于内外"，家人卦所表达的人文意义是，在家庭生活中要以虚心中正的态度去消除自己的主观偏见，去接纳和理解外在的人和事，然后根据清楚的情况和目标去采取适当的行动，从而使家庭和睦幸福。

人认识并具有处理家事能力才能处理家事，能处理家事才可能治理国家，乃至于治天下，使天下治。从认识和行为的角度来看，无论是修身、治家、治国还是治天下，都遵循同样的原则，就是要虚心中正地了解和分析实际情况，根据情况确定需要解决的问题和采取的措施，然后按照措施去执行和实现解决问题的目标。

卦辞：家人，利女贞。卦辞"家人利女贞"指上下体分别象征长女、中女都顺正，女正。女正则家道正，爻象初九、九三、九五亦正，虽上九不正，但处于最外不涉事。"利女贞"意内正则外无不正。

象曰：家人，女正位乎内，男正位乎外，男女正，天地之大义也。家人有严君焉，父母之谓也。父父子子，兄兄弟弟，夫夫妇妇，而家道正，正家而天下定矣。

家人，女正位乎内，男正位乎外，男女正，天地之大义也：这是古人的认识。实际是九五刚明知大始，根据情况制定解决问题措施。六二具有技能，执行完成措施，都是根据特长履行责任，并且能够担当这样的责任，亨通实现贞对情况之利。

家人有严君焉，父母之谓也。父父子子，兄兄弟弟，夫夫妇妇，而家道正，正家而天下定矣：无论是父亲、子女、兄弟、丈夫还是妻子，都要认识到自己的责任，并且有履行自己责任的能力和意志，家道才正。

大象曰：风自火出，家人。君子以言有物而行有恒。

风自火出，家人：现代人都清楚，火燃烧空气膨胀气压增大，向外扩张形成风，"风自火出"。以"风自火出"象征"家人"，指所有个体行为都不会止于自身，必然向外扩展产生作用。

君子以言有物而行有恒：君子明确言语需恒久贞对情况，行为恒久以贞对情况的措施行以牝马之贞，实际亨通实现贞对情况之利。

六爻简释：

初九，闲有家，悔亡：闲义门栏，限制禽兽进入，引申为预防禁阻邪恶。初九阳刚知大始，明确只有开始防闲，制定亨通实现贞对情况之利措施，就如开始即建立防止邪恶进入的围栏，使措施贞对情况解决问题，亨通实现贞对情况之利，家道繁盛，不会有败亡之悔。象曰：闲有家，志未变也。初九阳刚知大始，处刚位，象征开始就以亨通实现贞对情况之利措施衡量可能发生的情况，凡不能制定亨通实现贞对情况之利措施情况，提前提防邪恶进入，确保家道兴旺的心志未改变。

六二，无攸遂，在中馈，贞吉：六二爻顺中正，准确顺，没有其他追求，遂，心愿，"无攸遂"，没有特定的事情可以达成。"馈"，烹饪饮食类杂务事。"在中馈"，家庭主妇不追求其他，准确及时提供家内全部需用，尽到了家庭主妇责任，贞吉。象曰：六二之吉，顺以巽也。六二象征准确根据巽顺，吉利，顺以巽也。

九三，家人嗃嗃，悔厉吉。妇子嘻嘻，终吝：九三以刚处刚，刚正，治内之主。治家既需要承担责任，又需顾及亲情，三刚正，过刚不中，象征伤于严厉，不能周及亲情，意在贞，但结果非贞，严厉到致家人嗃嗃嚎叫，终有伤于严厉之悔。爻辞"妇子嘻嘻，终吝"是提示词，九三爻无"妇子嘻嘻"象征，指假设如反过来治家过宽，家人只以嬉闹无视责任，终致败亡而羞吝。治家过严有悔，但从长远来说，治家严格要比"嘻嘻"带来吉利。象曰：家人嗃嗃，未失也。妇子嘻嘻，失家节也。治家过严却未失家道之正，若治家过宽妇子只以嬉乐，不履行责任，必然败落。

六四，富家大吉：巽顺居四顺位，象征巽以责任。六四正应初九，亲比九五、九三，处正，应和比又正，象征相协为用实际做成，富家大吉。象曰：富家大吉，顺在位也。爻辞"富家大吉"意为四顺正处巽体，巽主爻，以巽顺比应所有关系，相协为用实际做成，富家大吉都在六四象征中。

九五，王假有家，勿恤吉：刚中正之尊，亲比巽正六四和中正相应内体治家的至明六二，象征"王假有家"，"假"义"至"、"大"，九五治家之道无不周及，勿需忧恤，必然大吉大利。象曰：王假有家，交相爱也。九五爻辞"王假有家"意思，并非仅六二、九五中正，而是举家人交互相爱，相协为用履行责任。

上九，有孚威如，终吉：上卦终，象征家道成，九刚实居最上位象征至诚，有孚。知大始居上，准确监视有威信，威如。都切实贞对情况实际实现，终吉。象曰：威如之吉，反身之谓也。"威如终吉"是爻辞"有孚，威如，终吉"的省略语，意指欲有"终吉"的结果，旨在适时反身自问是否做到了"有孚"，即是否总根据实际情况采取了恰当的措施来解决问题，这是达到目标的根本和条件。做到"有孚"必然有"威如，终吉"结果。所有岗位只需关注措施和执行是否"有孚"，"威如，终吉"都在"有孚"之中。

38

睽卦：以同而异

兑下离上

序卦：家道穷必乖，故受之以《睽》。睽者，乖也。"睽"读kuí，乖离。家道穷则睽乖离散，合乎情况。故家人之后设睽卦。睽卦上离下兑，离以火为象，性炎上。兑以泽为象，性润下，二体行相违，睽之义。又中少二女少时同居，长大各有其家，所归各异，心志不同，象睽违。

卦辞：睽，小事吉。

象曰：睽，火动而上，泽动而下，二女同居，其志不同行。说而丽乎明，柔进而上行，得中而应乎刚，是以小事吉。天地睽而其事同也，男女睽而其志通也，万物睽而其事类也，睽之时用大矣哉。

睽，火动而上，泽动而下，二女同居，其志不同行：火性向上动，泽水性向下动，水火性违异，睽异。中少二女，少同处，长大各适其归，其志异。虽同居其志不同，亦为睽义。

说而丽乎明，柔进而上行，得中而应乎刚，是以小事吉：兑意思为说（yuè），离意思为丽，又为明，说顺附丽于明。凡离在上，欲见柔居尊者，则曰柔进而上行，晋鼎都如此。时处睽违，六五以柔居尊位，在尊位上的丽明六五以中道应九二刚中，九二、六五虽都中却都不正，象征虽不能合天下睽违，成天下大事，却可以小济，存在相协为用，这就是卦辞"小事吉"所指的意思。六五以明应九二刚中，何以不能致大吉？这是因为在处理睽违（分歧或者冲突）的时候，尊位六五是阴卦，象征其执行。因为执行需要基于首先认识，没有认识清楚，阴柔不知执行什么，如何执行。同时主导认识的阳刚居二位，象征其掌握情况极其有限，也就是不掌握主要关键情况自然不能认识，更不能认识全部，六五就只能做成九二所认识的部分，"是以小事吉"的原因。

天地睽而其事同也，男女睽而其志通也，万物睽而其事类也，睽之时用大矣哉：天地之间虽然高下相违，但是通过阳降阴升、阴阳之气的交流互动，实现了生化万物的共同目的。男女之间虽然质性相异，但是通过相互配合和协调，实现了相爱相生的共同愿望。万物之间虽然形态各异，但是通过相协为用，实现了自然界的有序运行。所以天下之大，群生之众，万殊睽散，圣人有大智慧，能根据需要和可能，变通应对，使得背离和矛盾转化为合作和和谐。处睽之时，合睽之用，其事至大，故称大矣哉。

大象曰： 上火下泽，睽。君子以同而异。之所以有"上火下泽"的"睽"是由水火本性不同，正由于水火乃至所有不同存在本性不同，才成就了人的不同之用，乃至世界的万千气象。人既需要穿衣，又需要吃饭，即使人常用不离的吃穿本身就不同，为睽异，所以人需要睽异，世界更需要睽异。与人和世界都需要睽异一样，人又需要相协为用的和同，没有相协为用和同，世界就会永远处于纷争，不仅不得安宁，乃至可能毁灭。所以称为世界，本身就意味着存在万千气象。这"万千气象"又确实相互关联，不可或缺并相协为用。由于需要"万千气象"，所以需要"异"。由所需要的"异"之间相助益，至少不相害，所以需要"以同"。

同于什么？同于中庸指出的"天命之性"，即任何存在都实际存在着"贞对各种纷杂情况"的标准，作为自觉存在的人，首要任务是认识相应对象贞对所处情况的"天命之性"，也就是那个实际存在却难能准确把握的天命标准，只有同于那个"天命标准"才为所当同。完全准确把握天命标准是做不到的，但有无追求准确把握的自觉意识，结果又根本不同。所以作为自觉的人，最当追求的是认识所处情况，把握作为人的责任当以的那个"天命标准"，行以那个"天命标准"，尽管不能准确实现，但有无自觉尽力追求意识和行为，造就的结果根本不同。

六爻简释：

初九，悔亡，丧马勿逐自复，见恶人无咎：初九爻，事之始，初九阳刚，但出于比较低的位置，几乎不可能贞对情况，故有悔。在冲突刚开始的时候，九四在上应位，九四和初九相助益，后悔消失。如果不是睽违时期，初九与九四虽然处于应位，但其都为阳刚不能助益称"丧马"。但在睽违时期，初九与九四同为阳刚自然相协为用，相助益，故无需追逐，"自复"。在常规的情况下，初九爻与九四爻可能是敌对的，九四被视为"恶人"。但是，在睽违的时期，初九爻与九四爻可以相互帮助，所以即使遇到九四，也不会有错。象曰：见恶人，以辟咎也。爻辞已释恶人指九四，处睽违，初九、九四相助益，相协为用得以避免咎过。

九二，遇主于巷，无咎：平常时期九二、六五相协为用，但有矛盾的时候，九二、六五不能光明正大相呼应，九二只能与六五之君"遇主于巷"才无咎过。象曰：遇主于巷，未失道也。时处睽违，九二、六五相应以中，不能呼应于王朝大厅，只能在小巷交与，未失君臣处睽违之道。

六三，见舆曳，其牛掣。其人天且劓，无初有终：六三正应上九象征欲上进呼应上九。但"见舆曳",曳,读 yè,九二向后拖曳。其牛掣,掣,拉,九四在前拉掣。"其人天且劓",天髡首,拉着头发的酷刑。劓,割掉鼻子的酷刑。九四拉掣和九二拖曳,六三象遭遇拉着头发割除鼻子的酷刑。不仅不得前进,且痛苦不堪,应当与不得,在时处睽违无端遭遇前后障碍,无初。睽极,睽违总会过去,终得与上应遇,有终。象曰:见舆曳,位不当也。无初有终,遇刚也。象辞"见舆曳"是爻辞"见舆曳,其牛掣,其人天且劓"省略语。六三开始所以有"见舆曳,其牛掣,其人天且劓"的艰难,由六居三爻的位置不正,又前后二阳之间都欲与六三亲比,三象"见舆曳,其牛掣,其人天且劓",无初。柔弱的事物终究会与刚强的事物相适应和协同工作,这是正道或者正确的行为方式。在最终阶段,六三的阴柔必然能够适应并与上九的阳刚合作。

九四,睽孤,遇元夫。交孚,厉无咎:九四爻由于处在分歧或冲突的状态,没有得到应答,所以感到孤独。然而,尽管它处于不利的位置,但是由于它处睽违时,通过诚实的交流,遇到了值得信赖的人初九,虽然面临困难,但不会有错误。象曰:交孚无咎,志行也。时处睽违,初九、九四象征以孚诚助益无咎过,实现应遇心志。

六五,悔亡,厥宗噬肤,往何咎:六五阴爻居阳位应当有悔,但其居中,有刚中正的九二爻作为辅助,能够纠正分歧或冲突,所以后悔消失。为了获得九二爻的帮助,六五爻可能需要付出一定的牺牲(厥宗噬肤),但为获得九二爻的帮助而前进,不会有错误。象曰:厥宗噬肤,往有庆也。六五做出牺牲"厥宗噬肤"而寻求九二的辅助,能成就刚柔相济为用,亨通实现贞对情况之利的福庆。

上九，睽孤。见豕负涂，载鬼一车。先张之弧，后说之弧。匪寇婚媾。往遇雨则吉。上九爻是阳爻居阳位，为当位之爻，是睽卦的第六爻，处在"睽"之最后阶段，上九爻刚健之极，用明之极，所见都是背离和矛盾之极。上九爻与六三相呼应，上九最开始见六三如背负满身泥污的猪和载满车的鬼，厌恶之极。他误认为六三是敌对或者恶意的，想要用弓箭射击他们。但是后来他发现六三其实是友好或者无害的，而且可以非寇仇乃相协为用的"婚媾"，他意识到自己的妄念和偏见，化解了矛盾和误会，与六三相合，带来生机和吉祥。象曰：遇雨之吉，群疑亡也。爻辞结尾"遇雨则吉"即见爻辞"见豕负涂，载鬼一车"等都是疑惑，实际并不存在。

39

蹇卦：反身修德

☵
☶

艮下坎上

序卦：乖必有难，故受之以《蹇》。蹇者，难也。睽卦的本义是乖离，乖离就会导致困难，所以接下来的卦是蹇卦。蹇卦的本义是困难，睽义乖离，相睽违不合作，不能相协为用解决问题必生蹇难，自然之理。由此易于睽卦后设蹇卦。蹇卦表示遭遇到险阻和困难的情况，叫作蹇难。蹇卦的卦象是由坎为水和艮为山组成的。坎为水表示险陷和危险，艮为山表示阻碍和停止。蹇卦的象征意义是前面有水险不能前进，后面有山峻不能后退，处于困境中。蹇字意思是跛足或者跋涉。表示遇到了坎坷和险阻，不能顺利前进。

卦辞：蹇，利西南，不利东北，利见大人，贞吉。

象曰：蹇，难也，险在前也。见险而能止，知矣哉。蹇利西南，往得中也；不利东北，其道穷也；利见大人，往有功也；当位贞吉，以正邦也。蹇之时用大矣哉。

蹇，难也，险在前也。见险而能止，知矣哉：蹇卦象上坎下艮，前遇险不得进，"难也，险在前也"。内艮止，象征前有险尚无解决措施，内在思想能自觉停止不进，先谋划涉蹇措施，是智慧之举。见险能止知矣哉。

蹇利西南，往得中也；不利东北，其道穷也：遇到蹇难需要首先明确情况和措施，用具有执行技能者执行，如此而往为解决处蹇难中道。情况不明，没有解决措施盲目行动必陷于穷途末路。

利见大人，往有功也：凡遇进退止皆不可，无计可施情况，首先需要寻找能够认识情况，制定并能执行涉越蹇难措施的大人。唯有措施针对情况，具有执行技能者以之执行才能解决问题，亨通实现贞对涉越蹇难之利，成就涉越蹇难之功。

当位贞吉，以正邦也：九五刚中正当刚中正君位，象处蹇难以刚中正掌握情况准确安排涉越险难资源，能成功涉越蹇难，正邦国涉蹇难之道。

蹇之时用大矣哉：处蹇难之时和所用济蹇之道，意义太大了。济蹇之道主要包括，及时发现蹇难，见险能止，不盲目涉入蹇险。二是以"利西南，不利东北"原则掌握情况谋划措施，具有执行技能者执行。上述二者都由刚中正大人主持，根本是刚中正大人主持。

大象曰：山上有水，蹇。君子以反身修德。蹇卦的象下艮上坎，山上积水，难以流通，这是困难和危险的状况。君子应该从中觉悟，自己之所以陷入困境，是因为自己的识见能力不济。凡识见能力能涉越，既无阻也无险。因此君子应该反身修德。"德"的意思是行为和认识"等值"，即一能认识情况需解决的问题，二能认识需解决问题实现目的的措施，三具有执行能力，能执行解决问题即实现目的。解决问题必须三者，缺一不可。解决问题只需三者，再无需其他。即人的生命活动也无其他，认识情况需解决问题，修习制定解决问题措施学识，习练执行措施技能。

六爻简释：

初六，往蹇来誉：蹇卦的第一爻是初六，它表示处于困难的开始阶段，以阴柔之性居于卑下之位，如果往前行进，就会遇到更多的险阻，这就是"往蹇"的意思。如果能够识时务停止前进，就会得到人们的赞美，这就是"来誉"的意思。这一爻告诉我们，在遭遇困境时，要有预见性和决断力，不要盲目冒进，也不要气馁放弃，而要适时调整自己的方向和策略。象曰：往蹇来誉，宜待也。在蹇初，进更陷入蹇，退有山阻止不能退。爻辞"来誉"的意思是"宜待"，等待自我修习识见技能。

六二，王臣蹇蹇，匪躬之故：六二艮体顺中正，与刚中正的九五相应，称王臣。蹇难之时，九五在大蹇之中称蹇蹇。六二顺中正应九五刚中正，六二决心帮助九五出蹇，六二王臣蹇蹇。六二处于蹇蹇不是因为自身陷入险境，而是因为其志在济君出蹇，匪躬之故。象曰：王臣蹇蹇，终无尤也。六二致力于济君出蹇，无论能否成功，终无过尤。

九三，往蹇来反：九三刚正，蹇卦的下体之上，九三上下卦都是阴爻，性柔，都依附九三。九三与上六相应，但上六是阴柔无位之爻，不能给予九三有效的支援，所以九三前行会遇到困难，往蹇。九三如果能回到自己的位置，与六二协力，相对稍微安全。象曰：往蹇来反，内喜之也。内指九三的下卦六二。阴柔只能根据阳刚的认识做成事情，所以九三反下，内卦的六二欢迎喜悦。

六四，往蹇来连：六四更入险境，往蹇。但六四能顺应正道回来，联合团结初六、六二爻，同时联合刚正九三。象曰：往蹇来连，当位实也。二三四五爻都当正位。六四比九五更进入险境，往蹇。六四以阴居阴，得到了其真实的适当位置。六四居上体，不前行而是回来，联合处于合适位置的二爻、三爻，得到了其真实和实在的价值。

九五，大蹇朋来：九五爻在困难或者险境中处在君位，而且，这种困难或者险境可以影响到天下，所以被称为"大蹇"。"朋来"指的是应当顺应中正的六二爻来到，为九五爻提供援助。象曰：大蹇朋来，以中节也。九五爻刚中正准确知大始，象征九五爻明确处蹇措施，"二"顺中正应"九五"刚中正，根据九五制定措施进行节制，大蹇朋来，以中节也。"六二""九五"都节制到正中情况，情况是九五在险中，六二艮止之中，准确艮止。未言之义是九五力争蹇难不再持续发展，等待时机，当下未见到彻底扭转条件。

上六，往蹇来硕，吉。利见大人：险境在外面，没有止境，越向外越深陷困难。上六爻因为阴柔的特点处在极度困难的位置，向外前行将会更加深陷困难。但是，如果不前行而是回来，可以与五爻和三爻相互应和，得到刚强、中正、正直的五爻和三爻的帮助，就可以做出大的成就，走出困难。上六爻走出困难的关键在于见到刚强、中正、正直的九五爻和九三爻。象曰：往蹇来硕，志在内也。利见大人，以从贵也。"上六"比"五"应"三"，下定决心摆脱困境，这样才能得脱离蹇极，成就硕大，吉利。上六阴柔，处在极度困难中，但上六与刚阳中正之君很近，而且与刚正大臣相应。只要上六心智坚定，获得九五和九三这些贵人的帮助，就能助益出蹇。

蹇卦的提示意义：

（1）人生必然会经历蹇难，关键是具有涉越蹇难的识见。

（2）在不具备涉越措施之前，当暂时停止，不轻易盲动。若有多个措施方案，首选平易方案。

（3）关键需要制定涉险方案识见之人。

（4）识见始于才德，才德源于学习、思考和积累。

（5）所谓"正邦"，正邦国之道，就是要制定以德才为要的任人制度，这样就能随之形成学习、思考、实践，总结、提高识见的风气、氛围，由此组织内人才层出不穷，外在人才蜂拥而至。在这样的制度下，任何蹇难都不足为惧，都可以迎刃而解。因此，领导者的首要任务就是制定和执行一个有效的人才培育、招揽、使用的制度，这是关键中的关键。

40

解卦：赦过宥罪

☷

坎下震上

序卦：物不可以终难，故受之以《解》，解者，缓也。蹇，跛脚，不能正常行走。相对正常行走为难。作为能动存在的人，有难都致力于解决，因此周易在蹇卦后设解卦。解卦震外坎内，震义动，坎义险，解象征于险外动，已出险，患难散解。震为雷，坎为雨，解象征雷雨作，即阴阳交感和畅，郁结缓散，患难散解。

卦辞：解，利西南。无所往，其来复吉。有攸往，夙吉。

象曰：解险以动，动而免乎险解。解利西南，往得众也，其来复吉，乃得中也，有攸往夙吉，往有功也。天地解而雷雨作，雷雨作而百果草木皆甲坼。解之时大矣哉！

解险以动，动而免乎险解：在易经的卦象中，解卦由坎（象征困难和危险）和震（象征动和行动）组成，这表示我们需要通过行动来克服困难和危险。如果没有困难和危险，就没有需要解决的问题。只有当我们面临困难和危险时，我们才需要行动来解决问题。在解卦的卦象中，卦象在险外动，内无险，这说明我们需要用行动解决问题，但我们内心深处，已经不惧怕困难和危险，认为自己可以克服困难和危险。这就是解卦。

解利西南，往得众也：多次解释过"西南"和"东北"的意义，"西南"指已明确解除措施，需要执行，能胜任参与者众，往得众也。"东北"指情况措施都不明确，需明确情况制定解决问题措施，能胜任解决问题的人少。

其来复吉，乃得中也：既有问题都已解决，不再有急切的险难问题，则针对情况，以治世先王治国为参照标准，寻找差距，解决问题，从而恢复天下的安宁和吉利，乃得治国中道。

有攸往夙吉，往有功也：只要能够发现并解决需要解决的问题，就能获得相应的利益，这是提早行动带来的吉祥。通过发现并解决问题，就能建立自己的功绩和声誉。

天地解而雷雨作，雷雨作而百果草木皆甲坼。解之时大矣哉：用坎内震外雷雨作象的"解"卦，不仅适用于解除人事险难，天地也是通过震外险内的雷雨作解决自然问题，自然世界由雷雨之后，"百果草木皆甲坼"开始了繁衍，造就了自然世界繁荣。由此自觉的人应该自觉寻觅"坎险"，发现"坎险"，通过贞对"坎险"，在险外行动，解决坎险，成就进步、发展、繁荣。同一存在，在智者那里总会发现问题解决问题，成就发展繁荣。在无知者那里，永远不存在问题，能否发现坎险、解决坎险，本就是"智"和"愚"的差别，一切科学发明进步，无不是始于发现坎险，以解决坎险行动，这可能就是作易圣人在蹇卦后设解卦的用意，"解之时大矣哉"所指。

大象曰：雷雨作，解。君子以赦过宥罪。作，起，开始。赦，免除或减轻。宥，从宽。解卦坎下震上，象雷雨大作，阴阳和畅。君子从天象矛盾化解感悟到人事矛盾，凡有过失者，若在相关方能够理解的范围内，依情况可轻可免。但对罪行者，不可赦免，只能在法律许可的范围内从宽处理。

六爻简释：

初六，无咎：时处难解，初六位于最底部，象征着解决问题的开始。初六，以柔居刚，说明其在面临困难和问题时，柔和而坚定；同时，初六与九四相应，能获得九四的帮助。九四阳爻，行动刚健而顺利。初六爻与九四爻相应而合作，两者都符合刚柔之道，能够消除或转化困难和危险，自然无咎过。象曰：刚柔之际，义无咎也。初六以阴处刚，九四以刚处柔，两者自身都平衡了刚柔之道，又相互配合了刚柔之理。因此，他们能够共同消除或转化困难和危险，没有灾祸或过失。

九二，田获三狐，得黄矢，贞吉：三狐所指众说纷纭，有人认为三狐是指卦中初六、六三、上六这三个阴爻，代表小人或困难，因为这三个爻都不符合刚柔之道或君臣之理。初六、六三爻以阴居阳，不正；上六爻虽然以阴居阴，但却高于九五爻，不符合其身份。九二以阳居阳，刚中，与六五爻正应，得到最高权力者六五爻的支持，九二与六五完全对称而相应，就像箭矢一样直接而准确，九二爻准确解决问题，贞吉。象曰：九二贞吉，得中道也。爻辞九二"贞吉"由以刚处刚中，得中道，准确解决问题。

六三，负且乘，致寇至，贞吝：六三位置的行为自相矛盾，它既亲自承担着重负（象征着九四），又乘车前进（象征着九二），这种矛盾的行为无需考察，就知道其所有的财物来路不正，会引来盗贼的抢夺。即使它所担负的都是自己的财物，也好像不是自己的，行为自相矛盾。象曰：负且乘，亦可丑也。自我致戎，又谁咎也。爻辞"负且乘，致寇至，贞吝"指既乘车又负重，重物不放置车上，好像随时准备逃离，既是羞丑，又确证所负非其所有，以致仇寇抢夺，还能是谁的过咎呢，没有其他人了，只是自致。系辞上传第八章有，子曰：作易者其知盗乎？易曰：负且乘，致寇至。负也者，小人之事也。乘也者，君子之器也。小人而乘君子之器，盗思夺之矣！上慢下暴，盗思伐之矣！慢藏诲盗，冶容诲淫，易曰："负且乘，致寇至，盗之招也。"作易者岂不知盗乎！自己的行为若有破绽，就会招来盗贼的侵扰。自己的行为若无破绽，就会免受盗贼的怀疑和抢夺。背负重物是小人所为，乘坐车马是君子所用，小人乘君子之器必然不安全，盗贼必然趁机夺取。小人居君子之位必然不称职，对上不敬，对下不仁，盗贼必然利用其过失攻击。财物不慎藏匿是教唆盗贼偷窃。女子不检点仪容是诱惑淫人强暴。小人乘君子器用是自招盗贼夺取，都是自取其祸。

九四，解而拇，朋至斯孚：九四阳刚，是有大的智慧和能力，而且处于高位，承接着六五的人物，就像一个大臣。在解决问题的时候，九四应该帮助初六。初六位于底部，象征着拇指，所以称之为"解而拇"。虽然"四"和"初"的位置都不正，但九四的阳刚处顺位，九四顺应六五，坚决地解决初六的问题，所以九四的朋友都会信任和支持它。象曰：解而拇，未当位也。九四虽然"未当位"，不在其应当的位置上，当然能发挥作用。由其"解而拇"确证其行刚正，堪大臣之任，得"朋至斯孚"。

六五，君子维有解，吉，有孚于小人：六五的位置尊贵，象征着解决问题的主导者，也就是君王。君王会解退小人，带来吉祥，并且能够使小人信服。而且，这一句还暗示了一种理想的政治环境，即在朝堂上，必然是君子们会聚。象曰：君子有解，小人退也。爻辞"君子维有解吉"义指唯有解退小人，小人去则君子之道行，政事"亨通实现贞对情况之利"，是以吉。

上六，公用射隼于高墉之上，获之。无不利：上六处于尊高之地非君位称公。隼鹫为害猛禽，象征为害小人。高墉即高墙，高墙是一种防御或分隔的建筑，象征内外的界限。害在内表示问题还未解决，留有隐患。出墉外象征问题无害，不必急于处理。在墙上，是指小人或祸害已经离开内部，但还没有完全消失。高墙也指防范措施严密。上六爻处于解卦的最后一位，是解除危机的最终行动者，是坚决对付小人或祸害的人。上六爻有完备的解除方法和手段，能够射中目标，消除祸患，达到完美的解除效果。

　　孔子系辞传再阐释：隼者禽也，弓矢者器也，射之者人也，君子藏器于身，待时而动，何不利之有。动而不括是以出而有获，语成器而动者也。鸷害之物在墉上，苟无其器与不待时而发则安能获之，所以解之道器也。事之当解与已解之道至者时也，如是而动故无括结，发而无不利矣。括结指阻碍。孔子强调天下事"藏器待时"则"无不利"。反之，无其器与不以时动，小则括塞大则丧败，无不如此。孔子这段话的意思是：隼鸟是一种禽类，弓箭是一种工具，射击是一种行为，君子应该像弓箭一样藏于身中，等待时机而行动，何不利之有。如果行动而不考虑工具和时机，则会出现失败或困境，所以解除危机之道在于工具和时机。事情在需要解除和已经解除之间有一个过程，在这个过程中要选择合适的工具和时机才能行动，这样才能避免失败或困境，行动而无不利也。象曰：公用射隼，以解悖也。至解终未解的都是大悖乱，时、器、技都具备随即解，天下平。

41

损卦：惩忿窒欲

☷

兑下艮上

序卦：缓必有所失，故受之以《损》。解除困难和危险的过程需要时间和代价，不能一蹴而就。这个过程既缓慢又需要其他代价，必有所失，失即损。因此损继解卦后。损卦是由艮卦和兑卦组成的。艮卦代表山，兑卦代表泽。山高而泽深，泽越深，山越高，泽水润泽山上的草木，这就是损下益上的道理。又因为兑卦在下面，代表说话或欢乐，艮卦在上面，代表止或静。兑卦的三个爻都与艮卦相应，表示下面的人民能够支持上面的统治者，也是损下益上的道理。

损卦成于下乾上坤的泰卦，天下泰通，民众丰裕，统治者执政解决民生重大问题，需要统一调配资源，损下益上。下兑六三成于下体乾九三之变，上艮成于上体坤上六之变，"三"本刚成柔，"上"本柔成刚，损下益上。解决民生重大问题，上下都受益，这就是损卦的象征意义。

卦辞：损，有孚，元吉。无咎，可贞。利有攸往。曷之用，二簋可用享。

损，有孚，元吉。无咎，可贞。利有攸往：损义减损。损抑有过，补益不足，通过损下益上，上级统一调配资源改善全局需解决的问题，被损者都积极参与，因为根本是被损者亦获益，所以积极参与，"有孚"。解决了总体问题，"元吉，无咎，可贞，利有攸往"。

曷之用，二簋可用享：如何实现损下益上呢？用"二簋可用享"作比最恰当。"二簋用享"是最简单祭礼，意味着一是能力所及，二是解决问题即止。

象曰：损，损下益上，其道上行。损而有孚，元吉无咎可贞，利有攸往，曷之用，二簋可用享，二簋应有时，损刚益柔有时，损益盈虚，与时偕行。

损，损下益上，其道上行：损义取下益上，称"其道上行"，这种方法不仅仅在我们能力所及的范围内，更能解决一些长远和根本的问题。

损而有孚，元吉无咎可贞，利有攸往：要能力所及，能解决长远根本问题，必须上下都孚诚参与，才能元吉，无咎，可贞，才能通过行动获得利益。

曷之用，二簋可用享，二簋应有时：损意为减少多余使其符合中道，减少浮末以增加实质。损卦以享祀比喻，诚敬为本，饰过其诚为伪。"二簋可用享"意为享祭时用简约之礼，以诚心和敬意为本。天下的祸乱往往都是由于过分的奢侈和浮华所引起，所以要避免过度奢华。祭祀时也要选择合适的时机，不要随意或轻率，而要符合天时和人情，这样才能得到天地和神灵的赞许和庇佑。

大象曰：山下有泽，损。君子以惩忿窒欲。惩，惩治，处罚，警戒。忿，心绪散乱，情绪烦躁，愤懑。窒，阻塞不通。山下的湖泊（泽）被山所限制，这是一种损，也是一种自我约束的象征。君子要效法这个道理，在处理事情时要抑制自己的愤怒和欲望。

愤怒往往容易表现出来，一旦发生就很难控制，因此需要惩戒。但是，惩戒应当在愤懑引发不良结果后进行，这样才能起到警示和教育的作用。愤懑的原因通常源自内心，自己可能知道也可能不自觉。因此，需要有意识地去寻找和识别这个原因，并对情况进行贞照，即对自己的情况进行清楚的理解和掌握，以疏导自己的欲望。

六爻简释：

初九，已事遄往，无咎，酌损之：损意为损刚益柔，损下益上。"初九"阳刚应"六四"，"六四"阴柔在上依赖"初九"的施益。"初九"完成益上随即离开，已事遄往，不以自损施益为功，无咎。"六四"依赖初九的颐养，是否颐养和颐养程度由"初九"决定。"初九"既顾及"六四"需要，亦顾及自己的能力，适度损之。象曰：已事遄往，尚合志也。"尚"即"上"。初九只是施益再无其他，与六四心志相合。

九二，利贞，征凶。弗损益之：九二爻是阳爻居阴位，为不当位之爻，有行事冒进、激进之象；又居于下兑卦的中位，表明其能够秉持中正之道。九二以刚处柔中，与六五柔中之君呼应，这个爻的位置和特性都提示以柔和的方式来处理问题。爻辞提示其利在于持正。损刚时，如果九二以刚强的态度再行征伐，那就不符合中正的道理，会引发灾难。只要九二爻保持其刚中之贞，对照对应的情况，无需损害九二爻的利益就能解决民生重大问题。象曰：九二利贞，中以为志也。九居二非正，九代表着刚强，二位需要柔和，在此环境下，九可能失去刚强的特性。但凡能坚定心志，准确把握和处理情况，即使在失去刚强特性的环境下，也要坚持适中，不失其原本的目标和道路。

六三，三人行，则损一人。一人行，则得其友：损卦是泰卦九三和上六易位，损卦六三即泰卦九三，损卦上九即泰卦上六。泰卦六三上九两爻易位成损，集中体现了"损下益上"，"损刚益柔"的损道。目的是使上下阴阳协调并济，矫正失衡。泰卦下三阳本性上动上行，如此则取代上三阴成"否"，上下死滞，不允许，而有"三人行则损一人"，只让最接近"上"体的九三上行承担损刚益柔责任。泰三位最近上体损去，即系辞传"一人行得其友"。继之解释其深远意义，"天地絪缊万物化醇，男女构精万物化生，易曰三人行则损一人，一人行则得其友，言致一也"。"致一"就是"阴阳刚柔各司其职相协为用"，亨通实现贞对情况之利。"致一"通过贞对情况认识如何做以之做成，亨通实现贞对情况之利，是宇宙万物生生不息的统一规律，或说根本原因。这"阴阳刚柔各司其职相协为用"既是"动态"又使趋向"平衡"，从过程说是"动态"，总在变化，从时点说趋向相对"平衡"。象曰：一人行，三则疑也。象辞"一人行"是爻辞"一人行则得其友"省略语，意思是无论阴阳，单独都不能成其用，自然不能亨通实现贞对情况之利，故必然"一人行则得其友"，"三则疑"，意思为无论阴阳，只要不是相协为用，多出的无论是阴还是阳都无意义。

　　六四，损其疾，使遄有喜，无咎：六四要想消除自己过于柔弱的弊端，就要得到初九阳刚的帮助和利益。这件事要尽快去做，才能让自己快乐和安全。象曰：损其疾，亦可喜也。能得"初九"损去过柔的疾患与"六四"协力，当然亦可喜。

　　六五，或益之，十朋之龟，弗克违，元吉：朋是货币单位，两龟为朋，十朋为大宝。龟是占决是非灵物。于损时，六五以虚中顺居尊位，应九二刚中，象征准确自损，主观顺从在下之贤，天下知大始明士都来归附，受天下明士施益，行止贞对情况。这种行为极其珍贵，不能违背，以之亨通实现贞对情况之利，元吉。损全卦上下刚实，中三爻阴虚，虚中能明，就像明智和神奇的象征——龟。

象曰：六五元吉，自上祐也。它之所以能够大吉大利，是因为它有虚中之容，能够正确地认识并广泛地接受天下人的意见，都贞对情况，自然亨通实现贞对情况之利。这是因为它得到了顺应天道即乾卦的行动的佑助。损卦的互卦是由坤卦和震卦组成的，也表示顺应天道的行动。

上九，弗损益之，无咎，贞吉，利有攸往，得臣无家：在损卦的最后一个爻——上九爻的时候，已经达到了丰盈的状态。此时，在最高地位的人或事物，应当不损害下面的人或事物，而是应该给予他们增益。上九如能坚守这种不损害下面的人或事物，给予他们增益的立场和行为，那么就会吉祥，会得到臣民的帮助。凡能得臣民之助则有国，欲有国却不能有私家。只有无私家，才能有国家。

象曰：弗损益之，大得志也。损的最后一爻"上九"丰裕，居上不损下而益下，这是它心中所希望和期待的。

益卦：损上益下

震下巽上

序卦：损而不已必益，故受之以《益》。损的意思为调配丰益过剩资源统筹安排，目的是施益，当持续。以此损卦后设益卦。益上巽下震，由上乾下坤的否卦"九四"益下成"初九"，否"初六"上成"六四"，"四""初"都由不正处正，象征都受益。巽震象征巽顺情况损上益下，下厚上安，益"下"，"上"亦受益。益下为益，损下为损，治事大道。又象巽风震雷，自然现象风烈雷迅，雷激风怒，两相助益，比喻上巽顺情况，自损益下，上下交相助益。

卦辞：益，利有攸往，利涉大川：益卦始于否决，九四阳刚知大始，居四不正，与下体最近，益卦中，九四下到初位为正，深入基层了解情况解决否决问题，制定亨通实现贞对情况之利措施，损上益下，利于前行。二体上巽下动，巽顺情况动。九五、六二刚柔中正相应，九五颁布政令，六二以之执行。上巽下动。

象曰：益，损上益下，民说无疆。自上下下，其道大光。利有攸往，中正有庆。利涉大川，木道乃行。益动而巽，日进无疆。天施地生，其益无方。凡益之道，与时偕行。

益，损上益下，民说无疆。自上下下，其道大光：益意思为损上益下，民得益，非常愉悦。阳爻深入基层初位，阴爻向上居四位，阳刚知大始从高位降到低位，亨通实现贞对情况之利之道大德光显。

利有攸往，中正有庆：九五刚阳中正居尊，六二中正相应，中正益天下，天下享有福庆。

利涉大川，木道乃行：在相互帮助和增益的道路上，如果没有困难，获得的益处较小；但在面临艰难和危险的时候，最需要帮助和增益，获得的益处就会最大。这就是"利涉大川"的含义。益卦上巽下动，巽之象为木，木道乃行，也表示巽顺情况的变化，采取行动。

益动而巽，日进无疆：二体上巽下震，巽顺情况动解决问题，既无时间限制，日进。亦无空间限制，无疆。上巽下震的益道就象天施地生，普适于所有情况。所成就结果与措施相偕并行贞对情况。

天施地生，其益无方：乾坤之变成益。乾以天为象，坤以地为象，故益象征天施地生，天制定亨通实现贞对情况之利措施，地以之行以牝马之贞执行完成，实际亨通实现贞对情况之利，没有疆界限制，都如此。益，天施地生，其益无方。

凡益之道，与时偕行：益之道即巽情况动之道。巽情况动就是"与时偕行"，凡益之道与时偕行。

大象曰：风雷益，君子以见善则迁，有过则败。自然现象多是风烈则雷迅，雷激则风怒，象征事物相互助益。君子观风雷象相助益，而法风之巽见善则迁获益，法雷之动，有过则改亦获益。根据这个原则行动都会针对实际情况，不会持续有过。

六爻简释：

初九，利用为大作，元吉，无咎：在益卦的最初阶段，初九刚正果决准确知大始，作为内卦震的主爻，亲比顺中正六二，应顺正六四。"六二"顺中正应"九五"刚中正至尊,"四"顺正亲比"九五"刚中正至尊,"初九"通过"六二""六四"两条渠道为九五委以重任,果决履行使命,利用这个机会做大事,大吉大利,没有错误。象曰:元吉无咎,下不厚事也。即使"初九"刚正,又有两条通达"九五"渠道,虽有得"元吉无咎"天赋,又有通达天庭大道,但由于处于初位,掌握情况和任事历练都有局限,不适合立刻承担重要的任务,也不会得到下方的支持和信任。

六二,或益之,十朋之龟。弗克违,永贞吉。王用享于帝,吉:"益"指赋予责任。益"六二"顺中正处下,象征准确履行责任,天下人都愿意给予六二爻益处,"或益之十朋之龟,弗克违。"朋是货币单位,龟是占决是非灵物。两龟为朋,十朋为大宝。六二爻在益卦时期,以虚中顺居下之中,能获得顺中责任的益处。它顺应处于刚中正的九五爻,象征着九五爻可能决定赋予六二爻一个能准确施展才能的职位,六二爻无法拒绝,必须接受并履行。六二爻和九五爻处于刚柔中正的相应位置,九五爻根据六二爻的才能,赋予六二爻责任,六二爻准确履行责任,亨通实现贞对情况之利,永贞吉。以六二爻的才能,王者可以使用它来辅助祭祀天帝,吉利。象曰:或益之,自外来也。"或",可能,但不确定。爻辞"或益之十朋之龟"的"或"是可能获得,因为权力和责任是被赋予的,不由自己决定,根据六二才能和所处环境,可能承担相应责任。

六三。益之用凶事,无咎。有孚中行,告公用圭:六三爻,下体之上,在民上,即地方官员。六三处在阳位并与阳刚相应,应该果断行动,这种正确且雷厉风行的做法在处理困难和危险的事情时就不会有过错。但六三在做事时必须有诚信,情况必须切实。所做的事情必须符合实际情况和规定。在事情处理完后,要按照正式的规定,用圭(古代报告用的礼器)向上级汇报,这就是"告公用圭"。象曰：益用凶事，固有之也。上述"益之用凶事"本就是固有规定。

六四，中行，告公从，利用为依迁国：在益卦中，六四爻接近君主，顺应正义，辅助上位，同时又与刚正的初九爻相应，象征着六四能够益下，但六四要公正地益下，同时因为六四不在君位，做事不能自专，需要请示王公征得同意。由于六四所处之地是旱涝不断的灾地，六四想通过易地来受益。六四爻为巽卦的主爻，巽卦的本质不刚，因此六爻依靠他人来迁移国家。他依赖上位的刚中君主提供帮助，依赖下位的阳刚之人执行任务。自古以来，当人民在一个地方生活不安定时，就会迁移，六四爻作为邑民的代表，迁国是顺应民心的行动。象曰：告公从，以益志也：六四巽之主，以巽顺益下为志，爻辞"告公从"意为六四不得擅自行动，需"告公从"——请示上级才可以益下行动。

九五，有孚惠心。勿问，元吉。有孚惠我德：九五，巽体之中，准确巽顺情况。九五刚中正居尊，有以诚信和慷慨大度施惠于天下的心志。无需询问，必定大吉，全天下无不对"九五"施惠于下民的心志深信不疑。象曰：有孚惠心，勿问之矣。惠我德，大得志也。九五爻刚中正之君，必然以至诚和慷慨大度施惠于天下，无需他人询问，必然会这样做。全天下的人必定会真实地受到九五爻的施惠，君主和百姓相互施惠的心愿也会大获成功。

上九，莫益之，或击之。立心勿恒，凶：上九爻位于益卦的最高位，但以阳处阴不正，象征上九还要持续求益。上九千万不要贪得无厌，否则会引起反抗和攻击。上九如果没有恒久惠及下级的心意，反要下级供养，就会失去下级的支持和信任，甚至遭到下级的打击和反叛。如果没有一颗持久益下的心，就会遭到天道的惩罚和报应。象曰：莫益之，偏辞也。或击之，自外来也。上九之所以得不到别人的帮助，是因为他总是偏执地要求别人给他好处，这样必然会引起外界的敌意。

附录：巽、震五行为什么均为木？

巽为风，震为雷，为何五行都以其为木？五行是五个，八卦是八个，相配，总要有照顾不周。于是古人把南北的离和坎分立为火和水，各有一个，其他的五行（金木土）各有两个。震巽为东方和东南方，同属木。兑乾为西方和西北方，同属金。艮坤一个东北一个西南，划分的是一个分界线，同属土。这个按照后天八卦图的顺序，除了土之外，就是顺时针相生的顺序。

至于为什么水火分别各自只有一个，有一种说法是，水火没有形状，没有实质。也有说是南北立极定位，只有一个。把五行理解为地理位置的状况，东方、东南方，是我国草木生发的地方，湿润的气候，属木。西北和西方是干燥的地方，山多，属金。北方冷，属水。南方热，属火。至于土，主运化，变化，一个东北一个西南，这个相当于夏秋交替，冬春交替的时候，转化为地理，就是这两个地方了。

43

夬卦：居德则忌

☱☰

乾下兑上

序卦：益而不已必决，故受之以《夬》。夬者，决也。求益不止总会超过限量，必然溃决。以此易于益卦后设夬卦。"夬"，意思为"分决，决断"。上兑下乾，泽在天上，水高出堤岸势必溃决。六爻五阳长而将极，一阴在上消而将尽。众阳上进决去一阴，刚与阴分决，君子道长，小人消衰将尽。

卦辞：夬，扬于王庭。孚号有厉。

彖曰：夬，决也，刚决柔也。健而说，决而和。扬于王庭，柔乘五刚也。孚号有厉，其危乃光也。告自邑不利即戎，所尚乃穷也。利有攸往，刚长乃终也。

夬，决也，刚决柔也。健而说，决而和：夬义决。夬卦六爻象征五阳与上六一阴分决。二体下健上说，健而说，健能说。"兑"卦，也用于表示悦，象征和平，夬卦象征决断而且和平。

扬于王庭，柔乘五刚也：柔虽将尽未尽，仍有一阴居上象征一阴乘陵五阳，非理达到极致。君子有能力去除这种非理的现象，他们会在王庭中公开揭示其罪恶，使众人都知善恶。

孚号有厉，其危乃光也：当众阳对危险和困难有信念和警觉时，他们会发出警告。正由于这种危险和困难，君子之道才无可怀疑得以光大。

告自邑不利即戎，所尚乃穷也：告知并治理好自己的属邑，不宜专尚刚武，只有在和平解决措施完全无效时，才考虑使用武力。

利有攸往，刚长乃终也：尽管阳刚的力量已经十分强大，但还未达到极致。还需要决断和转化那个阴爻，才能达到"刚长之终"。只有在这个状态下，才能防止小人伤害君子。

大象曰：泽上于天，夬。君子以施禄及下，居德则忌。夬卦象泽上于天，水泽及天下，万物欣喜悦乐。君子有感于天上泽水惠及万物而"施禄及下"，位以其德，禄称其位。以德自居不堪为君子。君子贞对情况行止，问题解决不尽，情况变化不尽，需修德不止无尽。以德自居小人之为，必溃决。君子所忌。

六爻简释：

初九，壮于前趾，往不胜，为咎："九"阳刚乾体象壮于动，处初象脚趾，壮于前趾。夬之初不了解情况盲目往，往不胜，为咎。象曰：不胜而往，咎也。不了解情况必不胜任，不胜任前往本身就是过咎，结果必确证是过咎。

九二，惕号，莫夜有戎，勿恤：九二刚处顺中，刚明知大始，顺中准确以情况行止，时时警惕并号呼，从不解除戎装，随时准备不测，勿需忧恤，不会有失误。象曰：有戎勿恤，得中道也。九二暮夜不解除戎装，时刻准备不测，得夬时处内体中道，不会发生任何不测。

九三，壮于頄，有凶。君子夬夬，独行遇雨。若濡有愠，无咎：时处夬决，"三"下体之上，健体之极，刚果于决，象壮于頄，颧骨。在上未极于上，上有九五之君而三象自任刚决，壮于頄，有凶。更甚者，独行遇雨，指当群阳共决上六之时，"三""上"正应，象以私遇上，独自与上和合，独行遇雨，极大咎过。君子处相应情况必以夬夬，果决断绝，并以若濡有愠（濡，读 rú，沾湿，润泽。愠，读 yùn，怨恨，厌恶），才无咎过。象曰：君子夬夬，终无咎也。"君子夬夬"是全部爻辞省略语，要点有二，一是刚正不能自行刚决，因上有九五之君。二是不能应上六。如此三为"君子夬夬，终无咎"，也即"三"应当贞对责任，当决除则刚决决除，当行顺即"刚决"行顺。爻辞"壮于頄，君子夬夬"和"独行遇雨，若濡有愠"似有矛盾。到象辞似"独行遇雨，若濡有愠"并未发生，或"三"自行纠正。

九四，臀无肤，其行次且。牵羊悔亡，闻言不信：时处众阳决除上六，四阳刚悦体顺位，近刚中正之君象欲止不进。下有健体三阳并进，四不得安处，象臀无肤，进处不安，其行次且。若能与众阳牵挽同进决除上六，不参与决阴之悔得以亡。但四处不正，又悦体，象不会信从参与决除上六之言。象曰：其行次且，位不当也。闻言不信，聪不明也。爻辞"其行次且"由其以刚处顺又悦体象征。爻辞"闻言不信"义虽能听清言辞，却不明其意义，因为虽刚明却处顺位，处位象征不再刚明。

九五，苋陆夬夬，中行无咎：五虽刚阳中正居尊位，由亲比上六，称九五如"苋陆"，即马齿苋，有两个特性，一是难干，二是易折断。爻辞"九五，苋陆，夬夬"指九五与上六虽最近密，如苋陆感"上六"阴气最重，但又容易折断，且刚中正，有可能刚决断绝与上六亲比关系，行以"夬夬"。若能断绝近密，行以贞中决除，"上六"没有咎过。象曰：中行无咎，中未光也。爻辞"中行无咎"指九五终究决定剥除上六。象辞"中未光也"指"九五"虽决定剥除"上六"，但毕竟曾犹豫，未能果决迅即决定剥除"上六"，当以的刚中之道未得光大。

上六，无号，终有凶：上兑体之主，兑为口象多言，故强调"号"。无号，夬决至终，阴柔被剥除，无呼号，因呼号无意义，阴柔必被决除，终有凶。象曰：无号之凶，终不可长也。阴小处穷极必被决除，终不可长，呼号无意义。

44

姤卦：风行施命

☰
☴

乾上巽下

序卦：决必有所遇，故受之以《姤》。姤者，遇也。夬卦的意思是决断，表示要决除障碍才能达到目的。决除障碍后必然会有所遇合，所以夬卦之后紧接着是姤卦。姤卦的意思是遇合，表示各种事物相互交流和影响。姤卦由乾上巽下组成，与夬卦相反。它的形象是风行于天下，吹动一切事物，使之相遇。它也象征着阴气初生于下方，与阳刚相遇，形成姤合。

卦辞：姤，女壮，勿用取女。

象曰：姤，遇也。柔遇刚也。勿用取女，不可与长也。天地相遇，品物咸章也。刚遇中正，天下大行也。姤之时义大矣哉。

姤，遇也。柔遇刚也：姤卦的意思是遇合，表示各种事物相互交流和影响。姤卦由乾上巽下组成，是一阴一阳的组合。这象征着柔弱的阴气初生于下方，与刚强的阳气相遇。阳气来自于复卦，表示之前已经存在的事物。阴气来自于姤卦，表示意外或偶然的遇合。

勿用取女，不可与长也：一阴既生渐盛，阳开始衰。如果想要娶女子，希望和她长久成家，就不要娶像姤卦初六那样渐盛的阴气，因为她会消灭阳气，导致夫妻不和，所以要警惕不要娶这样的女子。

天地相遇，品物咸章也：阴始生下与阳相遇，阴阳即乾坤，分别以天地为象，天地相遇。天地相遇化育万物，万物章明，犹如结构清晰明确的文章，品物咸章。

刚遇中正，天下大行也：九五、九二阳刚分处上下体中位，中正相遇。九五君得九二刚中之臣，臣遇中正之君，君臣阳刚遇中正，其道大行于天下。

姤之时义大矣哉：天地相遇，万物生长；君臣相辅，政治兴旺；圣贤相交，学问道德昌盛；事物相合，协力功用成就……一木不成林，一字不成文……所有的存在都需要遇合，所有的意义都源于遇合，不同的遇合造就不同的用途，姤之时与姤之意义都是至大的。

大象曰：天下有风，姤。后以施命诰四方。姤卦由乾上巽下组成，象征着风行于天下，无所不及，所有的事物都随着风的方向而运动。这就像是君王治理国家，要用政令来指挥百姓，政令要能够传达到各地，才能发挥作用，否则就无效。君王要像风一样，让政令走遍天下，与所辖四方百姓姤遇，普遍发挥作用，才能实现自己的意图。天与万物相隔很远，要用风来激励和影响它们。君王与百姓相隔很远，要用号令来鼓舞和统治他们。

六爻简释：

初六，系于金柅，贞吉。有攸往，见凶。羸豕孚蹢躅：初生之阴，无知乱动，它还不懂得如何适应环境，就胡乱行动，容易造成麻烦。所以要及时制止它的乱动，要用金属制作的车闸来约束它。车闸是一种可以控制车子行驶速度和方向的器具。金柅，用金属制作的车闸，表示要用坚决的手段来限制乱动的行为，使之符合实际情况，解决问题。这样做就是正确的，会有好的结果。如果初六不听劝告，任意行动，就会遇到危险。对初六就像对待一只无知的猪，趁它虚弱的时候，就要紧紧地捆住它，防止它乱跳乱撞，造成损失。羸，就是虚弱的意思。蹢躅，就是踯躅，胡乱跳动的意思。

象曰：系于金柅，柔道牵也。爻辞"系于金柅"意思是要用刚决的手段来限制初六悖于情况的行动，使它按照规定的道路行走。这样做是为了引导初六，让它适应环境，不要胡乱行动。

九二，包有鱼，无咎。不利宾：鱼阴性动物，象征初六，"九二"、"初六"密比，初六象征九二包中之鱼，九二包有鱼。九二刚中正，能准确规定初六行动，无咎。不利于初六再与其他阳刚有牵系，不利宾。象曰：包有鱼，义不及宾也。爻辞"包有鱼"意为九二限制初六行动，初六不能再与其他四阳悖于情况会遇。

九三，臀无肤，其行次且。厉，无大咎：九三，位于下卦的上方，紧挨着上卦，就像是臀部。它因为过刚不中，处于不安的境地，就像是臀部受伤，没有皮肤。九三上下没有相应的阴爻，表示它进退都没有遇合，孤立无援；其行且次，其走路不稳，步履艰难，进退维谷。但是九三属于巽卦，表示它有顺从的能力，可以根据情况而动静，所以不会有大的灾祸。象曰：其行次且，行未牵也。"九三"欲与"初六"交与，既不能顺利实现，又不能果决舍弃，其行次且。九二先于九三亲比初六，"九三"与"初六"交与的欲求从未牵系住初六。

九四，包无鱼，起凶：以刚处柔不中正，不能准确贞对情况行动。与"初"正应象征可能相协为用，包有鱼。"初六"紧邻"九二"已为九二包中之鱼，九四"包无鱼"。九四"包无鱼"之凶起于九四不能全面准确贞对情况，若考虑到"九二"、"初六"近比，初六本就不一定是四包中之鱼。象曰：无鱼之凶，远民也。民指初六，九四无鱼之凶是由相对九二远离下体民众初六。

九五，以杞包瓜，含章。有陨自天：九五下无应，象征无遇合。九五刚中正居尊，象征其含蓄章美以至诚求贤，如果有贤人从天而降，就像是用杞树的叶子来包裹瓜果，保护和珍惜它们。象曰：九五含章，中正也。有陨自天，志不舍命也。爻辞"九五含章"指"九五"中正根据情况采取行动。爻辞"有陨自天"指九五心志坚定，不会因为面临困难或者挑战而放弃履行自己的使命。

上九，姤其角。吝，无咎：至刚最上就像角锋一样。上九高亢刚极，没有人与其亲和交往，有遗憾。上九的情况都是由自我高亢导致的，无其他外界原因可归咎。象曰：姤其角，上穷吝也。爻辞"姤其角"指上处穷极，不会有姤遇，所以有遗憾。

45

萃卦：除恶戒危

☱
☷

坤下兑上

序卦：物相遇而后聚，故受之以《萃》。萃者，聚也。萃原意草木茂盛，集聚。亦有"优秀"义，出类拔萃。姤者遇也，姤是阴阳交与相协为用生成新存在，诸多新存在集聚，以此易于"姤"后设"萃"卦。萃义聚，物相遇汇合集聚成群体，萃之义。萃卦兑上坤下，泽水上于地，水自萃聚。

卦辞：萃，亨。王假有庙。利见大人，亨，利贞。

萃，亨。王假有庙。利见大人，亨，利贞：萃聚明确目的，方向及实现路径，通过典型示范最直观，以"王假有庙"借助王者宗庙，回顾家族成功的王者实例，有利于理解现实家族领导政令，亨通贞对情况之利，"利见大人，亨，利贞"。

用大牲吉，利有攸往：时处丰裕，有实力，"用大牲"既能承担，更在唤起众生重视接受安排。目的仍是亨通实现贞对情况之利，利有攸往。

象曰：萃，聚也。顺以说，刚中而应，故聚也。王假有庙，致孝享也。利见大人亨，聚以正也。用大牲吉，利有攸往，顺天命也。观其所聚，而天地万物之情可见矣。

萃，聚也。顺以说，刚中而应，故聚也：萃卦下坤上兑，下顺上说（悦），上以下民愉悦安排任用，安排贞对下民特长，下民顺从安排，以特长尽责任，顺以"说"（悦）。上制定政令刚决贞对情况，下准确顺以责任执行完成，刚中而应。结果萃聚于贞对情况之利。

王假有庙，致孝享也：王者建立宗庙，祭祀成就王业先祖，唤起后人崇仰先祖成就王业功德，萃聚于以责任扩展王业，致孝享也。

利见大人亨，聚以正也：所有仪式都是为利于见到亨通成就王业大人的功德，以法为用，世代扩展王业，聚以正也。

用大牲吉，利有攸往，顺天命也：时处丰，聚当以丰盛怀顾成就王业先祖，以利后人承继，利有攸往，顺以亨通实现贞对情况之利。

观其所聚，而天地万物之情可见矣：观萃聚所以，可以见天地万物之情。天地化育万物之成的情状，都是不同存在顺以悦以特长尽责任实现目标。这就必须知大始大人主导，认识所有参与者特长，以社会需要选择工作方向，顺以悦以特长安排资源，使都以特长尽责任，在相协为用刚中而应成就社会需要同时，伴随成就所有参与者生命价值，这就是天地万物的实际生命过程情状。

大象曰：泽上于地，萃。君子以除戎器，戒不虞：泽上于地象萃聚。众聚人有争，物聚人有夺，君子观萃聚，当周及萃聚或有未能预期情况，通过修治兵器，以防不测，"戒除可能的弊恶"。

六爻简释：

初六，有孚不终，乃乱乃萃。若号，一握为笑，勿恤，往无咎：以"六"处初不正，上应九四亦不正，与九四隔二三两阴，象征心志愿意与"九四"萃聚，但没有克服障碍措施，持久不得萃聚。当萃之时，心志烦乱于如何萃聚，乃乱乃萃。其实高声呼号即可应与，一握为笑。勿用忧恤，即使直接前往也无咎过。象曰：乃乱乃萃，其志乱也。爻辞"乃乱乃萃"意思为初六萃聚群阴中，心志为阴柔同类惑乱，未能直接与九四相应。

六二，引吉，无咎，孚乃利用禴：六二，中正柔顺虚中，上应九五，九五刚健中正诚实下交，六二、九五都孚诚，能顺利交往，利于用如禴祭那样简单的直接交与，无需繁杂形式。象曰：引吉无咎，中未变也："二"、"五"虽有阻隔，但以刚柔中正之道牵引，终会相会，不会有改变刚柔中正牵引得应与的咎过。没有什么能改变刚柔中正牵引应与的力量。

六三，萃如，嗟如。无攸利，往无咎，小吝：六三阴柔不中正，求萃聚无与，求九四，九四有应，求六二，六二以中正应九五……六三与其他几爻没有形成有意义的联系，处萃时遭弃绝只能叹嗟，嗟如。无意义，无攸利。唯往从上六得萃聚为无咎。"三""上"非阴阳正应，相聚时都是以同类相从，自己的力量有限，不能助益，小吝。象曰：往无咎，上巽也。萃互卦上巽下艮，六三为上互巽之主，又下互艮之中，准确艮止于外巽，总艮止于巽顺外在情况，自然"往无咎"。

九四，大吉，无咎：阳居阴不正，上与九五之君处比位，下比众阴，得上下萃聚。互卦下艮之主，艮止于巽上，大吉无咎过。象曰：大吉无咎，位不当也。以刚处四位不当，刚不正。互体下艮主爻，艮止于巽五。五刚中正至尊，所认识准确贞对情况。四艮止于巽五，自然大吉。四虽位不当，但无咎过。

九五，萃有位，无咎。匪孚，元永贞，悔亡：时处萃聚，九五天下之尊，刚中正萃聚天下之众，称"萃有位，无咎"。不存在不能孚诚解决的问题，"匪孚"。准确解决所有问题，元永贞。不存在未适时准确解决问题之悔，悔亡。九五居天下之尊，萃天下之众而君临，当正其位修其德，以阳刚居尊位，解决相应问题，称其位，为有其位，得中正之道无过咎。如是而有不信而未归者，则自反以修元永贞之德，则无思不服，而悔亡。元永贞者，君之德，民所归也，故比天下之道与萃天下之道皆在此"元永贞"三者。王者既有其位又有其德，中正无过咎。而天下尚有未信服归附者，盖其道未光大也，元永贞之道未至也，在修德以来之，如苗民逆命帝乃诞敷文德舜德非不至也，盖有远近昏明之异，故其归有先后。既有未归则当修德也，所谓德，元永贞之道也。元，首也长也，为君德首出庶物，君长群生有尊大之义，马有主统之义焉，而又恒永贞固，则通于神明光于四海无思不服矣，乃无匪孚而其悔亡也，所谓悔志之未光心之未慊也。朱子曰：九五刚阳中正当萃之时而居尊固无咎矣。若有未信则亦修其元永贞之德而悔亡矣。戒占者当如是也。吕音训朱子语问：萃卦九五萃有位以阳刚居中正当萃之时而居尊位，安得又有匪孚？曰此言有位而无德则虽萃而不能使人信，故人有不信，当修其元永贞之德，而后悔亡也铢。象曰：萃有位，志未光也。作为天下之至尊，就要能够萃聚天下的众人，及时解决天下的各种问题。解决了问题，就能通达贞正有利的情况。但是新的问题会不断出现，需要不断解决，这就是萃卦的职责。心志永不停息，继续发扬光大。这就是周易告诉九五爻应该有的心志，也是九五应该有的责任自觉。

上六，赍咨涕洟，无咎：赍咨，悲伤叹息。涕洟，眼泪和鼻涕。上六无知居萃聚上极，下无应，上无可去，求萃聚无人与之交往，穷尽悲伤叹息，乃至涕泪俱下……如此结局，只因为自己无知据萃聚上极，咎由自取，无其他可归咎。象曰：赍咨涕洟，未安上也。上六爻辞"赍咨涕洟"，意为阴柔无知处萃聚之极，无与萃聚，不得安处，悲伤之极，咎由自取。所有不得安处，最终原因咎由自取，几无其他可归咎。

46

升卦：积小高大

巽下坤上

序卦：聚而上者谓之升，故受之以《升》。物堆积得越来越高，聚而上就是升的含义。所以易经在萃卦后面跟着了升卦。升卦是坤上巽下，地里长出了木。木在地里成长，渐渐地高起来，这就是升的现象。

卦辞：升元亨。用见大人，勿恤。南征吉。

彖曰：柔以时升，巽而顺，刚中而应，是以大亨。用见大人勿恤，有庆也。南征吉，志行也。

柔以时升：由萃至升是萃卦的二阴升至四五，二阳降至二三，升卦象传"柔以时升"是由萃卦至升卦说。所有卦都由阴阳爻组成，任何两卦之间无非阴阳爻降升，升降。且所有"降升，升降"最后所"处"都象征一定状态称为卦，象征谓"时"。

巽而顺，刚中而应，是以大亨：升卦下巽上坤，下巽上顺，巽而顺。九二刚中应六五柔中，刚中而应。九二准确知大始，制定亨通实现贞对情况之利措施。六五顺以允准安排资源，颁布以之行，以牝马之贞政令执行，实际亨通实现贞对情况之利，是以大亨。

用见大人勿恤，有庆也：九二爻在萃卦中代表了知识广博、智慧深厚的人物。他居于卦中之下，象征着他虽然地位崇高，但仍然保持谦逊，愿意为社会和人民服务。他通过自己的智慧和领导力，制定了可以带来和谐和利益的政策和措施。这个爻与六五爻相应，象征他与高层领导的良好合作。六五爻代表的领导者，尽管地位更高，但他愿意顺从九二爻的智慧和领导，给予他所需的资源和支持。因此，他们一起推动政策的执行和实施。这个过程不需要担忧和疑虑，因为他们的智慧和领导力确保了事情的顺利进行。最终，他们的努力将会带来和谐和福祉，这就是"有庆"的含义。

南征吉，志行也：南指太阳所处光明之方，意思为明确情况和问题以及具有相应的学识制定措施，并具有执行技能，明确当如何行动。当有明确的理解和知识，并有决心采取行动时，就会带来吉祥和成功。

大象曰：地中生木，升。君子以顺德，积小以高大。升卦是地里长出了木，木就往上发展，这就是升的现象。君子看到这个现象，就知道要根据情况，不停地修习学识和执行能力，坚持不懈，积小以至高大。这样，他就有能力应对跟他的学识相对应的问题，实际地应对问题。

六爻简释：

初六，允升，大吉：初以六之顺居巽体之下，巽之主，巽之至。亲比刚中九二，二以刚中应顺中之君，初六象征通过"二"通达"五"，当升任。允意思为信从，初以柔巽信从九二而往，同九二升迁，允升大吉。象曰：允升大吉，上合志也。初之上即二，初亲比二，象征初六信从刚中之贤，与"九二"志相合，同升大吉。

九二，孚乃利用禴，无咎：九二刚中事五柔中，其利在孚诚不假文饰，就如简朴的禴祭，无咎过。象曰：九二之孚，有喜也。九二以孚诚处事的原则，不只适用于为臣之道无咎，而适用于所有情况，都能切实实现其利，有喜庆。

九三，升虚邑：阳实阴虚，坤阴虚象国邑。九三刚正又有应援相协为用，临阴虚坤体，不存在不能解决的问题，如升入虚邑。象曰：升虚邑，无所疑也。爻辞"升虚邑"指九三刚正知大始，近比顺正六四，相协为用，亨通实现贞对情况之利，无任何怀疑。

六四，王用亨于岐山，吉。无咎：六四爻体现了一种遵循正道并且顺应时势的智慧。上对君王是一种支持其治国理念的顺从，下对臣子则是鼓励以学识和才能提升自己，自己则谦卑尽责。文王在岐山之时，他上承天意，希望实现一个有道德的统治；下联天下贤人，让他们有机会升迁；自己则以柔软、谦恭、尽责为本分。即使周朝掌握了大权，文王也坚守臣道，在岐山只进行诸侯礼仪，不擅自进行帝王礼仪。这样恪守顺正和责任感的行为保证了吉祥和无过。象曰：王用亨于岐山，顺事也。爻辞"王用亨于岐山"意思为六四只以坤顺尽职尽责，顺乎上下，再无其他。顺事之义。

六五，贞吉，升阶：六五顺中应九二刚中，九二知大始准确出政令，六五顺中准确允准执行。二制定亨通实现贞对情况之利政令，六五只需允准执行再无需其他即亨通实现贞对情况之利。象征六五倚任刚中知大始九二作为阶梯，亨通实现贞对情况之利。象曰：贞吉升阶，大得志也。六五能以贞作为下属升任的阶梯，所有岗位都堪任，六五即大得亨通，实现贞对情况之利的心志。

上六，冥升，利于不息之贞：无知居升极，昏。一味追求高升而不知道停止，不明之极。但是有一种求升不止的心志是有贞正之情的，那就是不断地根据情况的需要提高自己的学识和能力。象曰：冥升在上，消不富也。周易阳为富阴为贫，不富就是贫，就是无知。"消不富"就是消除上六的"无知"，杜绝只欲升，以贞对责任修习才能。

困卦：致命遂志

坎下兑上

序卦：升而不已必困，故受之以《困》。升者，自下而上，以力进也，不已必困矣。故升之后受之以困也。无休止升进耗费体力精力必然困惫。困意思为惫乏，疲惫，乏累。自下而上，以物理语言说，每升一步都需克服重力。无休止如此必然困惫。以此易于升卦后安排困卦。困兑上坎下，象征水处泽下，泽中无水，干涸，枯竭。兑上六居二阳之上，坎下九二陷于二阴中。上下体都象征阴柔掩蔽阳刚，智者被掩蔽围困。

卦辞：困，亨，贞，大人吉，无咎，有言不信。

彖曰：困，刚掩也。险以说，困而不失其所，"亨"，其唯君子乎。"贞大人吉"，以刚中也。"有言不信"，尚口乃穷也。

困，刚掩也：卦所以为困，由知大始刚，下体阳刚陷于无知阴柔中，上体阳刚被阴柔掩于下，都为困。

险以说，困而不失其所，"亨"，其唯君子乎：卦象下坎上兑，下险上说，处艰险困穷，以义自悦其道亨，困而不失其道亨，唯知大始君子能身虽困，其道亨。

贞大人吉，以刚中也：唯知大始大人能以刚中贞对情况行处，亨通实现贞对情况之利。

"有言不信"，尚口乃穷也：处困欲以言辞解释免困，不会有人相信，尚口只能致穷困。

大象曰：泽无水，困。君子以致命遂志。泽无水干涸，象征精力耗尽，无能为力，困卦象征意义。知大始君子陷于环境超越能力所及，除了解决问题修习学识外，则任凭环境安排，不做环境不允许的努力，"致命"。但君子仍需要坚定出困心志，认识情况，根据情况需解决问题修习学识，习练能力，以实现期待出险的心志。

六爻简释：

初六，臀困于株木。入于幽谷，三岁不觌：臀指下体，株木为紧邻地表锯除树干的树墩。六爻中"初"、"二"地位，"二"是地位的上位，"初"地位的下位。初六阴爻中间分开，象征地下分叉的树根，非株木全体，只是地下的树根，"入于幽谷，三岁不觌"，永远处于地下不见天日。象曰：入于幽谷，幽不明也。爻辞"入于幽谷"意思为由幽暗遭遇深陷，明则不至于陷。

九二，困于酒食，朱绂方来。利用享祀，征凶，无咎。

九二，困于酒食：九二刚中君子，安于困遇，虽险难穷厄，心无所动，不恤为困。酒食，人多欲得之惠，所以困都因为有欲望。君子所欲泽天下之民，济天下之困。"二"未得"泽天下之民济天下之困"责任，称困于酒食。朱绂方来：九二困于险中，与刚中九五之君处应位。九二刚中之德困于下，上有九五刚中之君道同德合，必来求用，故云朱绂方来，方且来。朱绂，王者服饰蔽膝，这里"蔽膝"象征着君主的来访或求助。"方"是古代祭祀的名字，"方来"就是说王者要来祭祀或者任用九二爻了。利用享祀，征凶，无咎：享祀意思为以至诚能通神明。在困之时，"二"才德如享祀至诚，解决问题，必能感通九五。即使贤哲困于幽远，由于能解决问题，终必得其用。要义是以至诚贞对情况修习解决问题才能。贞对情况需要修习，才能永无止境，需永久持续。无求用，勿盲目求用，征凶。具有贞对情况的学识才能，总会得其用，无咎。象曰：困于酒食，中有庆也。虽九二有等待赐命如"困于酒食"的欲望，由其以刚处困时之中，九五刚中至尊，"五""二"都期待以中摆脱困境，最终九二总会有九五赐命，制定亨通实现贞对情况之利措施，以之执行，解脱处于困境的福庆。

六三，困于石，据于蒺藜。入于其宫，不见其妻，凶：六三阴柔不中正，处险极，居阳位象用刚。"四""五"二阳在上坚不可犯，"三"困于石。刚中九二在下象垫在下面的刺，据于蒺藜，进退皆不可，不得安。到原处三位称宫。六三阳之阴，上六阴之阴，以"六三"称"上六"为妻。六三回到三位，阴处阳不正，上六顺正不与三相呼应，不见其妻。六三无所安处，凶。象曰：据于蒺藜，乘刚也。入于其宫，不见其妻，不祥也。爻辞"据于蒺藜"指六三乘凌刚中九二。"入于其宫不见其妻"指六三无知且处刚位不正，应位上六顺正不为应，不会祥和应遇。

九四，来徐徐，困于金车，吝，有终：九四刚处柔不正，应"初"比"三"。但九二刚中，上比"三"下比"初"，无论是初还是三，都亲比九二，不会比应九四。九四困于九二这刚中金车，只有九二选择亲比后，九四才能选择而"来徐徐"。九四既有"应"又有"比"不得适时应比，羞吝。九二虽刚中却只能选择"三"或"初"其一。九四能在九二选择后实现相协为用，有终。象曰：来徐徐，志在下也，虽不当位，有与也。九四"来徐徐，困于金车"是由所交与的心志决定在下的九二，既不决定于自己，亦不决定于所比应的"三"和"初"，有主动权的只有九二这个刚中金车。九四"虽不当位"，待九二选择后，九四总会得交与，有与也。

九五，劓刖，困于赤绂。乃徐有说，利用祭祀：劓，刖，分别指割鼻砍脚的酷刑。赤绂是九五赐予对应地位的饰物。五刚中正处困时尊位，困于至高无上的权力，包括用酷刑惩罚和随意用"赤绂"赏赐，都未得天下心愿仍处于困。九五毕竟刚中正能果决以情况，由用酷刑惩罚和"赤绂"赏赐都未能摆脱困境而"乃徐有说，利用祭祀"，史有解释"乃徐有说"的"说"当为"悦"，处兑体象征。有解释为"脱"，摆脱，总之是不再用重赏和重罚，而"利用祭祀"即"竭尽诚意"与属从交与，都敬以责任修习学识，才能贞对情况制定措施，修习技能亨通实现贞对情况之利，由是能摆脱困境，成就天下治。象曰：劓刖，志未得也。乃徐有说，以中直也。利用祭祀，受福也。只以权力的酷刑和重赏未得摆脱困境心志。由改用徐缓和悦，凭借直接贞中情况需要修习学识能力，适时准确解决问题，以中直也。这些都需如"祭祀"竭尽诚敬，才能享受解决问题的福庆。

上六，困于葛藟，于臲卼，曰动悔，有悔。征吉：阴柔无知居困极又悦极，前无进路困于极位。退则乘凌二刚危险。进退皆不可，"困于葛藟"，藤类植物的枝，动则缠绕更紧。臲卼，惊恐不安。上六当改悦乐以"征"认识情况，根据解决问题需要修习学识，习练能力，解决问题，走出困境。象曰：困于葛藟，未当也。动悔有悔吉，行也。爻辞"困于葛藟"指行为未贞对情况需解决的问题。由未能解决问题而悔悟，了解情况明确问题，贞对解决问题需要修习学识技能，得贞对情况需解决问题的吉利行动。这或是所有无奈情况的唯一选择，亦乾卦提示。

48

井卦：恩民劝相

☵
☴

巽下坎上

序卦：困乎上者必反下，故受之以《井》。升而不已必困则反于下。在下存在莫如井，井卦所以列困卦后。井卦坎上巽下，坎象水，巽象木又意入，木巽入水下而上水，象井汲水。

卦辞：井，改邑不改井，无丧无得，往来井井。汔至，亦未繘井，羸其瓶，凶。

井，改邑不改井，无丧无得，往来井井：井是不能移动的存在，所以居邑可搬迁，井不能移动，改邑不改井。汲取井水，井水不会减少，注入水不会增加，无丧无得，德之常。凡来汲水都可汲取得其用，其用周，德常用周井之道。"往来井井"，来来往往的人们都使用这个井，井是大家共用的。这三句话是讲井的特点的。"改邑不改井"、"无丧无得"两句讲井的恒久性，"往来井井"一句讲井的效用的周遍性。

汔至，亦未繘井，羸其瓶，凶：井是掘地出水处，巽木入于地下水下，地下水巽木上升成为井。井用于汲取水。用绳索系瓦器汲水，几近汲出未汲出，撞击坏汲水瓶，凶。

象曰：巽乎水而上水，井，井养而不穷也。改邑不改井，乃以刚中也。汔至亦未繘井，未有功也。羸其瓶，是以凶也。

巽乎水而上水，井，井养而不穷也：井卦象上坎下巽，水在木上，象地下水巽木上升成为井，巽乎水而上水井。所有生命都需要水，水能供所有生命用，井养不穷。

改邑不改井，无丧无得，往来井井，乃以刚中也：居邑可改迁，井一旦建成不可改迁，改邑不改井。取之不竭，注入水不见增加，无丧无得，德有常。

汔至亦未繘井，未有功也。羸其瓶，是以凶也：汲水几至，只要未及地上，随时可落入井中，与未繘同，未有功。汲水及上水致用。未及地上，羸败其瓶不为用，是以凶。

大象曰：木上有水，井。君子以劳民劝相。木上有水，水巽木上行，井象。君子观水巽木上升，以恩德招至民来，激励民众相互劝勉慰问。

六爻简释：

初六，井泥不食，旧井无禽：井卦以阳刚象泉，上出为用。初六以阴居下，象征井非泉水且有泥，不仅人不能食用，禽鸟亦不会顾及。象曰：井泥不食，下也。旧井无禽，时舍也。爻辞"井泥不食"由阴柔处下象征。爻辞"旧井无禽"指这是一口早被舍弃不用的旧井，飞禽都不会光顾，更无需考虑人了。

九二，井谷射鲋，瓮敝漏：二虽刚阳但居下比"初"，上无应，不能上只就下，象涧谷旁出的水滴，非井道上行养人济物，只能偶尔注及污泥中称鲋的微小动物，又像敝漏的瓮点滴滴水。象曰：井谷射鲋，无与也。"二"阳刚本可济用。在下，上无应比，象不能上，下比初六象水只能下滴及小动物，射鲋。若"上"有应与才能上，成就井上出益物之功。

九三，井渫不食，为我心恻，可用汲。王明，并受其福：九三刚正准确知大始，有济世之才，井下体之上，若水清洁可食，当得其用。以刚处刚应上六，象汲汲于上。"上"于事外，"九三"应"上六"可安乐自处，也是一种选择。只是需越过顺正六四和刚中九五，不得顺利上应。刚正处下体，如井渫治清洁不见食用，其心恻怛，读cè dá，意哀伤。"三"不得及时任用。王明，王指九五。如果王若明的话，定会起用九三这个贤才，那将"并受其福"，施者受者都得到好处。九三以阳居阳得正又志应于上六，是有用之才。可是它居井下之上，有才而未得其用，犹如井水清洁可食而无人食。象曰：井渫不食，行恻也。求王明，受福也。刚正准确知大始，当不会"行恻"，总能乐天知命，明确贞对情况的光明大道。井下干净而不汲用，多可惜！行恻，行道之人皆以为恻，非指九三自以为恻。行道之人都"求王明"，任用九三这个贤才，使我们大家都受福，都得到好处。

六四，井甃，无咎：甃，读zhòu，有二义，修井，井壁。这里指修井。称六四"井甃"指四顺正比九五刚中正，准确执行九五政令，就像修理整治"井甃"，无咎过。象曰：井甃无咎，修井也。义准确执行九五政令。

九五，井洌寒泉食：洌义清洁甘甜。阳刚中正居尊，政令无不适时周及，都贞对情况，就如自然清洁甘甜活水直接食用。象曰：寒泉之食，中正也。称九五政令如"寒泉之食"，就是由其刚中正居尊位象征。就井泉而言，中正则泉源常裕而寒，无物可污。就人事言，刚阳中正，必为有利于众人。

上六，井收勿幕，有孚元吉：到上位，汲水完成，井收。勿覆盖，因不断有人汲水，需满足所有人用，施广用大，有孚元吉。象曰：元吉在上，大成也。卦之上，汲水完成，井道大为成功。

井卦总论：井卦六爻三阳三阴，三阳象泉，三阴象井。九二

"井谷射鲋",九三"井渫不食",九五"井洌寒泉",讲射讲渫讲洌,恰是泉之象。初六"井泥不食",六四"井甃无咎",上六"井收勿幕",讲泥讲甃讲收,正是井之象。如果依次排列,又各泉有各泉的特点,各井有各井的特点。初六"井泥不食",似方掘之井;六四"甃无咎",似已修之井;上六"井收勿幕",似已汲之井。九二"井谷射鲋",似始达之泉;九三"井渫不食",似已洁之泉;九五"井洌寒泉",似可食之泉。若以两爻为一例,则初六、九二都在井之下,为泥为谷,全是不见于用的废井。九三、六四都在井之中,为渫为瓷,都是将见于用的井,井之道至此已经完备。九五、上六皆在井之上,为洌为收,是已见于用的井,井的功用已发挥了出来,井道至此大功告成。

革卦：顺天应人

离下兑上

序卦：井道不可不革，故受之以《革》：井不用则秽败，总用总变革则清洁，以此易井卦后设革卦。革卦兑上离下象泽下有火，火向上水下注，中有物间隔，不会直接灭息，在变革中，总有不一致和相互对立的因素存在，缓慢消耗，阻碍变革，所以革是缓慢渐次变革，开始未发现，所谓量变，并未达到灭息革除任何一方的质变。上下体又像少中二女少时同居，长大各有其家，所归各异，心志不同不相得，变革。

卦辞：革，已日乃孚，元、亨、利、贞。悔亡。

彖曰：革，水火相息，二女同居，其志不相得，曰革。已日乃孚，革而信之，文明以说，大亨以正，革而当，其悔乃亡。天地革而四时成，汤武革命，顺乎天而应乎人，革之时大矣哉。

革，水火相息，二女同居，其志不相得，曰革：序卦传已释。

已日乃孚，革而信之，文明以说，大亨以正，革而当，其悔乃亡：人最相信既成事实。已日，变革已成之日，有事实确证而信之。革卦离下兑上，离象文明，兑象愉悦，文明以说。变革的前提是解决措施和可能结果都清楚明白，愉悦接受，"文明以说"。如此当是措施贞对情况，准确解决问题，"大亨以正"，为"革而当，其悔乃亡"。

天地革而四时成，汤武革命，顺乎天而应乎人，革之时大矣哉：自然的天地日月以其规律变革成就春夏秋冬四时，商汤周武革命都是顺以实际情况，应乎人民期待，变革之时太重大了。

大象曰：泽中有火，革。君子以治历明时。君子受启于水火相息变革，观自然日月星辰周而复始变异累积成质变，以之规定时历，明四时序列，助益人以时之义行相应事宜。

六爻简释：

初九，巩用黄牛之革：初，事之始，"九"阳刚义动，事之始即动，难能贞对情况。巩义牢固拘束。黄，中色；牛，顺物，巩用黄牛之革义以中顺情况措施紧固限制，使不妄动。象曰：巩用黄牛，不可以有为也：既事之始，不当盲目动。由阳刚本性动，所以需"巩用黄牛"牢固的以中顺之道严格限制，使不可偏离中顺情况行动。

六二，已日乃革之，征吉，无咎：六二顺中正，文明之主。上应刚中正九五之君，象征能了解全局情况，总以九五规定准确行以牝马之贞执行完成，等待条件完备的"已日"才开始变革行动，如此之征必然亨通实现贞对情况之利，吉利无咎过。象曰：已日革之，行有嘉也。爻辞"已日乃革之"意指六二总是准确根据九五规定行以牝马之贞，所以总贞对情况，解决问题，无不亨通，行有嘉美荟萃结果。

九三，征凶，贞厉。革言三就，有孚：三下之上，刚正不中，或掌握辖区情况，不掌握全局情况即欲行动，多会失误，带来凶险的后果。即使整体都需变革，不审慎审查全部情况及相应措施，迅速果断推进变革必有危厉，贞厉。要使变革成功必须众人协力，要使众人协力必须反复审慎阐述当变革的根据和措施，所涉全体都无异议，都能理解、真诚相信，并为之尽力才能实现。"革言三就，有孚"，多次考察关于变革的见解，才能得到人们的真诚信任。象曰：革言三就，又何之矣。众人多次考察贞对情况的变革的根据和措施，并使其能实际实现，还有其他选择吗？当没有大过失了。

九四，悔亡。有孚改命，吉：以阳居阴不胜任，有悔。卦过中水火之际，象革之时，以阳居阴，能贞对变革调整，不能解决问题的悔恨消失。然而变革不能仅限于一时一事，必须坚定进行变革才能解决需解决的问题，有孚改命吉。象曰：改命之吉，信志也。爻辞"改命吉"义上下相信需要改变，并且坚信变革措施，吉。

九五，大人虎变，未占有孚：大人知大始，清楚认识情况能实现的最好结果，及如何行动使准确实现，如猛虎呈现的文采昭著。不用占卜，必然如此。因所谓"大人"就是清楚认识情况，外在行为以思想认识，决不随风倒。"大人虎变，未占有孚"。象曰：大人虎变，其文炳也。所谓"大人虎变"就是"内在思想认识清楚准确，如虎显现的文采昭著"，继之再以思想认识行动，使实际实现。

上六，君子豹变，小人革面，征凶，居贞吉：到上位革至终，变革完成，君子准确认识情况可能的最好结果及如何实现，以所认识行动实际完成，如豹呈现的清楚雄伟壮观。小人无知，只能随风向改变面部表情，再有更高要求脱离实际，不可能实现，征凶，居贞吉。象曰：君子豹变，其文蔚也。小人革面，顺以从君也。爻辞"君子豹变"意为君子能认识到当如何作为，以认识行动，实现相应结果，如豹呈现的清楚，雄蔚，章明。小人无知，只能顺从主导者指令，改变面部表情。

鼎卦：正位凝命

☲
☴

巽下离上

序卦：革物者莫若鼎，故受之以《鼎》。鼎用于变革物，变生为熟，变坚硬为柔软。鼎卦上离下巽，六爻初六象两足。中三阳爻中实象腹中盛装水浸泡的实物。六五象对峙两端有钩，提鼎两耳。上九象亘于上的铉，举鼎用具。上下二体上离下巽，木巽入从火，上卦中虚象能盛物。古代又以鼎为立国重器，政权象征。故又以铉喻三公重臣。鼎卦象与革卦象倒异，象征意义也相反。杂卦传有："革，去故也。鼎，取新也。"革，去除不适用的，鼎是创建有意义的。

卦辞：鼎，元吉，亨。

象曰：鼎，象也。以木巽火，亨饪也。圣人亨以享上帝，而大亨以养圣贤。巽而耳目聪明，柔进而上行，得中而应乎刚，是以元亨：

鼎，象也：鼎卦取鼎器之象，也有说鼎器法鼎卦之象。鼎器和鼎卦先后并无重要意义，无需追究。只是若先有鼎器，后有鼎卦，若伏羲设卦，伏羲设卦前有金属鼎器？似乎应存疑。鼎卦初六象对峙两足，九二、九三、九四三阳爻象鼎腹，六五阴爻象上两耳，上九象阳爻横贯鼎耳的铉。故似鼎卦象和鼎器互为象。

以木巽火，亨饪也。圣人亨以享上帝，而大亨以养圣贤：鼎卦上离下巽，上火下木，象以木巽火烹饪。圣人为亨通"以享上帝"得到护佑，是期待，非能实现。能落到实处的是"大亨以养圣贤"，为"亨通实现贞对情况之利"，通过"鼎烹饪"，寓意修习学问"以养圣贤"，适时制定亨通实现贞对情况之利措施，以之行牝马之贞实际实现贞对情况之利主体。

巽而耳目聪明，柔进而上行，得中而应乎刚，是以元亨：所以用鼎"养圣贤"因为鼎象下巽上明，巽顺明，"耳目聪明"，巽顺所明情况"柔进而上行，得中而应乎亨通实现贞对情况之利措施"之"刚"，是以"元亨"。

大象曰：木上有火，鼎。君子以正位凝命。木上有火，以木巽火，象征烹饪之鼎。君子观鼎象端正安重，法其端正以正位履行责任需要修习才能。法其安重，对上凝聚责任当履行的使令，对下以其责任颁布凝聚当履行的命令。目的是上下都安重凝聚并履行使命。

六爻简释：

初六，鼎颠趾。利出否，得妾以其子，无咎：六在鼎下象趾，上应四，象趾向上颠。于初即颠，利于倾出此前遗留的否恶，除旧。阴处下不正象妾，虽非正位，年轻可以生子，比五象可接其宗嗣，无咎过。又象具有贞对情况的新技能可适时解决问题。象曰：鼎颠趾，未悖也。利出否，以从贵也。鼎颠象趾违背责任为悖。由处初，利于倾出此前遗留的否恶，未悖于当前需要，有利。去除此前遗留的否恶，鼎为干净的鼎，就卦象说才能应九四。从鼎之用说才是正确运用。利于应"四"，"四"比"五"以从六五之贵。

九二，鼎有实。我仇有疾，不我能即，吉：二刚中，象经过初位的趾颠倾出否恶，存留的美食佳肴，极有意义，"鼎有实"。"仇古同"逑"，意思为"匹偶，搭档"，我指九二，仇指九四。二以刚中应五顺中，四以刚不正比五顺中，都象征辅助六五称"仇，匹偶，搭档"。我仇有疾指"九四"以不正强力比柔中六五，有篡谋权位之嫌。刚中九二应柔中六五，必须历经九四，不正九四最忌讳二五相遇，以刚强不正阻隔，九二"我仇有疾，不我能即"。九二刚中终究会胜过不正九四，应遇六五吉利。象曰：鼎有实，慎所之也。我仇有疾，终无尤也。九二刚中象鼎有实，如人具有才学能力不乏求用，当谨慎选择取向和实现措施。虽然"我仇有疾"，或为搭档，以不正阻隔，但刚中总能应遇顺中，六五会与九二相协为用以中，胜过九四不正，九二、六五得应遇，终无过尤。

九三，鼎耳革，其行塞，雉膏不食。方雨亏悔，终吉：六五象征鼎耳，鼎之主。九三以阳居巽之上刚正能屈，足以济事。但九三与六五不相应，且五中而非正，三正而非中，都不同。九三刚正之道得不到六五的重用，其行塞不能行，需要变革，鼎耳革。九三得不到六五的重用，是因为"雉膏不食"。雉指五柔中处刚中，膏指禄位，六五掌握的禄位不用九三，"雉膏不食"。六五顺中处尊，总会有需要刚正知大始必须用九三的时用，到时九三、六五相遇，就像及时雨如约而至。三得五用，是柔中用刚正，刚柔中正相协为用无事不成，并为未及时应与而深感遗憾，愧悔。尽管有亏悔，毕竟终得相协为用，终吉。象曰：鼎耳革，失其义也。开始"九三"与鼎耳六五都不同相异。因为情况需要鼎耳六五用刚正，不用刚正不能解决问题，失义。顺中的六五适时变革用九三，行以义。

九四，鼎折足，覆公餗，其形渥，凶："四"大臣之位任天下事称公。以刚处顺位象征不堪任，鼎折足，覆公餗，倾覆当公位的食餗，并沾满全身，凶。系辞称"德薄而位尊，知小而谋大……言不胜其任"，结论很正确"不胜其任"。但"知小而谋大"似乎并不准确，九四阳刚知大始，似非"知小"，而是不具有执行能力，却安排执行之任造成。终极责任六五无知处尊位，任人不当引致。象曰：覆公餗，信如何也。几乎所有解易者多以"信如何也"指"四"，其实主要责任在五，当是五"信如何"。

六五，鼎黄耳金铉，利贞：五虚中称黄，上之中称耳，居刚尊称金，比上九称铉。自身及所比应都不正，故爻辞告诫以"利贞"，行以贞对责任才能亨通实现贞对情况之利。象曰：鼎黄耳，中以为实也。黄意为中，措施贞中情况，才能切实准确获得正中情况之利的实际结果。但九四爻象辞确证六五主导的安排并未做到"中以为实"的结果。或隐喻六五顺中，九二虽刚中却不便干预六五安排任用九四不正。如此九四"覆公餗"的失误，"五"、"四"、"二"都有责任，五责任最大，二责任最小。

上九，鼎玉铉，大吉，无不利：鼎上象铉，以刚处柔，刚而温润称玉。鼎至终准确解决所有问题，大吉无不利。象曰：玉铉在上，刚柔节也。上九阳刚，处柔位刚而能柔，象玉。鼎上位称铉，玉铉在上。阳刚知大始，准确认识情况制定措施。处柔位以措施行以牝马之贞，象征自身刚柔节制制定措施，措施贞对情况，以"牝马之贞"执行措施，能节制到执行贞对情况，"大吉无不利"。

51

震卦：恐惧修省

震下震上

序卦：主器者莫若长子，故受之以《震》。震者，动也。古代鼎是祭器，象征国家家族权力，由长子主持宗庙社稷祭祀，象征行使权力，主器者莫若长子，故受之以震。震象长男主器，所以震卦在鼎卦后。震卦一阳于二阴下，象征动而上奋发震惊为震。乾坤初交成震为长男，象雷，震奋惊惧。

卦辞：震，亨。震来虩虩，笑言哑哑，震惊百里，不丧匕鬯。

震，亨：震本坤体，无知不作为。一阳知大始，适时制定亨通实现贞对情况之利措施，根据能力安排资源，以措施行牝马之贞，实际亨通实现贞对情况之利，"震亨"。

震来虩虩，笑言哑哑：震以雷为象，震来，雷声突如其来，所有始料不及突变都会有相应惊恐不安，震来虩虩（xì xì）。一旦认识情况即当如何应对，具有应对措施解决问题，实际实现贞对情况之利，内心愉悦笑言哑哑。

震惊百里，不丧匕鬯：震"长男"知大始，及时准确掌握情况，贞对情况制定措施，镇定自若，不会惊恐不安。

象曰：震，亨。震来虩虩，恐致福也。笑言哑哑，后有则也。震惊百里，惊远而惧近也。出可以守宗庙社稷，以为祭主也。

震，亨：长男知大始，制定亨通实现贞对情况之利措施，以之执行解决问题，亨通实现贞对情况之利。

震来虩虩，恐致福也，笑言哑哑，后有则也：爻辞"震来虩虩"意为凡有情况变化都会及时感知且重视，震来虩虩。制定"亨通实现贞对情况之利措施"，以之执行解决问题，"恐致福也"。"笑言哑哑"，以"亨通实现贞对情况之利措施"为准则执行，亨通实现贞对情况之利，"笑言哑哑"。

震惊百里，惊远而惧近也：雷震及于百里，远者惊愕，近者恐惧，威力远大。

出可以守宗庙社稷，以为祭主也：雷震及于百里，远者惊愕，近者恐惧。而主祭长子却能震来虩虩随即重视，了解情况即有处理措施，笑言哑哑，可主持政事。

大象传：洊雷震，君子以恐惧修省。君子重视情况，平时不懈以可能情况修习学识，习练技能，以恐惧修省。洊雷震，情况变动，君子随即重视，了解情况，制定亨通实现贞对情况之利措施，以措施行以牝马之贞，执行解决问题，亨通实现贞对情况之利。

六爻简释：

初九，震来虩虩，后笑言哑哑，吉："虩虩"，恐惧的样子。"哑哑"，轻松自若。震来虩虩，直义"雷声引起恐惧"，这里指"凡有情况随即警惕"。笑言哑哑，"谈笑风生，轻松自若"。初九阳刚知大始，总关注情况，制定亨通实现贞对情况之利措施，并与胜任者协力以之行牝马之贞执行完成，实际亨通实现贞对情况之利，后轻松自若。总如此，吉利。象曰：震来虩虩，恐致福也。笑言哑哑，后有则也。爻辞"震来虩虩"义总警惕关注情况，以之制定亨通实现贞对情况之利措施，"恐致福也"。以所制定措施为准则，行以牝马之贞执行，实际亨通实现贞对情况之利，笑言哑哑。

六二，震来厉，亿丧贝，跻于九陵。勿逐，七日得：六二震顺中正，亲比初九，乘凌初九刚正，总关注情况变化和初九制订的措施，震来厉。唯恐技能不能执行完成，丧失自己最珍贵的顺中正之德，亿丧贝。登上有准确见识的初九所制定措施的最高处，跻于九陵，以之执行完成，无需追逐。下一周期仍需执行初九制订的措施，七日得。象曰：震来厉，乘刚也。爻辞"震来厉"指六二紧接初九，处初九上，承担执行初九制定措施责任，唯恐不能准确理解执行，象总有危厉。

六三，震苏苏，震行无眚：三以阴居阳不正，象无知处认识情况制定措施之任，不能胜任，总处于紧张状态，震苏苏。若以情况变动需要修习才能，会逐渐胜任责任无过眚，震行无眚。象曰：震苏苏，位不当也。六三所以震苏苏由才能不能胜任责任。人事安排造成。

九四，震遂泥：九处四不正，上下三五都不正，处互坎之中，人事安排造成才能不能胜任责任，以致九四深陷于烂泥中，震遂泥。象曰：震遂泥，未光也。光义光明亨通，人事安排才不堪任，九四处互坎之中如深陷烂泥中，不可能光明亨通。

六五，震往来厉，亿无丧有事：以六顺处刚中至尊，行顺中，准确顺。上往则上震之极，不可处。下来陵犯互坎中九四，陷于互坎中有危厉。六五虽以阴居阳不当位不正，由柔居刚中，行中。猜度六五不会丧失所具有行中之事。总行中。象曰：震往来厉，危行也。其事在中，大无丧也。六五震往处动极危险，来则陵犯九四之刚，陷于互坎中，亦是危厉。唯一可行只有以顺中，外不会丧失以情况，内不会丧失行顺中，大无丧。

上六，震索索，视矍矍，征凶。震不于其躬于其邻，无咎。婚媾有言：阴柔无知处震之极，紧张之极，索索发抖。眼睛闪烁不定，无定主，视矍矍。思想无定见有危险，行为难能贞对情况，征凶。震动的灾难只危及到上六邻居，尚未直接危及到上六自身，不再发展则没有咎过。只是合作者已有议论。象曰：震索索，中未得也。虽凶无咎，畏邻戒也。凡有震动紧张发抖，旨在没有贞对情况的解决措施。虽然处于有凶害环境，却未遭遇凶害，是由以六处上顺正，由邻居遭遇凶害能顺正借鉴预防，得以戒除凶害。

艮卦：思守本位

艮下艮上

序卦：物不可以终动，止之，故受之以《艮》。艮者，止也。震意为动，说"动"的同时就蕴含着存在"止"不动，易因动必有"止"的实际情况，于震卦后设艮卦。艮意为"止"，所以称"艮"不称"止"，为艮。卦象一阳居二阴之上，阴本性，静不动，阳本性，动而进，既至于上无可进，止于安固不动，艮之义。周易大畜小畜亦有止义，是被畜止，外力作用。艮止之止因自身内在本性，本性决定艮止，安固稳定，以山为象，艮止之义。

卦辞：艮其背，不获其身，行其庭，不见其人，无咎。

象曰：艮，止也。时止则止，时行则行。动静不失其时，其道光明。艮其止，止其所也。上下敌应，不相与也。是以不获其身，行其庭，不见其人，无咎也。艮意为笃实艮止。易目的"亨通实现贞对情况之利"，要义在贞对情况，不固定是动还是止，动止乃至如何动如何止都服从"亨通实现贞对情况之利"，所以需"时止则止，时行则行，动静不失其时"，所动之道"光明"于"亨通实现贞对情况之利"。为亨通实现贞对情况之利，艮卦象所处是"艮其止，止其所"，"上下不交与"，以致相互"不获其身，行其庭不见其人"，即亨通实现所处情况之利必须艮止才"无咎"。

大象曰：兼山艮，君子以思不出其位。为亨通实现贞对情况之利，处艮止不与他人互相干涉。不与他人互相干涉不是什么都不做，是思想和行为都准确贞对本职当履行责任，"思不出其位"。

六爻简释：

初六，艮其趾。无咎，利永贞：六在最下象征脚趾，凡有行动趾先动。艮其趾，止于动之初，不可能动，故无咎。阴柔无知只能随阳，故告诫利在永贞，动止总贞对情况。象曰：艮其趾，未失正也。处当艮止，艮止脚趾动，则全身不可能离开原位，未失当艮止之贞。

六二，艮其腓。不拯其随，其心不快：六二顺中正得止之道，上无应援不能近君。九三，下之上，艮之主，艮止于下体之上，不会降从"二"中正。"二"行止系于"三"，艮其腓。三刚决失中，"二"顺中正不能拯救"三"，不中正，不拯其随。"二"不能拯救"三"刚决不中，唯勉强随三，其心不快。明哲处高位能拯而不随。在下位有当拯有当随，有不得拯只能随。"二"属于后者。象曰：不拯其随，未退听也。爻辞"不拯其随"并非六二未对九三刚决于艮止提出意见，而是九三未退听，未从六二顺中于情况的意见。责任在九三，不在六二。

九三，艮其限。列其夤，厉薰心：九三下艮之主，刚决不中只能止。上下体分界，下体之上，象腰胯部位称"限"，艮其限，以过刚强力艮止于腰部，如撕裂了夹脊肉，列其夤，夤yín 夹脊肉，危厉疼痛如烤灼其心。象曰：艮其限，危薰心也。爻辞已释。

六四，艮其身。无咎：四象征大臣之位，任在止天下当止。与六五之君无比，不能成就艮止天下之任。顺正处艮时，只能艮止自身之非，可无咎。象曰：艮其身，止诸躬也。爻辞"艮其身"义"止诸躬"，意为只能艮止自身之非，不能艮止天下之非，但责任不在四。

六五，艮其辅。言有序，悔亡：五，君位艮之主，当止主天下之非之任，有一言兴邦，一言败事作用，故需"艮其辅"。"辅"指口舌所在面颊，意指当然不能胡说八道，信口开河，即使面部表情都不能有显露。做到"言有序"，不仅限于言语有次序，条理，而是贞对亨通实现贞对情况之利，如此"悔亡"，不会造成悖于情况之悔。象曰：艮其辅，以中正也。爻辞艮其辅，意为面颊所有器官的外在表达都做到中正以时宜。

上九，敦艮。吉：刚实居上艮之主，艮之终，象征坚守到底，确保坚守至坚笃实忠诚的状态，确保坚守针对情况制定措施的状态。能坚守这样的状态，所以吉。象曰：敦艮之吉，以厚终也。爻辞"敦艮吉"就是至终以刚实之厚艮止于贞对情况，以厚终。

53

渐卦：居德善俗

☶☴

艮下巽上

序卦：物不可以终止，故受之以《渐》。渐者，进也。止必有动，动或进退，进退有突有渐，进退有一定次序不越次序为渐，易以此艮卦后设渐卦。为卦上巽下艮，象山上有木，木随山升高，其升以山为基础，基础是有序渐升的主要原因，进有序为渐。

卦辞：渐，女归吉，利贞。由否卦乾坤三四爻交互之变成巽艮，象木在山上为渐。中二爻交互都得正位，初、终二爻虽不当位，由阳上阴下得尊卑之正亦得位，象利贞。

彖曰：渐之进也，女归吉也。进得位，往有功也。进以正，可以正邦也。其位，刚得中也。止而巽，动不穷也。以既定次序渐进，相协为用成就其事为正，女得其归之吉。所有问题都如此，女归最普遍为大。由上述以一定程序渐进，阴阳都得正位，象征才能与责任相堪配，相协为用成就其事。进而根据一定程序考察识见、能力、安排胜任责任，以才能贞对责任相协为用成就所事，整个邦国实现可能的最好结果，持续发展繁荣。五以刚阳中正得尊位，其他五爻都得其位。卦象内艮止外巽顺，象征内止于外在和顺，外在总和顺。

渐之进也，女归吉也：按照一定内涵原则逐步推进为渐。按照一定内涵原则逐步推进中女之嫁归是比较明确重要的。古时称女子出嫁为其所当归至。这归置过程以既定程序称渐。按照这"渐"的程序嫁归吉利。

进得位，往有功也：渐卦由上乾下坤是否卦，三四爻交互而成。象从无关系的乾上坤下，由否卦六三爻进到上体四位，以柔处柔位"进得位"。由是否九四到三位亦处正位，三四各以才能成就相协为用之功，往有功也。

进以正，可以正邦也：由三四爻之变实现"进以正"，才能都贞对责任，又相协为用，以此原则进退可以正邦国至于天下。

其位，刚得中也：如此进退五以刚阳中正得尊位，中四爻都得其正位。初上虽未得阴阳正位，但阳在上阴在下，也像得位。

止而巽，动不穷也：二体内艮止外巽顺，止象安静，巽为和顺，由渐卦象征的内艮止于外和顺之进动，必然不至于穷困。

大象曰：山上有木，渐。君子以居贤德善俗。山上之木随山逐渐升高，是因巽顺艮止于高山。君子有感于山上之木巽顺艮止于高山逐渐升高，尽心于内在艮止于巽顺解决外在问题的才能，以之解决问题，善化社会风俗。

人贤善之德是社会贤善的基础。人要成为贤善之人，必须循序渐进，习惯成自然。要改变社会的风气和习俗，不是一蹴而就的，只能慢慢地推进。只要坚持不懈地努力，就一定能够达到贤善的境界。

六爻简释：

初六，鸿渐于干。小子厉，有言，无咎：渐六爻都以雁飞为象。雁群居而飞有序，不失时序为渐。幼雁于水边，上无应与，象征没有经验的幼雁到水边欲飞有危厉，多会遭遇议论，很正常。没有经验盲目遇险很正常，遭遇议论也很正常。象曰：小子之厉，义无咎也。没有经验会有危厉，这是必然过程，合于义，很正常，不是咎过。

六二，鸿渐于磐，饮食衎衎，吉：衎衎，读 kàn kàn，和乐从容。"二"顺中正，上应"五"刚中正，两者形成坚强的应合关系，能平稳顺利地进展。处渐时于就象磐石相对的位置一样，安定平和。象征从容饮食和乐，吉利。象曰：饮食衎衎，不素饱也。爻辞"饮食衎衎"意有中正天赋遇中正师长指导，渐进增长才干，将以中正之道解决天下问题。爻辞"饮食衎衎"指增长了才干，能准确解决问题，不只是能和乐饮食。

九三，鸿渐于陆。夫征不复，妇孕不育，凶。利御寇："陆"平高即平原。三下体之上，象渐进至陆。渐时九阳刚上进，上无应援，应当坚定正直地安置在陆地上，等待时机而逐渐前进。若不能自守，以所牵挂而行动则失渐之道。"九三"向上密比"四"相互悦从，九三阳刚象夫，四爻代表阴柔，如果九三不能与四正确地合遇，是征战行动不能得到回应和回报，无法实现目标。知征不知复，征意为行，复意为反。三爻与四爻的关系不正常，无法回归到正确的道路上。四爻代表妇女，不正而合虽孕不育，都指非以当以之道而带来的凶险。九三所利在御寇，即抵御邪恶和私欲的诱惑，九三爻的利益在于以正直和坚正抵御非正直的私欲和仇寇。象曰：夫征不复，离群丑也。妇孕不育，失其道也。利用御寇，顺相保也。如果行动不能回到正道则失"渐"当以之正，追随私欲而失去正道，背离和叛逆众人，可耻。不靠正当的方式所以不育。我们应该懂得御寇，抵御敌人的侵害和邪恶的诱惑。只有通过正义和道德，才能相互保护和维护。

六四，鸿渐于木。或得其桷，无咎：当渐之时，四阴柔处阳刚之上，阳刚上进，四不能安处，如鸿渐进于高处之木。鸿连趾不能握枝，不能于木停息。桷，方形椽子，六四如鸿，唯于横平之木即平柯上能安处，无咎。象曰：或得其桷，顺以巽也。六四，巽之主，内艮止于外巽体，再无其他欲求，顺以外巽体，顺以巽也。

九五，鸿渐于陵。妇三岁不孕，终莫之胜，吉：九五象渐进于丘陵，鸿所止最高处。由处渐时，虽尊位正应六二，不能迅即与二刚柔中正应与，妇六二，三年不孕。虽如此，刚柔中正相应，终莫之胜，必能应与，吉利。象曰：终莫之胜吉，得所愿也。九五、六二君臣刚柔中正相交，虽然相交过程有阻隔，但最终阻挡不住两人的相交，通过缓慢而渐进的方式一定能够实现彼此的愿望，吉利。

上九，鸿渐于陆，其羽可用为仪，吉：胡安定公以陆为逵，云路，通达无蔽无阻之义。上九至高，尊位之外，它时为过，于渐且巽极，必有其序，如鸿飞于云空，超乎寻常。但其行动不仅没有失去渐进的节奏和有序性，而且贤达高致，故可用为仪法而吉。象曰：其羽可用为仪吉，不可乱也。爻辞"其羽可用为仪，吉"意为渐提示的渐进之道可用为行为仪法，必须践行，不能违背错乱。

54

归妹：永终知敝

兑下震上

序卦：进必有所归，故受之以《归妹》。进有所归至，易以此渐卦后安排归妹。归妹意为少女得所归至，"妹"是对少女称谓。归妹二体震上兑下，震象长男意为动，兑象少女意为悦。二体象征知大始长男在上动，无知少女在下悦从。但归妹卦中六爻象征与二体象征不同，也不同于其他卦。归妹讲女当归至，解释任何一爻时，六爻无论上下体都象征女，阳刚象女有贞德，阴柔象女无德。且当讲上体三爻时，下体对应爻隐喻对应男。当讲下体三爻时，上体对应爻隐喻对应男。

卦辞：归妹，征凶，无攸利。妹指少女，"归"指出嫁，"归妹"义少女出嫁为其当归至，故"归妹"多以少女出嫁为例。卦辞"征凶"指卦象象征六爻自"二"至"五"都不正，才能与责任相悖，不胜任。"三""五"都以柔乘刚，初九、上六虽得阴阳之正，但阴处至上，阳处至下，象征女至尊男至卑，主从关系与识见相悖，以卦爻象征行处，"征凶，无攸利"。

象曰：归妹，天地之大义也。天地不交而万物不兴，归妹人之终始也。说以动，所归妹也。征凶，位不当也。无攸利，柔乘刚也。

归妹，天地之大义也：人根据认识采取行动是人之为人之道，长男知大始在上，制定亨通实现贞对情况之利措施，少女在下愉悦地以牝马之贞实际执行，亨通实现贞对情况之利，象征乾坤阴阳相协为用，天地之大义。所以称"归妹天地之大义"，指世界所有问题解决都是知者主导，能者顺从以之规定执行完成，无不如此。

天地不交而万物不兴，归妹人之终始也：天地不交，意为"知"、"能"不交则无事能成，万物不兴。所以归妹象征知能相交是人的终始，所有亨通实现贞对情况之利都始于认识情况制定措施，终于坚定地以牝马之贞执行完成措施，无不如此。

说以动，所归妹也：归妹卦象征少女妹因长男之动愉悦归从，所归从长男者是少女妹。

征凶，位不当也：卦辞"征凶"由爻处位不当象征。卦辞已释，不重复。

无攸利，柔乘刚也：卦辞"无攸利"由卦象"柔乘刚"象征。卦辞已释，不重复。

大象曰：泽上有雷，归妹。君子以永终知敝。象辞"永终"特指"泽水永久至终随雷动"，不存在不随雷动的泽水。"永终知敝"的"敝"意为"遮，挡，遮蔽，掩蔽"，推广开说，凡有本可"通达，实现"的不再能"通达，实现"，都是中间出现了"遮，挡，遮蔽"。中间的遮蔽有三个层面，一是对所遮蔽情况是否准确把握，二是是否制定解决遮蔽措施，三是是否具有执行能力。即凡不能通达，从上述三层面寻找解决措施，即准确认识情况，制定亨通实现贞对情况之利措施，以措施需要具有执行技能，以之执行解决问题，解除遮蔽，亨通实现贞对情况之利。

六爻简释：

初九，归妹以娣，跛能履，征吉：初九居下体，上体无正应象娣。前已述及，归妹卦所有爻位都像女子，阳刚象女子具有贤正才德，上无正应象随嫁为娣，"初九，归妹以娣"。初九阳刚处正，象征能做到两方面，一是自我根据需要修习才能，二是承助其君履行责任，跛能履。能做到"自我根据需要修习才能，承助其君履行责任"就尽到了责任，征吉。象曰：归妹以娣，以恒也。跛能履吉，相承也。初九虽为随嫁之娣，因其具有贤贞才能，能恒久承助夫君，归妹以娣以恒也。虽为娣非正室妇人，因其能承助夫君履行责任，跛能履，吉相承也。

九二，眇能视，利幽人之贞：九二刚中象女贤以中，正应柔中六五，"五"只能顺，不堪刚中尊位之任。九二有贞对情况识见，六五不能完全准确理解。九二象贤正之女配不能胜任责任的夫君。因为六五不堪任，"二"不能大成内助之功，眇能视。处相应情况，准确知大始的九二只能贞对情况提出建议，难使六五理解执行，九二不可能完全改变六五，只能自己尽到责任，利幽人之贞。象曰：利幽人之贞，未变常也。爻辞"利幽人之贞"指九二虽刚中，但因六五不可能理解贞对现实需要的解决措施。九二只能以幽人的贞静，抛开现实需要，从最基础知识逐渐启发六五，使其以后能胜任。

六三，归妹以须，反归以娣："须"义"等待"。"三"阴柔无知以悦不正求归，上无应象征无人接受，只能反归以娣，且需等待。象曰：归妹以须，未当也。六三才能和求归之道皆不正，只能等待反归以娣，并非现在就能作为娣随嫁。

九四，归妹愆期，迟归有时：九阳刚知大始，象女子贤明。处四位，下无正应，未得其归，处归时未归称"愆期"，愆，意为"耽误"。贤明贵高多愿娶，愆期迟归，总有"归时"。象曰：愆期之志，有待而行也。愆期指有贤德暂时未有知音。只要追求合于实际，会有适当机会，实现自己的目标。

六五，帝乙归妹，其君之袂不如其娣之袂良，月几望，吉：六顺德，居五尊位，象王姬，出身贵高之妹。王姬婚配定是下嫁。六五下应九二象征六五下嫁。商朝帝乙正婚姻之礼，明男女之分，即使至贵之女不得失巽顺之德而以贵骄。由是易中所有阴尊谦降都称"帝乙归妹"。女婚嫁称归，以礼谦降不以容饰悦人，为德尊高。娣（读 dì）指古代姐妹共嫁一夫，幼为娣，长为姒，媵，随嫁者。衣袂，衣袖，袖口，容饰物。六五尊贵之女尚礼不尚饰，故其袂不及其娣之袂良。良，美好。月望，月近于满，阴盈则敌阳。几望，近于满未至盈满。"五"代表尊贵和高贵，不至于过于充盈，才能保持平衡而不过分自大，吉利。尊贵的女子应该秉持这样的道德准则。象曰：帝乙归妹，不如其娣之袂良也。其位在中，以贵行也。以帝乙归妹之道，其袂不如其娣之袂良，指六五尚礼不尚饰，以中道为"以贵行"。若尚饰不行中道，非贵。仅凭出身而不以才能来应聘的人，就退回到连商朝的帝乙都不如的地步，应该感到羞愧。

上六，女承筐无实，士刲羊无血，无攸利：古时礼制规定，婚姻男女需到宗庙祭祀祖先，女子手捧盛祭品的竹筐，男子宰羊取血献祭，象征禀告祖先认可，婚姻合法。归妹上六"女承筐无实，士刲羊无血"，象征婚姻不被确认。意指上六无知不堪处上，下无应遇，婚姻关系不成立。象曰：上六无实，承虚筐也。筐无实是空筐，意为不可奉祭祀。女不可承祭祀则离绝，女归无终。就如现实招聘考核，学识不能胜任责任，自然不被聘用。

55

丰卦：明动以丰

☳☲

离下震上

序卦：得其所归者必大，故受之以《丰》，丰者，大也。得所归从都贞对情况相协为用亨通实现贞对情况之利，成就其大。不懈成就其大，丰盛。

卦辞：丰，亨，王假之，勿忧，宜日中。丰卦象征外以"内明动"亨通解决问题，成就丰盛。所有有成就的王者都是借助"以明动"，自觉且能"以明动"就勿需忧虑，因为内如"日中"之明那样贞对情况，措施亨通解决问题，执行实际解决成就丰盛。

象曰：丰，大也，明以动，故丰。王假之，尚大也。勿忧宜日中，宜照天下也。日中则昃，月盈则食，天地盈虚，与时消息，而况于人乎？况于鬼神乎？

丰，大也，明以动，故丰：丰意为盛大。内离明外震动，内明亨通实现贞对情况之利措施，外以亨通实现贞对情况之利措施行以牝马之贞执行完成，实际实现贞对情况之利，故丰盛。

王假之，尚大也：所有王者具有广阔地域，属民之众而丰盛，都是借助于内明亨通实现贞对情况之利措施，外以亨通实现贞对情况之利措施行以牝马之贞行动执行完成，实际亨通实现贞对情况之利，成就所有丰盛。可见所有王者都崇尚以明动，因为只有以明动才能成就盛大。以明动意义至大，崇尚以明动，崇尚至大。

勿忧宜日中，宜照天下也：释卦辞"勿忧宜日中"。意为只要"内明亨通实现贞对情况之利措施"如"日中"那样无不明照，宜照天下也。这本身就是具有至大，意义至大。在此基础上，外在以"亨通实现贞对情况之利措施行以牝马之贞执行完成"，即具有丰盛的实际结果。"内明亨通实现贞对情况之利措施"既是丰盛本身，也是具有丰盛实体的前提，必须条件，意义丰盛。"内明亨通实现贞对情况之利措施"几乎不需再有其他忧虑。

日中则昃，月盈则食，天地盈虚，与时消息，而况于人乎？况于鬼神乎：日中盛极则偏西下落，月既盈满则开始亏缺。天地所尚都必须顺应时间的变化，何况人与鬼神。生长与衰退的循环，存在的起伏是所有存在都必须遵守的规律，从无违背，何况人呢，何况难以解释的所谓鬼神的行为呢，都不可能违背。

大象曰：雷电皆至，丰，君子以折狱致刑。折与断同义，折狱即断狱，判决。判决时清楚明白，致刑即执行法雷之动，及时威猛。

六爻简释：

初九，遇其配主，虽旬无咎，往有尚：丰卦象征电雷明动相资益致丰。初九，明之初，九四，动之初又动之主，象征开始外在就以内明行动，必解决问题。称"虽旬"指初九明之初，九四动之初，象征内明即动，明动紧密衔接，如时间的十日为"旬"循环不止，最准确的任事过程，虽旬无咎。任事只能如此，何止无咎，以此堪嘉尚。象曰：虽旬无咎，过旬灾也。虽旬不同时，却是贞对同一问题履行不同责任，相协为用解决问题，虽旬无咎。过旬，制定措施和执行完成不能贞相对应，不能解决问题，造成灾难。

六二，丰其蔀，日中见斗。往得疑疾，有孚发若，吉：六二离明之主至明。与柔暗六五处应位，象被草席遮蔽，丰其蔀，如日中见到北斗星，所见非真实，以之而往如得疑疾。六二只能至诚以自我虚中至明感发六五开发识见，有孚发若，使准确认识提供情况，不再遮蔽，才能正确认识解决问题，吉利。象曰：有孚发若，信以发志也。爻辞有孚发若，意为六二孚信以虚中至明感发六五致力于以责任修习才能的心志，准确认识，提供不再遮蔽的情况。

九三，丰其沛，日中见沫。折其右肱，无咎：九三应无知上六，沛意为幡幔，厚布做成的帐篷，表明无知上六严密遮蔽九三，致使三丰其沛，日中见沫，即使处于日中至明之时也只能见到如点滴微末小星。折其右肱，肱读 gōng。肱即上臂骨，与肩胛骨关节相连的骨头，最关键位置，又是右方最常用的关键，意上六无知遮蔽九三，九三无所能为，又无所归咎。象曰：丰其沛，不可大事也。折其右肱，终不可用也：刚正九三即使最了解的情况，所见也只能如微末小星，由是不可成就大事。爻辞"折其右肱"指由上六遮蔽造成九三"终不可用"，无所能任。

九四，丰其蔀，日中见斗。遇其夷主，吉：蔀，读 bù，棚席。九四爻位的象征是蔀，意思是棚席。在这个情景中，九四接近幽暗之君，尽管它处于明亮和充盈的时刻，但被六五爻位的昏暗所遮蔽。九四爻位就像太阳在中天时只能看到北斗星，其他的星辰都无法看见。九四与初爻位都是阳刚的，但它们分处于二体的下位中，等同于夷，表示相对较低的地位。然而，九四与处于下位的初九互相应和，互相帮助，吉祥。象曰：丰其蔀，位不当也。爻辞"丰其蔀"指幽暗处君位，不仅自己暗昧还遮蔽臣属。九四大臣刚不正，无法顺利地应对被遮蔽的情况。"四"、"五"都位不正造成九四"丰其蔀，日中见斗"。

六五，来章。有庆誉，吉：六五阴柔，丰卦之主，不能独立成就丰大。相反，六二被描述为顺应中正、明确准确、能够容纳并理解基层情况的位置。六二是六五的应爻，表示两者之间存在互补关系。如果六五能以诚信和真实的态度运用六二所具备的顺应中正、明确准确的特质，成就六二虚中之明的章美，则无事不成，有庆誉，吉利。象曰：六五之吉，有庆也。六五所谓"吉可以有庆，福及于天下"，指人君虽柔暗，若能用贤才则可以为天下之福。但恐做不到。因此所谓君柔暗主要指其不识贤愚，不能用贤。

上六，丰其屋，蔀其家，窥其户，阒其无人。三岁不觌，凶：

上六，丰其屋，蔀其家：上六处丰大，应以谦退为宜，因为极高致"丰大"之功在于刚健的行动，承担丰大之任在于获得合适的时机。六以阴柔之质居"丰"之极，动之终，象征其行为自满躁动之极。阴柔无知却身处至上高位，行为却无一适当，"丰其屋"处至高，但只丰益自己所有，不顾及他人。蔀其家，用棚席遮蔽，既象征自己不明见，也象征不让他人观见。

窥其户，阒其无人，三岁不觌，凶：六爻作为阴柔无知的存在，占据了丰大极位之地，却昏暗自绝于人，不与他人交流。窥其户，窥，从小孔缝隙或隐蔽处偷看。阒其无人，阒，寂静，无人。三岁不觌，觌，义"见"。结果是闭门自守，不接受外界的影响和改变。等到三岁之久不见其改变，总以此，必然凶。象曰：丰其屋，天际翔也。窥其户，阒其无人，自藏也。"六"处在上，丰大之极，自以为丰大到飞翔于天际。窥其户阒其无人，意为虽居"丰大"之极，实际它缺乏真正的实位和实际的影响力，只是自己昏暗无知自视高大，自我膨胀，自我封闭，与他人断绝交往。

56

旅卦：贞逊灵活

艮下离上

序卦：穷大者必失其居，故受之以《旅》。丰盛至于穷极或忘乎所以，所以遭遇丧败，失所安居，唯有行旅，易以此"丰"卦后设"旅"卦。旅卦离上艮下，山止不动，火行不处，失去山上原地象征行旅。又止于附丽于外，随外行旅。

卦辞：旅，小亨。旅，贞吉。旅意为羁旅，所居非己所有，付费暂居，小有亨通，亨通指可居处，小指非己所有，付费暂处。在行旅中恪守正道，因时而宜，吉祥。

象曰：旅，小亨。柔得中乎外而顺乎刚，止而丽乎明，是以小亨。旅，贞吉也。旅之时义大矣哉。

旅，小亨。柔得中乎外而顺乎刚，止而丽乎明，是以小亨。旅，贞吉也：卦象六五处外体之中，亲比九四、上九，象征准确以九四、上九所认识行动，柔得中而外顺乎刚。旅"二体"外离明内艮止，内在的思考和决策在外在的明亮行动中起到了支持和附着的作用，内在的思想以及决定的行为止而丽乎明。卦辞"小亨，旅贞吉"所指意义。

旅之时义大矣哉：旅之时和旅时如何解决问题的意义太大了。就世界甚至宇宙说，所有存在无不都在行旅，唯有人具有自觉意识，对所处环境以"柔得中乎外而顺乎刚，止而丽乎明"，得以"明确认识"的"小亨，旅贞吉"。其他存在虽非自觉，也必然对所处环境以"柔得中乎外而顺乎刚，止而丽乎明"，以感知的"小亨"践行以"旅贞吉"。无不如此。事实确证"旅之时"，及其呈现的"柔得中乎外而顺乎刚，止而丽乎明"的意义太大了，所有存在无不如此。

大象曰：山上有火，旅。君子以明，慎用刑而不留狱。火在山上，明，处高无不照，君子观明照则提醒自己要心明眼亮，明察事物的本质和真相，慎用权力和刑法。明而止象征谨慎，意思是君子要自觉于自己难能全明，多有未明，故需慎。卦外明内止，即使自以为已明白外在的事物，亦需自觉认识到自己思维中可能存在未明白的地方，停止一味坚持自己的思想和言行。观察火的运行，它不会停留在一个地方，类比于人的思维和行动，也不应该滞留于持续不明的状态。如果有不明之处，需要继续努力寻求明晰，而不是停留在困境中。

六爻简释：

初六，旅琐琐，斯其所取灾：琐琐，惊恐发抖。"六"无知，处旅困下位，不了解情况惊恐发抖。实际情况并非多么严重，由无知不了解情况自我紧张，"斯其所取灾"。象曰：旅琐琐，志穷灾也。爻辞"旅琐琐"是初六无知又不了解情况，自我紧张，"志穷灾"。实际情况或许并非初九表现得那么严重。

六二，旅即次，怀其资，得童仆贞：六二顺中正，象征行为至于准确顺以情况，所有问题都能解决，所到随即有居所，有资财用度，有童仆服侍。根据行旅需解决的问题采取行动，所有问题都能解决，结果最好。象曰：得童仆贞，终无尤也。"尤"意为"过失"。象辞"得童仆贞"是全部爻辞"旅即次，怀其资，得童仆，贞"的省略语。旅六二顺中正，象征行为贞对行旅情况，所有问题都准确解决，无过尤。

九三，旅焚其次，丧其童仆贞，厉：凡事都需贞对并巽顺情况，即乾"贞者事之干"所指，行旅更当如此。"三"刚而不中，下体之上，又艮之上，象征刚强的个性膨胀过大，可能导致困难和灾难的发生。在行旅中，同样需要注意避免自高自大，与人交流不畅，甚至导致焚"客舍"，失去住宿的地方。九三在行旅中，如果过于刚强而不顺应情势，会导致下人无法发挥力量，甚至失去随行仆人的忠贞，危险。这段描述告诫人们在行旅中要保持谦逊和灵活，不要过于强势和傲慢，以免造成危险和损失。象曰：旅焚其次，亦以伤矣。以旅与下，其义丧也。既"旅焚其次"通常自身亦困伤。行旅过刚，通常必丧失下属忠贞，其义丧。

九四，旅于处，得其资斧，我心不快：九四阳刚处柔位，非当久处，象征行旅所处是暂居之地。九四刚明比"五"应"初"，象征九四行旅能得货财器用资助，得其资斧。但所处环境不合适，九四无法履行责任，无法充分发挥自己的才能，我心不快。象曰：旅于处，未得位也。得其资斧，心未快也。爻辞"旅于处"指"未得位"，责任不能贞对学识才能，既难以履行责任，学识才能不能得其用。即使处行旅中，仍有资财器用可用，得其资斧。因责任不能贞对学识才能，不能久处，所以心不快。

六五，射雉，一矢亡，终以誉命：六五历经行旅所有岗位历练，以虚中之明处旅刚中至尊，虚中之明无不准确见，刚中至尊无不准确行。离，文明象雉。六五既准确明又准确行，称"射雉一矢亡"。所思行无不成功，终能致誉命。誉指无不见无不能的令誉。命指相应的福禄。象曰：终以誉命，上逮也。逮义"获得"，爻辞"终以誉命"意为至尊的六五获得了不可能超越的完美誉命。

上九，鸟焚其巢，旅人先笑后号眺，丧牛于易，凶：表示上九爻位的形象类比于鸟巢。鸟巢位于高处，暗示着上九爻位处于至高的位置。上九爻位属于上卦的离卦，离卦与火有关，暗示有火焚。上九爻位过于刚强而不中，处最高又离明。行旅者在旅途中因为达到至高的职位而先是欣喜欢笑，但后来却因达到高位，开始自以为是、自负和亢奋，失去了牛的顺德而遭遇失败。象曰：以旅在上，其义焚也。丧牛于易，终莫之闻也。旅所居非自有，只是付费租用暂息。如果旅行者尊高恃明必然丧失所居，其义焚。在旅途中，人们会暂时与陌生人交往和互动，自恃尊高而不合时宜，这种行为从未听说，除了神经有毛病外，几不可能。

巽卦：遵命行事

巽下巽上

序卦：旅而无所容，故受之以《巽》。巽者，入也。羁旅亲寡，唯巽顺得所容，能巽顺虽旅困无往不能入，由是易旅卦后设巽卦。巽卦一阴于二阳下，巽顺阳刚。巽以风为象，风行无不入，顺入。人事象征卑巽无不容。巽以卑顺为体，容入为用，巽为名，与"逊，谦让"相通。

卦辞：巽，小亨，利有攸往，利见大人。

象传：重巽以申命。刚巽乎中正而志行，柔皆顺乎刚，是以小亨。利有攸往，利见大人。

重巽以申命：重巽上下皆巽。上顺情况，以亨通实现贞对情况之利之道出政命，下奉政命行以牝马之贞执行完成，上下皆顺，重巽。重意为重复，君子法重巽申复政命，重复叮咛，实际执行完成。

刚巽乎中正而志行，柔皆顺乎刚，是以小亨：九五阳刚居巽刚中正至尊，巽顺以刚中正。阳刚本性上进，九五心志以中正之道上行。上下之柔皆巽顺于刚，如是虽内柔可以小亨，阴柔小者亨通。刚中正亨通是阴柔小者亨通执行完成的前提，阴柔小者亨通执行完成，确证阳刚制定的措施亨通。

利有攸往，利见大人：巽顺以实现贞对情况之利，利有攸往。卦象阴巽顺阳刚中正大人，利见大人。五二阳刚中正大人。

大象曰：随风巽，君子以申命行事。两风相重，随风。随意为相继。君子观重巽以顺，以此作为行为榜样，象征君子要遵循命令来进行行政事务，顺应上级的指示。上下体都阴柔随阳刚，顺阳刚。上顺下情出政命，下顺从执行上所出政命，按照命令行事。上下皆顺，重巽。命令顺下情，合民心，民顺从执行。

六爻简释：

初六，进退，利武人之贞：六阴柔卑巽不中，处最下承刚，过于卑巽。阴柔太过卑巽象征畏恐不安，如果能致力于果决执行九二制定的措施就会有利。象曰：进退，志疑也。利武人之贞，志治也。初六进止不定，主要因为无知心有疑虑。爻辞"利用武人之贞"意为"利用武人的刚贞"修治心志疑虑畏恐。前提是准确理解政令，具有执行技能。

九二，巽在床下，用史巫纷若，吉，无咎：居巽时，"二"以阳处阴，下巽二阳之下，初六象床足，"二"象床下又顺位，阳刚处二不正，过于谦虚不得安处。二刚中应该知大始准确顺。用史巫纷若，反复以刚明知大始认识情况，明确问题，制定解决措施。继之以顺中执行完成。古时"用史巫"可"通神明"是由历史局限造成的认识局限。刚明必首先明确情况需解决的问题，根据解决问题谋划措施，根据执行措施准备条件，即乾坤阴阳相协为用，无事不成。周易强调的只有明确情况需解决的问题，制定解决措施，根据执行需要准备条件。所有情况都如此，只要自觉以此，无事不成。悖逆无事能成。象曰：纷若之吉，得中也。二阳刚居下体顺中象过巽。象征需要反复核准情况，以刚中之明制定解决措施，习练执行技能，必解决问题吉而无咎。

九三，频巽，吝：频义多次，不停反复。既是频巽，必是频失巽，既频巽又频失巽，确证九三无主见，阳刚应该知大始。九三阳刚却无主见，羞吝。象曰：频巽之吝，志穷也。九三频巽由于其无主见，心志穷迫，心胸狭隘，不愿慷慨付出。

六四，悔亡，田获三品：六四巽正，亲比上下阳刚，根据自己认识的实际情况实现自己的目标。虽乘刚正九三象征有悔。处巽时，六四巽正根据九三认识做成事情，不会无视九三认识，无视九三认识之悔本就不可能出现，悔亡。六四准确地依据上下级的认知和意见来执行任务，使之顺利完成。犹如田猎获三品，意为获得猎物一做祭祀祭品，一待宾客食品，一做自用菜肴。六四巽以九五九三，九五九三认识制定措施，六四执行完成，三者在合作过程中都实现其生命意义，田获三品。象曰：田获三品，有功也。由六四执行完成九五、九三认识，三者都成就了所能实现的生命意义，如田猎获三品，成巽之功。

九五，贞吉悔亡，无不利。无初有终。先庚三日，后庚三日，吉：五居尊位巽之主，政令所出的主体。巽刚、中正，巽顺之利必以贞，唯贞能吉而悔亡，无所不利。即使无"初"之贞，通过矫正实现"终"之贞，终之贞就是结局贞，善终。先庚三日，更改措施前理清情况做好准备，不可盲目行动。后庚三日，执行效果需执行完成后评估确证。象曰：九五之吉，位正中也。九五象征措施政令刚决正中情况解决问题，不可能有悔咎。

上九，巽在床下，丧其资斧，贞凶：上九巽之极过于巽顺，巽在床下。由于上九过于巽顺丧失了刚断的斧头，意为上九完全丧失刚断能力，不能刚断不可能刚决应对，贞凶。针对不能刚断之凶，不能解决任何问题。象曰：巽在床下，上穷也。丧其资斧，正乎凶也。爻辞"巽在床下"意为只以巽顺必然陷于穷尽无所能为。爻辞"丧其资斧"意只以巽顺，完全丧失刚断能力，正对不能解决任何问题之凶。

兑卦：内实外悦

☱

兑下兑上

序卦：入而后说之，故受之以《兑》。兑者，说也。兑序卦，巽义入，巽入能愉悦实现目的，易以此巽卦后设兑卦，兑卦意为悦。

卦辞：兑，亨，利贞。兑意为说，表示在面对情况时，以友善和悦纳的态度去交流和合作，能够促进事物的顺利进行和亨通发展。保持贞正的态度和行为，才能通过相互的喜悦和友好来获得利益。如果忽视了贞正的原则，只是追求柔顺和讨好，就可能会导致悔恨和错误的结果。

彖曰：兑，说也。刚中而柔外，说以利贞，是以顺乎天而应乎人。说以先民，民忘其劳，说以犯难，民忘其死。说之大民劝矣哉：

兑，说也：兑意为说，一阴居二阳之上，阴说阳，为阳说。释卦名卦义。

刚中而柔外，说以利贞，是以顺乎天而应乎人：阳刚居中，象征中心诚实，有贞对情况的实际内涵意义。柔爻在外，象征以柔和对外相交。既有实际内涵又对外和说，为交往之贞，能实现交往之利。与外界进行交往的基础是有实际的价值和意义，而以友善和和谐的态度是进行交往的必要方式。

说以先民，民忘其劳，说以犯难，民忘其死。说之大民劝矣哉：以悦道交流和互动既普适，又意义重大，能振奋百姓心志。

大象曰：丽泽兑，君子以朋友讲习：兑以泽为象，丽泽，二泽依附相互滋益，君子受启于丽泽兑相滋益，而以朋友讲习相滋益。天下所当悦以友朋讲习为最，相互讲习增益学识，提高见识能力，解决所有问题。学识是解决所有问题的道，实现途径。友朋讲习是提高学识能力的道。友朋讲习是根本，意义最大。

六爻简释：

初九，和兑，吉：阳刚悦体之下，九知大始谦处悦之下，又以正，无系应，象征和顺愉悦无偏私，和悦，吉。象曰：和兑之吉，行未疑也。初九刚正随时顺处，无私心无派系，只贞对情况以兑悦谦处，无任何人能怀疑。

九二，孚兑，吉，悔亡：九二承比不正六三应当有悔，但处"兑"内体刚中，象征九二总能孚诚准确解决问题，吉利，孚兑吉。象曰：孚兑之吉，信志也。心所追求为志，"二"刚实居中，象征情况改变，心志追求总贞对情况以刚中解决问题的原则不变。

六三，来兑，凶：六三阴柔不中正，只追求舒心不遵循正道。来"兑"即主动下来亲比九二。六三阴柔无知不能主导事情发展，只能顺阳刚君子或者阳刚之道，自己以"牝马之贞"执行完成。六三主动下来兑比九二，这非正道，行为有偏颇必然凶。象曰：来兑之凶，位不当也。六三象来兑比九二，由其以柔处刚推断而来。处刚位象征主动行动，主动与九二悦，但不以正道与九二交往，必然凶。

九四，商兑未宁，介疾有喜：九四上承刚中正九五，下比无知不正六三，虽"九四"刚阳，但处"四"非正，又六三以阴柔相悦，九四不能刚决主导事项发展而与人商榷，九四有从无知不正六三的可能性。"介"为排除。在主导一件事情时，道理上只能阳主阴从，阴阳主从未定称"疾"。由于九四以刚不正，非必然从六三，自我有主导可能，排除六三的主导，称"有喜"。象曰：九四之喜，有庆也。九四之喜是象征有主导执行九五政令的可能。有"知大始"智慧的人主导执行，非具体执行，有福庆。

九五，孚于剥，有厉：刚中正处兑悦至尊，应该准确贞对情况做出决策，孚信处兑悦，必有无知之人或者无知之说令九五"欢悦、享受，剥除"知大始阳刚的"危厉"和"有厉"。象曰：孚于剥，位正当也。九五应以孚信处"兑悦"，此时必有无知以兑悦剥除知大始阳刚的"危厉"。这是因为九五以"刚中正"居兑悦，是至尊地位的象征。

上六，引兑：上六居"悦"极，成悦之主，象征其愉悦不止。因为六处上为正，比刚中正至尊，象其难以不正引诱九五兑悦，未明确吉凶。象曰：上六引兑，未光也。虽象征上六引诱兑悦，由爻辞所述原因，上六引诱兑悦未得光大，未能实现。

59

涣卦：庙凝人心

☵ 坎下巽上

序卦：说而后散之，故受之以《涣》，涣者，离也。心情烦忧则郁闷，兑悦则舒散，愉悦有散解郁闷作用。《易》以此兑卦后设涣卦。愉悦散解郁闷，符合实际。涣卦象上巽下坎，风行水上，风吹水，水涣散。涣意为涣散。

卦辞：涣，亨，王假有庙，利涉大川，利贞。

象曰：涣，亨。刚来而不穷，柔得位乎外而上同。王假有庙，王乃在中也。利涉大川，乘木有功也。

涣，亨：涣成于外乾内坤的否卦，"否"上体九四来居二，下体成"坎"。"否"六二爻上居四位成六四，上体成"巽"，象征风吹涣散坎险，涣亨。

刚来而不穷，柔得位乎外而上同：刚来不再否而不穷，柔往居"四"得顺正位，柔得位乎外，巽顺亲比刚中正的"至尊九五"，与上同。

王假有庙，王乃在中也：意为天下离散，王者至于有庙通过以刚中处刚中尊位，象征思想行为追求刚果贞中情况解决问题，能最有效收摄汇聚属民信心，王乃在中也。

利涉大川，乘木有功也：涣卦上巽下坎，上巽象木船，下坎象水,大川。其措施就像用木船"利涉大川","乘木有功也"。意为情况清楚,问题明确,措施能解决问题,就不再是坎险。

大象曰: 风行水上,涣。先王以享于帝立庙。风行水上水涣散。先王观风行水上水涣散,感悟到治理天下涣散首在收合人心,收合人心最有效措施无如至宗庙祭祀,回顾先王成就,以先王功德汇聚民心,使其不再涣散,齐心协力才能成就王业。

六爻简释:

初六,用拯马壮,吉:"六"居初涣之始,始涣,涣散不严重,用壮马拯救,措施贞对情况之义,能尽速解决问题,吉利。九二象征救治初涣的壮马。象曰:初六之吉,顺也。刚中九二亲比初,知大始又准确了解情况,顺应救治初涣。

九二,涣奔其机,悔亡:涣时,诸爻都象涣散,九二处险中,知大始又陷于险必有悔,若能奔就能安处的"俯凭"得安处,身陷险地的风险就会消失。俯凭就是爻辞的"机"。九二在险中,初六象征其"俯凭"就是爻辞的"机"。在困境中,初六与九二相互依凭,互为"机"。象曰:涣奔其机,得愿也。九二在涣散时能得到依凭获得安全,九二险中急于有依凭,"初"离其最近,相互依凭,没有悔恨,都得安处心愿。

六三,涣其躬,无悔:涣卦唯"三"和"上"相应、相助益,无涣散之悔。只是六三阴柔不中正,上九于事外无职位,不能阻止涣散趋势,但能阻止六三自身的涣散,让六三不后悔。象曰:涣其躬,志在外也。六三应上九,心志在外,对六三有助益,自身免涣散,涣其躬。

六四,涣其群,元吉。涣有丘,匪夷所思:六四顺正亲比九五,九五与六四相协为用,涣散小的群党,使都致力于天下治,元吉。六四涣散小团队,像大山一样凝聚治涣力量,齐心协力致力于治涣。六四顺正所起的作用非常人能想到。象曰：涣其群元吉，光大也。六四顺正比九五，执行九五政令涣散小团体，相协为用致力于天下治，开创了未曾有过的吉利局面，天下治的政令得以光大。

九五，涣汗其大号，涣王居，无咎：九五刚中正居尊，涣汗其大号是作易圣人以人身为例说明问题，执行号令出于人君中心，由中而外，无论多么幽远，都会传达出去，就象人的身体，汗是从内生发，全身却都湿透，即所谓汗流浃背。王政令左右无不及，自然无咎过。象曰：王居无咎，正位也。爻辞"王居无咎"意指政令如爻辞"涣汗其大号"，普遍起到相应作用无遗易，才为得居位之正。

上九，涣其血去，逖出，无咎：逖读ti，远去。上九阳刚居涣极，即将出涣，涣散了伤害，可以远去，离开目前的职位或者处境，没有咎过。象曰：涣其血，远害也。爻辞"涣其血"指到"涣"上位已解除涣散，远离了涣散之害。

60

节卦：制议德行

兑下坎上

序卦：物不可以终离，故受之以《节》。任何情况都不能无度离散，当有节止。易以此涣卦后设节卦。节卦坎上兑下，象水在泽上，水超越泽会泛滥成灾，需节制使不超越，以此涣卦后设节卦。

卦辞：节，亨，苦节不可贞。

象曰：节，亨，刚柔分而刚得中。苦节不可贞其道穷也。说以行险当位以节中正以通。天地节而四时成，节以制度，不伤财不害民。

节，亨，刚柔分而刚得中：节制目的是为亨通，现实中多有无节制败亡情况。事情要亨通一定是贞对情况节制，节制到政令贞对情况，执行能力贞对需执行政令，如此必亨通实现可能的最好结果。

苦节不可贞，其道穷也：节制到"苦"的程度，已经出现不可忍受情况，则不能再持续，因为已经不可能再节制了。

说以行险，当位以节，中正以通：卦象内兑外坎，内以悦涉外险，意为当事主体不知已遇险。当位以节，"五"居尊当位，泽上体之中有节止，主导适时节制。处中正之位，节制正中情况能亨通，中正以通。

天地节而四时成，节以制度，不伤财不害民：天地自然有节制而有四季。人欲无穷，无节制必无次序，都不得安宁，所以圣人贞对情况立制度，节制到不伤财害民，倡导相互协作相互助益。

大象曰：泽上有水，节。君子以制数度，议德行。泽容水有限，过则盈溢泛滥，无则干涸不再为泽，故需节制。君子观节象以制定制度，议德和行。"德和行"都以制度约束，使其做其该做的事情，保持中道，就如泽当有一定的水，不能使其干涸。

六爻简释：

初九，不出户庭，无咎：阳象征户，阴象征门，户庭，户外庭院。初阳在下为正，正在庭院，只要动就越"二"出户庭。上应六四象其欲与上交往，故以"不出户庭，无咎"警示，不越级九二，在户庭内动就没有咎过。初九刚正，虽应六四，但知大始能节制处下位，没有咎过。象曰：不出户庭，知通塞也。爻辞"不出户庭"是肯定词，指初九刚正知大始，象征独居"初"正位，不会上应四，安于处下无过错。

九二，不出门庭，凶：二虽刚中，互卦上艮止，下震动，艮止于下动，不能过三，"不出门庭"。九二，阳爻处阴位，"刚"处"阴"不正，居说失刚，承柔只以不正悦……象九二悖于当以刚中，失其刚中之德，凶。象曰：不出门庭凶，失时极也。九二与九五同德，若止于悦体不动，不助益九五脱险，是由只溺于悦，不尽爻辞赋予的责任，不堪为刚中，"失时"到极致，所以凶。

六三，不节若，则嗟若，无咎：不中正乘刚临险，若不节制，只叹嗟则自能归咎于自己，无可归咎。象曰：不节之嗟，又谁咎也。象辞"不节之嗟"是爻辞"不节若，则嗟若"省略语，义只叹嗟，不自我节制，又是谁的过咎呢，仍只能是自己，无其他可归咎。

六四，安节，亨：六四顺正亲比九五刚中正，安心以九五规定节制行动，亨通解决问题，安节亨。象曰：安节之亨，承上道也。爻辞"安节亨"意为六四安于以在上位的九五规定之道行动，亨通解决所有问题。

九五，甘节，吉，往有尚：九五刚中正准确知大始，所有情况都能轻松做出贞对情况的规定，执行准确解决问题，用此方式行道，令人称赞。象曰：甘节之吉，居位中也。由九五居节九五处刚中正尊位，能自觉以"刚中正尊位"的要求来自我节制，大吉。

上六，苦节，贞凶，悔亡：上六节极，节制到极致几于苦。居险之极，极多险，亦极苦，易有疏失，贞对凶。固守则凶，悔无意义亦凶。只有自觉反省自己的节制是否过度，要针对情况进行节制，不贞之悔必然不会出现。节"上"提示的教训只是凡事求中，贞中情况，既不会有悔，亦不会有过，"苦"自不会出现。只是求中既需贞对情况的自觉，更需学识才能。象曰：苦节贞凶，其道穷也："苦节贞凶"呈现出的是"其道穷"，实际或是掌握情况的自觉不及，或是学识才能不及。

61

中孚：虚心切实

☲

兑下巽上

序卦：节而信之，故受之以《中孚》。节意为节制，贞对实际情况，既无虚浮亦无隐瞒，都孚信。以此安排行事，能顺利推进事情发展，实现目的，孚信。易以此节卦后设中孚。中孚卦兑下巽上，泽上有风，风行泽上感于水中，切实如此，中孚。六爻内外都二刚，中二阴，中虚能容中孚。二体之中都阳刚中实，中孚。

卦辞：豚鱼吉，利涉大川，利贞。

彖曰：中孚，柔在内而刚得中。说而巽，孚乃化邦也。豚鱼吉，信及豚鱼也。利涉大川，乘木舟虚也。中孚以利贞，乃应乎天也：

中孚，柔在内而刚得中：卦全体中虚柔在内，二体中实刚得中。中孚卦象总体和上下体分别象征两方面意义。

说而巽，孚乃化邦也：二体上巽下说，上顺巽待下，下兑悦信从，如是孚诚化及邦国。中孚之用。

豚鱼吉，信及豚鱼也：最迟钝的豚鱼都孚信，无不信，所以吉。

利涉大川，乘木舟虚也：卦象虚中象虚舟，以中孚涉险难，乘木虚舟济川，不会有沉覆之患。

中孚以利贞，乃应乎天也：六四虚中孚信能容，比九五刚中居天位，乃应乎天也。

大象曰：泽上有风，中孚。君子以议狱缓死。泽上有风感于泽中，水体虚风能入，人虚其心才能感知物。风吹泽水动，是风作为物被水感知，象中孚切实。君子观风作为物被水感知切实发挥作用，以议狱使缓死。君子议狱要针对实际情况，不以盲目行动造成失误。其中尤以死刑判决最应当慎重，以议狱缓死杜绝误判。

六爻简释：

初九，虞吉，有它不燕：中孚之初应当"知大始"，审其所信是否确实，其所信内容确实无可置疑，则吉利。凡有疑点就不能心安，这才是"知大始"堪当"知大始"之任。象曰：初九虞吉，志未变也。初九刚正知大始，慎重审视自己的判断，以杜绝疏失有误，吉利。杜绝疏失的心志从未变。

九二，鸣鹤在阴，其子和之。我有好爵，吾与尔靡之。系辞传解释有：鸣鹤在阴，其子和之，我有好爵，吾与尔靡之。子曰：君子居其室，出其言善，则千里之外应之，况乎尔者乎。居其室出言不善，则千里之外违之，况乎尔者乎。言出乎身加乎民，行发乎尔见乎远。言行君子之枢机，枢机之发，荣辱之主也。言行君子之所以动天地也。可不慎乎？

中孚九二爻象征及提示意义。人最当谨慎的就是言和行，言行是造成荣辱的关键。言出于自身会波及到其他人。行为看似局限于近处，实际会涉及很远。言行对人的作用可以大到惊动天地，必须谨慎。象曰：其子和之，中心愿也。中心愿义诚意所愿，相通相应。

六三，得敌，或鼓，或罢，或泣，或歌：六三不中正，应上九称"得敌"，得上九呼应欣喜若狂，"或鼓，或歌"。应上九遇六四阻隔，"或罢，或泣"，所有仪态都决定于能否应遇上九，即所谓

"小人求诸人"。爻象辞都未明确吉凶，大概无需明确，因为"君子求诸己，小人求诸人"，自己无所作为，寄托于关系，结果不言自明。象曰：或鼓或罢，位不当也。居不当位象征才学不堪任，能否具备解决所需解决问题的学识能力，是决定结果的首要因素。

六四，月几望，马匹亡，无咎：四顺正，密比中孚九五刚中正之君，六四、九五相互准确孚信，九五制定政令，六四顺正执行，相协为用共成孚信之功。六四之功之誉如月将圆而未盈，盛至臣位极致。臣只能"几望"，不能"望"，若已望则匹敌君主，会有祸败。故以几望无咎。若已经"匹"敌君主则"亡"。于"月几望"臣之至善，无咎。象曰：马匹亡，绝类上也。爻辞"马匹亡"义只谈公务，断绝私交。指比九五应初九，义断绝与上下所有非公务交往。

九五，有孚挛如，无咎："五"君位。人君需要以至诚感通天下，政令为民众谋福祉。最关键之处在于孚诚，准确把握情况，制定亨通实现贞对情况之利的政令，六四主持行以牝马之贞，执行完成。首要是情况准确，才可能有相应政令。情况准确，政令贞对情况，准确执行解决问题，民众之心就如用铁链固结拘挛到执政者身上。象曰：有孚挛如，位正当也。能使天下民众之心如用铁链固结拘挛到执政者身上，确证九五非常胜任尊位之任。

上九，翰音登于天，贞凶：《礼记·曲礼下》："凡祭宗庙之礼……羊曰柔毛，鸡曰翰音。"后因以"翰音"为鸡的代称。这里指飞向高空的声音。比喻徒有虚名不可能实现。"九"处上不正，脱离实际，假大空，完全背离中孚。登于天，其主张无意义，不能实现。贞凶，贞对败亡之凶。象曰：翰音登于天，何可长也。只是空口号不可能实现，当然不可能长久。周易首要是"贞"，最糟糕的是"贞凶"。

小过：小过难免

艮下震上

序卦：有其信者必行之，故受之以《小过》。由孚信，所制定措施能亨通实现贞对情况之利，据此行动，实际获得贞对情况之利。易以此中孚卦后设小过卦。小过卦山上有雷，雷震于高处，其声传播及远过常，象小过。又阴居尊位，阳失位不中，阴小过常，亦阴小过，象小事过，过之小。

卦辞：小过，亨，利贞。小过，执行者在执行阳刚规定需要时，有些执行会有偏颇，之后有反思、有行动，能回到正道，亨通实现贞对阳刚规定之利。

象曰：小过，小者过而亨也。过以利贞，与时行也。柔得中，是以小事吉也。刚失位而不中，是以不可大事也。有飞鸟之象焉。飞鸟遗之音，不宜上宜下大吉，上逆而下顺也。

小过，小者过而亨也：阳大阴小，阴得位，阳失位而不中，象征执行完成的"阴"小过，小事过。易以阳大阴小，"知大始"制定措施大，具有技能执行完成为小。小过卦是执行完成者"过"，凡有执行措施，都能执行完成。小者过而亨也。

过以利贞，与时行也：是否"过"以所处情况，即所谓"时"为基准。执行者阴小过否，以执行"知大始"阳刚制定的措施情状为基准，执行知大始阳刚制定的措施有余力，为"阴小"能力过。不能执行知大始阳刚制定的措施，为阴小能力不及。准确执行知大始阳刚制定的措施为贞对需要，称"贞"，贞对其时。上述"过，不及，贞"三者都"与时行"，紧密关联实际情况，而只有"无过无不及"为"贞"。

柔得中，是以小事吉也：易以阳制定措施为大，阴执行完成为小。"小过"六五、六二分处上下体之中，象征准确执行完成，"是以小事吉也"。

刚失位而不中，是以不可大事也：九四以刚处柔，处执行之位，"是以不可"任制定措施的"大事也"。

有飞鸟之象焉：小过卦九三、九四阳实，六爻之中象鸟身。外四爻阴虚，象鸟张开翅膀飞翔。

飞鸟遗之音，不宜上宜下大吉，上逆而下顺也：所过如飞鸟遗音，鸟飞迅疾，声出身已过，声音不能紧随身体，有距离。人自我评估能力贡献很难准确贞对实际，但不能距离实际太远，太远则无信。由是遗音，说出的语言"不宜上"，不宜超过能力，超过能力为欺骗。"宜下"语言不及能力，行谦退，多近于实际，如是"大吉"。语言"不宜上宜下"，是人难能准确自我认识，多自见"能力贡献"，很难准确认识自我不足。能自觉以"不宜上宜下"自我评价能力贡献近于实际，大吉。

大象曰：山上有雷，小过。君子以行过乎恭，丧过乎哀，用过乎俭。雷震山上其声传播超过平常情况为"小过"。天下事很难恰如其分，"小过"，但不可太过，即小过难以避免。君子看到小过难以避免，则可有过的地方不固执杜绝，如行过乎恭，丧过乎哀，用过乎俭等。不能有"过"的地方必杜绝，诸如行过乎傲，丧过乎淡漠，更不能乐、用过乎奢，如是为宜。

六爻简释：

初六，飞鸟以凶："六"阴柔处下，上应九四，象欲上。鸟飞向上逆重力，向下顺重力，不宜上宜下，上飞凶。象曰：飞鸟以凶，不可如何也。"六"无知，象征象飞鸟一样迅疾飞向"四"，不容救止，自取凶咎，没有阻止措施。

六二，过其祖，遇其妣，不及其君，遇其臣。无咎：九三阳在上象征"二"之父，九四过父象征祖父。"二""五"都柔中居应位，"二"心志不止于"三""四"，心志在于过"四"遇五，"过其祖"九四至五。"五"处九四祖位之上，阴居尊，象尊祖九四之妣（bǐ母亲）。六二之进直到其祖九四的母亲六五，"遇其妣"，遇到其祖的母亲。"二"、"五"都阴顺又处相应之地，其他卦不能应遇，时处小过，阴柔小者无知，经常处事没有分寸，所以告诫二"过其祖，遇其妣，不及其君"，尽管六二"过其祖"六四，"遇其妣"尊位六五，但必须"不及其君"，不能陵及六五"君"权，"遇其臣无咎"，虽"遇"仍为六五之"臣"，才能"无咎"。象曰：不及其君，臣不可过也。爻辞"不及其君"义虽然时处无知"小"者经常犯错，但为臣决不可凌越君权。

九三，弗过防之，从或戕之，凶：阴过之时，"三"下体刚正，无所不能，为无知阴柔忌讳厌恶，九三对无知阴小的提防再怎么都不为过。如果不认真提防"阴小"，可能会被阴小戕害。象曰：从或戕之，凶如何也。本爻处于无知阴过可能害君子之时，如果应当谨慎防御而不防御，可能会遭遇被戕害的凶状，又能如何呢？只有过度防御被戕害而不被戕害，是最适当选择。

九四，无咎，弗过遇之。往厉必戒，勿用永贞：当人可能犯小过时，"九"阳刚知大始，处四位是以刚处柔，"刚"不出差错，故无咎。"弗过"则合宜称为"遇之"，遇处小过之道。若想有作为而行动则有很大的危险,需去除这样的想法。阳刚知大始,不随意行动,"勿用"。总贞对情况行处,"永贞"。象曰:弗过遇之,位不当也。往厉必戒,终不可长也。爻辞"弗过遇之"意以"九"处四位,位不当,遇到的是处阴小之道。"阴"过之时,阳应该退缩自保以稳妥。前往有危险,一定要戒除。"阴小"无知不能时时改变,不会长久有很强的势力。

六五,密云不雨,自我西郊。公弋取彼在穴:六五阴柔无知居尊位,认识不能贞对情况,就如西郊之云虽密但不会成雨。"公"指六五,"彼"指六二,弋是用带绳子的箭射猎。"二"为艮体中位称穴。六五、六二都阴柔处应位,象征六五用带绳子的箭牵系六二协力,公弋取彼在穴。爻辞未言结果。象曰:密云不雨,已上也。阳降阴升交合成雨。阴无知虽处尊位不能胜任,诸多政令都不能贞对情况解决问题,就像云彩虽然密布但不能成雨,无知且在尊贵的君位,不能解决"阴小"过盛问题。

上六,弗遇过之,飞鸟离之,凶。是谓灾眚:上六阴处动体至上,过之极,违背情况的速度远远超过平常情况,就如飞鸟迅疾飞翔一样,不可能贞对情况所以凶,造成灾害。灾与眚不同,灾为天殃,眚为人为造成。上六之凶既有天殃,又有人为造成的过眚。象曰:弗遇过之,已亢也。过之终,不能针对情况提出解决措施,只因无知又亢过之极,不可能解决问题。

63 既济：思患豫防

离下坎上

序卦：有过物者必济，故受之以《既济》。有过于情况需要的识见能力必济需解决的问题，易以此小过后设既济。既济卦水在火上，水火相交各当其用为既济。象天下事已济之时。

卦辞：既济，亨小，利贞，初吉，终乱。既济亨指阴柔小执行完成，小利贞。实际亨通实现贞对情况之利，初吉。执行完成情况改变，又不知当如何行动，终乱。

象曰：既济，亨。小者亨也。利贞，刚柔正而位当也。初吉，柔得中也。终止则乱，其道穷也。

既济，亨。小者亨也：朱熹："济下疑脱小字"，可按朱熹说的理解。应当是"既济小亨，小者亨也"。即"既济亨"意为阴小以措施行以牝马之贞执行完成，小者亨也。未言既有之义是"阳刚不仅已制定措施，且以之执行已亨通实现贞对情况之利。"

利贞，刚柔正而位当也：卦辞"利贞"是讲六爻都各当其位，资源安排才能贞对责任，"位当也"。

初吉，柔得中也：六二虚中，为内体之主，准确执行九五政令。未言之义，既是"柔得中也"确证九五制定政令均贞对情况，资源安排都当任，柔得中的前提是"刚得中"。"柔得中"以"刚得中"为前提。

终止则乱，其道穷也：贞对此前情况，刚柔都履行责任亨通实现贞对情况之利，情况改变。已执行完成贞对此前情况的措施，需要贞对已改变的情况制定新措施。就此终止，不贞对已改变的情况制定相应措施"则乱"，因为"其道穷也"。

大象曰：水在火上，既济。君子以思患而豫防之。既济外坎内离，象征既济本身就是情况改变，未认识面临的新情况，这新情况就是外坎险。内离明最重要的责任就是明外临坎险，这是既济最根本象征意义，即既济就是"内"卦需要总明"外"临坎险，"以思患而豫防之"。

六爻简释：

初九，曳其轮，濡其尾，无咎："初"阳刚明，体最下，上应六四，象心志锐于进。初九处在"既济"的情况下，情况改变，首先要认识情况，根据情况制定措施。"初"虽刚正，但掌握情况有限，应该限制其锐意进取，进而"曳其轮，濡其尾"，使其先认识情况，再根据情况制定措施，依据措施规定行动，这样就无过错和后悔。不清楚情况却锐意进取为咎过。象曰：曳其轮，义无咎也。既济之初，不清楚已改变的情况，曳其轮止不进。要先弄清情况，根据情况调整做法，这样就无咎过。

六二，妇丧其茀，勿逐，七日得：茀为妇人出门遮面的织物，无茀不能出门。"六二"面临的情况是既济，没有什么事情需要出门，如"妇丧其茀"。六二顺中正，根据九五认识"以牝马之贞"的态度行事，九五必定会任用六二，六二无需追逐，"七日得"指易一卦六爻，下一周期九五必有新问题，需要六二执行完成。象曰：七日得，以中道也。"五""二"刚柔中正相应。时处既济，既有问题已经解决,情况改变,但仍不清楚需解决的问题。需要首先清楚情况,制定解决问题措施,然后需要六二去执行解决,"七日得,以中道也"。

九三,高宗伐鬼方,三年克之,小人勿用:九三以刚处刚,刚正,象以刚决行正义。"鬼方",殷商时期势力比较强大的附属国,实是部落,经常骚扰殷商附属国乃至殷商本国。武丁大举进兵讨伐鬼方。鬼方游牧民族擅长征战,武丁用多年时间才打败鬼方,但未歼灭只是驱离。据传现在南西伯利亚,即东起贝加尔湖西至巴尔喀什湖一带有鬼方后人。"九三,三年克之,小人勿用"义以刚决行正义尚可,非正义不可。象曰:三年克之,惫也。"知大始"大人用刚正,付出了"三年克之"的疲惫代价,所以"大人"需要行正义,勿用"小人"。

六四,繻有衣袽,终日戒:繻,当作濡,浸湿。袽,rú,破棉絮。六四顺正,时处既济,但不大意,象征总处于渡河时需要准备好预防船可能突然漏水类似的所有不测用物的终日戒备状态。象曰:终日戒,有所疑也。已经处于相对成功的情况,更需要谨慎,才可能规避"时处既济"时很可能会大意疏漏的状态。

九五,东邻杀牛,不如西邻之禴祭,实受其福:东邻指九五阳位杀牛盛祭,不如西邻六二简单的禴祭更能获得神灵佑助,实受其福。义指凡事旨在掏空内在私欲,以虚中之明贞对情况制定措施,措施正中情况解决问题。若刚愎自用,必陷险中。既济上下体,上坎下离象征五坎险二离明。象曰:东邻杀牛,不如西邻之时也。实受其福,吉大来也。"二"以虚中之明容纳情况,准确制定亨通实现贞对情况之利措施,更有成就,这是"既济"的意义。九五爻辞"不如西邻之禴祭,实受其福",既是对九五行刚的警示,又是再次肯定六二以虚中之明意义。

上六，濡其首，厉：既济之极，"既济"将过，失败临近。坎水之上，阴柔处险极，象穷极至于濡首，有危厉。象曰：濡其首厉，何可久也。既济将终，未济即至，水已沾湿头部，危厉降临怎么可能长久呢，很快就会降临。

64

未济：辨物居方

☲☵

坎下离上

序卦：物不可穷也，故受之以《未济》。终焉。既济无所事。实际情况是总存在需解决的问题，以既济终结脱离实际，以此易既济后设未济作为终结，提示总有需解决的问题。未济终结就是永无终结，生生不已。未济为卦离上坎下，火在水上，不相为用为未济。

卦辞：未济亨，小狐汔济，濡其尾，无攸利。汔，几近。时处未济，仍可亨通。只要审慎认识情况，发现问题，制定解决措施，就可亨通。就像小狐度水，濡尾不能济。老狐有经验，履冰听水声，判断冰厚薄，避免溺于水中。小狐没有经验，勇于济，几近涉越，由于濡尾可能导致沉入水中，情况不利。

象曰：未济，亨。柔得中也。小狐汔济，未出中也。濡其尾无攸利，不续终也。虽不当位，刚柔应也。

未济，亨。柔得中也：未济能亨，是九五柔得中的象征，"五"以柔居刚尊位之中，居刚应刚中九二，"五"、"二"刚柔以中相协为用，虽未济可亨通实现贞对情况之利。

小狐汔济，未出中也：九二刚阳居险中，如果真要脱险就像小狐狸渡水有濡尾的危险，未能脱险，没到安全境地。

濡其尾无攸利，不续终也：小狐锐进，导致弄湿尾巴，不能继续到达终点，无所往之利。

虽不当位，刚柔应也：虽六爻都不当阴阳位，但刚柔都相应，象征人们处"未济"状态但相互助益，如果能谨慎认真对待则可济越。"二"不顾情况执意要"济越"困境，所以汔济濡尾。卦六爻皆不得位故为未济。

大象曰：火在水上，未济。君子以慎辨物居方：水火不交，不相济用为未济。火在水上非当处，君子看到不当的情况应该提示慎重处理当下事宜，明辨事物的本质，选择好自己居住的地方，使得事情朝好的方向发展。

六爻简释：

初六，濡其尾，吝："初"，阴柔险体最下，应"四"，处于不安的险境之中，与"四"有应，想要行动。因"初"已阴柔，所应"四"也不中正，不能提供很好的帮助使其济越。"兽"济水濡尾不能济越。主要说"初"不自量力，草率冒进，最终没有摆脱困境，羞吝。象曰：濡其尾，亦不知极也：爻辞"濡其尾"也因为"初"太无知了。

九二，曳其轮，贞吉：未济象明体之君"应"坎中九二刚中之臣。明君的刚中之臣处于险中，要不就是君臣互不了解，要不就是君臣有嫌隙。无论"二"、"五"互不了解还是有嫌隙，刚中之臣都不能急于主动见虚中明君，而需"曳其轮"。如果"二"急于见"五"，不合时宜，九二就没有"刚中"。象曰：九二贞吉，中以行正也。明君"应"刚中之臣，刚中之臣不急于求见"明君"，是因为九二知大始，了解刚中之臣当行之正。

六三，未济，征凶，利涉大川：朱熹：或疑"利"字上当有"不"字。可按朱熹的意见理解。六三阴柔不中正，居未济之时，冒进会带来厄运。不利涉大川。象曰：未济征凶，位不当也。处未济，无知处不正，征必凶。

九四，贞吉，悔亡，震用伐鬼方，三年有赏于大国：九四上体已经脱离险境，阳刚知大始，是大臣之位，向上比六五虚中明顺之君，"四"提供解决问题措施，六五允准，"四""五"相协为用，才能贞对责任，无事不成，贞吉。处位不正的后悔消失。以此能成就如殷高宗伐鬼方雷震之动的大功绩，对大国有巨大的功劳。象曰：贞吉悔亡，志行也。象辞"贞吉悔亡"是爻辞"九四，贞吉，悔亡。震用伐鬼方"省略语，义"四"、"五"相协为用"三年有赏于大国"的心志得以实行。

六五，贞吉无悔。君子之光，有孚吉：六五文明之主，以虚心居刚中之尊，"应"遇刚中九二辅臣，亲比六四近臣，"五"与"二"、"四"相协为用，准确贞对情况解决问题，贞吉无悔咎。所有成就都放射着"五"以虚中之明居刚尊之位的"君子光辉"，切实孚信吉利。象曰：君子之光，其晖吉也。六五以虚中之明应遇刚中辅臣，成就功业的光辉六方散开隆盛，呈现着吉利之晖。

上九，有孚于饮酒，无咎。濡其首，有孚失是：上九刚，在上刚之极，处明，上明之极。上九非常明白道理，上九能果断决策也是因为其非常清楚，能根据真实情况作出切实可行的决策。上九取得成就饮酒庆贺本来无咎过，也合情理。只是需注意，凡事都有贞对情况的标准，超越贞对情况的标准，如饮酒"濡其首"，象把头泡在酒缸里就过分了。也是"有孚"的"失是"，切实地远远超越了标准，非常不应该。象曰：饮酒濡首，亦不知节也。若自己饮酒如把头泡在酒缸里，虽然与他人无关，同样是不知节制，远远悖逆了自己当有的行事原则。

系辞上传

第一章

　　天尊地卑，乾坤定矣。卑高以陈，贵贱位矣。动静有常，刚柔断矣。方以类聚，物以群分，吉凶生矣。在天成象，在地成形，变化见矣。

　　是故刚柔相摩，八卦相荡。鼓之以雷霆，润之以风雨。日月运行，一寒一暑。乾道成男，坤道成女。乾知大始，坤作成物。

　　乾以易知，坤以简能。易则易知，简则易从。易知则有亲，易从则有功。有亲则可久，有功则可大。可久则贤人之德，可大则贤人之业。易简，而天下之理得矣，天下之理得，而成位乎其中矣。

第一节

　　天尊地卑，乾坤定矣。卑高以陈，贵贱位矣。动静有常，刚柔断矣：天是尊贵而高妙的存在，地是卑微而平凡的存在。他们的关系就像乾和坤一样，稳定而不变。周易以天尊地卑规定乾尊坤卑，乾以亨通实现贞对情况之利制定行动措施，坤顺以乾制订的措施行以牝马之贞执行完成。周易认为，在宇宙中一切事物都具有一定的规律性和动静之分，刚柔性质也是如此。

　　方以类聚，物以群分，吉凶生矣：方义所处地方，运动所动方向。同类的事物相互依附在一起，不同的事物互相分开。所有存在划分类别群体的基础，就是根据其"静止所处方所，运动所以方向"，所处方所、所动方向相同为同类，不同为异类。如果某物体所处的环境和所采取的行动符合实际情况，它会兴盛发展，这就是吉利的信号。反之，事物就会衰落，是凶兆。

在天成象，在地成形，变化见矣：地上的人所见的天上存在，诸如太阳星辰月亮云彩，都不能实际触及其实体，只是见其"图像"，在天成象。由此古人称思想为天官，思想里的存在亦是"在天成象"，并非实际物形体。人对地上的存在不仅能见其形象，且能实际触及其形体，确证是实体存在。无论通过见到"天"上存在的物"象"，还是"地"上实物形体，都可见其变化情状。变化是天地万物的基本属性。

第二节

是故，刚柔相摩，八卦相荡：由上述，"刚柔相摩"，存在对象和人的认识相摩擦，对象是刚，人对其认识是柔。不同对象有主从，主导者为刚，从者为柔。人根据对对象的认识画成刚柔爻不同结构的卦，用以象征人认识的对象相应变动。人认识对象通过人的认识和实际对象相摩擦，被认知的事物属于刚性的，而人的认知会根据被认知事物的变化而变化，属于柔性的，所以人对事物的认识是刚柔相摩。周易用不同的刚爻和柔爻结构组成的卦象，象征不同的认知状态，诸如乾坤象天地，巽离兑分别象长女中女少女，又象风火泽等等。这些认知相互推动，相互变化、相互转化。

鼓之以雷霆，润之以风雨。日月运行，一寒一暑：周易认为实际世界中的一切变化现象，无论是雷霆、风雨、寒暑等，都是由刚和柔之间不断相互摩擦、作用所形成的。为了表示这种变化现象，周易统一用不同的阴阳爻结构的卦来表征。阴阳爻象征刚硬与柔软的性质。不同组合的阴阳爻，构成不同的卦，表达不同的变化状态。由此亦可见《周易》是用卦爻象作为方法表示所有存在运动变化情状的"宇宙代数学"。

第三节

乾道成男，坤道成女：周易乾卦纯阳，坤卦纯阴，"乾"代表男，是创造和开创的象征，"坤"代表女，是孕育和成就的象征。

乾知大始，坤作成物：周易设乾卦象征知性主体，贞对情况适时变易认识解决措施。坤象征顺乾且具有执行能力，总是以乾的规定实际做成对象物。乾是创始和开始的源头，坤则是承载和完成的基础。

乾以易知，坤以简能：乾以易知，意味着乾的作用是启迪和辅助人们以相对容易的方式认识真理，同时要根据情况的变化产生新的认识；坤以简能，意味着坤的作用是能以简单有效的方法做成乾所规定的措施。乾卦具有主导和决定的作用，坤卦属于顺从和配合的作用，二者共同推动事物向前发展。

第四节

易则易知，简则易从：乾变化的原则是正确认知情况，通达事理，产生利益，这种原则易于被人理解和认同。坤强调的是听从乾的规定，按乾的规定寻找简单有效的解决思路，具有使事物成形和成就的意义，所以，坤的方式容易让人跟随和落实。

易知则有亲，易从则有功：制定出来的措施和方案，一旦易于被人理解和认知，就更容易获得人们的认同和参与。措施和方案越清晰具体，执行起来就越不困难，越容易吸引有相关技能和经验的人参与实施，他们也更容易做好落实，这有利于产生实效和成果。所以，一个理性和易于被普遍理解的方案，更易于在实践中产生共识和力量；一个简明易行的措施，也更易于实施和完成。这才能够真正达到预期目标和产生实际效果。

有亲则可久，有功则可大：一个方案或措施如果能真正亲近和造福更广大群众,能让更多参与者长期不懈地行动实践,则会产生更深远的影响,产生更大的成果和贡献。

可久则贤人之德,可大则贤人之业:恒久不懈地正确认识问题和情况,并制定出解决问题的措施方案,这需要高超的判断力、洞察力和行动力,这些都是贤人所具备的内在才德。根据方案和措施持之以恒地行动,最终能产生解决问题的行为和成效,这也是贤人所追求的外在目标和功业。内在的正知和高才,必定体现在外在解决问题的行为和成效上,外在卓著的功业和贡献也源于内在的聪明才智。才智与操守,知与行的统一,是贤人之道。

易简,而天下之理得矣,天下之理得,而成位乎其中矣:理解"天下之理"有两个要点:一是能根据情况作出理性判断和制定措施;二是具有实施所需的技能和行动力。既能理性判断也能行动实施,达成功业和实现目标,这证明对"天下之理"的理解和运用。一个人的历史地位和在世间的成就,取决于其实际达成的功业。而一个人内在的理解与外在的成就相对应。外在成就证明并体现一个人对"天下之理"的理解程度。一个人在理性世界的高低,也由此体现。所以,理性判断与实际行动,知识与技能的结合,内在理解与外在成效的统一,都是理解和运用"天下之理"的要义。才智与操守在内,功业与贡献在外,二者相对应,彼此为证。这段话阐明了理解和运用"天下之理"的要点在于理性与实践的统一,内在理解与外在成效的对应,从而达致知行合一。

第二章

圣人设卦观象,系辞焉而明吉凶,刚柔相推而生变化。是故吉凶者,失得之象也。悔吝者,忧虞之象也。变化者,进退之象也,刚柔者,昼夜之象也。六爻之动,三极之道也。

是故君子所居而安者，易之序也。所乐而玩者，爻之辞也。是故君子居则观其象而玩其辞，动则观其变而玩其占。是以自天祐之，吉无不利。

第一节

圣人设卦观象，系辞焉而明吉凶，刚柔相推而生变化：假设上古伏羲创立八卦，周文王和周公旦创立六十四卦及卦辞。卦图和卦辞通过象征的意义，表达自然界阴阳变化的概念和规律。刚柔两仪相互推动，不断变化，产生不同的情况和结果。圣人通过观察这种推动变化的规律，设计卦图和卦辞以表达之。他们设计卦图和卦辞的目的，是为了通过卦的象征意义，提示人们在特定情况下应有的作为和可能出现的结果。每个卦都代表一种情况，并提示人们在这种情况下应采取什么行动，可能产生什么样的结果和影响。所以，八卦和六十四卦是一部象征性的、寓意深远的参考书，旨在帮助人们提高识变的能力，作出准确判断，并相应采取行动以达到理想结果。

是故吉凶者，失得之象也。悔吝者，忧虞之象也。变化者，进退之象也。刚柔者，昼夜之象也：周易中的"吉"代表根据情况制定恰当措施并解决问题，达到预期结果。"凶"相反，执行措施未能解决问题，未达预期结果。"悔"表示后知后觉，认识到以前的错误和失误，并作出纠正。"吝"也认识到失误，但吝啬付出代价修正。"悔"和"吝"都表明之前没有明确认识情况，后来有所认识，但不甚确定，遗憾忧虑，即付出代价修正和不付出代价修正的结果相反。这其中的关键在于能否明确认识情况，明确认识必定果决付出代价修正，不会犹豫吝啬。"变化"代表通过执行措施改变情况，包括进展或后退。"刚"与"柔"表示理解与执行的不同阶段。"乾"知大始表示由不理解到理解，如黑夜到白天。"坤"执行措施，情况变化不知如何是好又会变成黑夜状态。

由此，在变化无常的环境中，关键在于是否能准确理解实际情况；明确认识变化的情况，是制定正确措施和解决问题的前提；理解驱动判断，判断引导行动，行动决定结果。理解起点不同，行动轨迹不同，结果定然迥异。所以，周易的精髓在于通过阴阳变化象征的理解，提高人们对变化情况的觉察能力，从而作出恰当判断和采取正确行动，达到预期结果。

六爻之动，三极之道也：周易一卦包含六个爻，前两个爻象征地位，三四爻象征人位，五上爻象征天位。这称为"三才"或"天地人"三极。"五""上"天位爻象征制定既定规则的高层统治者。三四人爻意思比较复杂，不仅指普通人，也指地位较高的贵族。"民"指奴隶和平民。前两个地爻表示顺从执政的命令和完成政令，履行"行牝马之贞"的责任。这段话阐明了解释周易时常用的几个重要概念，以及这些概念的内涵和象征意义，需要根据具体情况理解，这也需要运用周易整体的思维方式和哲学精髓加以理解，而不应拘泥于某个概念的表面意思。

第二节

是故君子所居而安者，易之序也。所乐而玩者，爻之辞也。是故君子居则观其象而玩其辞，动则观其变而玩其占。是以自天祐之，吉无不利：解释学易用易之方。君子所依据而处之安稳者是周易的卦序，所乐于研读玩味者是周易的爻辞。君子在安静时观察周易的象征意义和玩味其辞理，在行动时观察周易所示变化并参考其卜占。君子得天祐，遇吉运转，所向无不利，正是因为其对周易的体悟与应用。周易成就君子，君子顺天运用周易。

君子所居而安者，易之序也，三个关键辞，一是"君子"，二是"居而安"，三是"易之序"。周易讲解决问题的"贞"道，不为小人谋，不能用于谋取不当之利，所以强调"君子"。"居而安"，周易提示事理，既普适又"洁净精微"，不是具体做法，更不提示投机取巧，故必须"居而安"于贞对解决需解决问题，才能认识解决措施。心不静，或有不当企图，心绪慌乱急于求成难能认识。举例说乾卦辞"亨利贞"，未指明具体对象，不能不加思考随意套用，却又无不能用，所以需"居而安"，安以思虑贞对情况。

"易之序"指周易卦爻所表示的变化情况，与具体情况密切相关，不能孤立看待。如有乾必有坤，有屯继之蒙。有乾初九之潜，才有九二在田等等，无不在卦序爻序中。所乐而玩者爻之辞也，以"玩味卦爻辞为乐"。卦爻辞提示贞对情况解决问题措施，理解所提示解决措施以之执行能解决，自然乐于玩味以理解执行。卦爻辞提示结果不过"吉凶悔吝"，紧密关联于卦爻象征对象，脱离卦爻象征，所提示的结果无实际意义。

由上述"君子居则观其象而玩其辞，动则观其变而玩其占"意思是周易揭示事物变化的规律和应对措施，遵循普适原理，但需要根据具体情况理解和运用，不能直接套用，需要结合具体情况加以理解和运用。学习使用周易，既需要精细又需要情感体悟。"玩其占"不应理解为简单的占卜，而应理解为辨析情况，慎重审视所处情境。所以，"自天佑之，吉无不利"，只有在理解具体情境的基础上运用周易，才能解决问题，达到预期结果，得天佑而吉。

第三章

象者，言乎象者也。爻者，言乎变者也。吉凶者，言乎其失得也。悔吝者，言乎其小疵也。无咎者，善补过也：象辞即卦辞，解释卦的象征意义。爻辞提示各爻的变化象征意义。"吉"表示措施准确贯彻情况，解决问题，达到预期结果。"凶"与"吉"相反，措施未能准确贯彻情况，未解决问题，未达目标。"悔吝"相对"吉凶"都表示有小缺陷，但有差别。"悔"表示发现失误并悔悟，作出纠正。"吝"表示未舍得付出代价作出纠正。"无咎"表示虽有过失，但能够发现并作出补救，未构成实质过失。

这段话详细解释了周易卦爻结果的不同类型——吉凶悔吝无咎及其具体表达的意义。周易结果的细致划分，为理解变化提供了具体且客观的判断依据。对周易结果的丰富分类有深入理解，准确把握其具体表达的意义，方能正确判断变化的结果程度和后续状况。

是故列贵贱者存乎位，齐小大者存乎卦，辨吉凶者存乎辞，忧悔吝者存乎介，震无咎者存乎悔：根据上述，周易中爻位既象征对象所处的地位，也象征对象内在的才学水准。区分贵贱取决于爻位。高位通常为贵，低位通常为贱。中位正好象征采取准确措施处理情况，最好地解决问题。

"齐小大者存乎卦"，按统一标准判断卦的范围和意义。有的卦象征重大事件，意义重大。有的象征小是小非。乾坤最重要，乾象征思想谋划解决需解决问题的措施，坤象征执行措施的能力。所有人都有这两种能力，但范围程度有差异。范围程度差异决定解决实际问题的情况，所以是大卦。接着涉及八卦离坎的多为大卦。离象征中虚而明，内无"自我的主观"，能准确理解外在情况，制定恰当措施解决问题。坎与离相反，中实象征固执成见，外在情况难以进入，难有正确认识，这是人们遭遇坎险的根源，也是大卦。

"辨吉凶者存乎辞"，卦爻辞的"吉凶"提示解决问题的结果成败。

"忧悔吝者存乎介"，忧，忧虑烦恼，不好确定。介，纤细，微小，界限不好区别处。忧虑烦恼难以确定情况，或知错能修正，或吝啬未修正，通常在难以辨别的细节处。

"震无咎者存乎悔"，震表示重视问题，能认识失误并修正，避免过错。

这段说明判断结果需要综合考量卦辞的吉凶，卦介的忧虑程度，以及是否有卦悔的修正。单一看卦辞的吉凶难以准确判断结果的全貌，需要在不同要素之间达致平衡，方能形成准确判断。

是故卦有小大，辞有险易。辞也者，各指其所之：由上述可见，卦所象征对象有小大，卦爻辞都提示对应情况及处理措施及结果，所以"有险易"。

第四章

易与天地准，故能弥纶天地之道。仰以观于天文，俯以察于地理，是故知幽明之故。原始反终，故知死生之说。精气为物，游魂为变，是故知鬼神之情状。与天地相似，故不违，知周乎万物而道济天下，故不过。旁行而不流，乐天知命，故不忧。安土敦乎仁，故能爱。范围天地之化而不过，曲成万物而不遗，通乎昼夜之道而知，故神无方而易无体。

第一节

易与天地准，故能弥纶天地之道："弥"表示遍及所有细节无遗漏，大的结构自然明了。"纶"表示梳理清晰，全部细节都遍及且清晰准确。"天地"包含万物，天象征都有解决措施，地象征按照天提出的措施实际做成事情。周易的"乾坤阴阳"分别恪守的原则是，天可以清晰准确认识所有变化情况，提示实施通达的措施。地都能实际执行，真正达成结果。

仰以观于天文，俯以察于地理，是故知幽明之故：周易的目的是"知幽明之故",措施是"仰以观天文,俯以察地理"。仰以观天文表面上是观察天上的日月星辰情状,实际上是指所关注情况构成要素及其关系结构。俯以察地理表面上是观察指地上的山川河流呈现情状及内在原因,实际上是观察环境中各要素作用所产生的变化及影响。本句指出通过观察情况要素的内在结构及其外在作用结果,可以理解事件的全貌并得出清晰的解决路径。

原始反终,故知死生之说:原始反终指的是返回事物的最初本原状态,通过找到事物产生的缘起,可以理解其变化至终结的全过程。这说明学习周易要在表象变化之下找寻本质,追本溯源,才能推演生命的脉络,理解其变化至终结的全过程。

精气为物,游魂为变,是故知鬼神之情状:世界上所有的情况和问题,看似复杂变幻难以捉摸,实际上归根结底只有两种:一是存在的实体,二是实体之间的相互作用产生的变化。这两类虽然似乎难以捉摸,但都有其内在规律,只要人去认识理解。世事无难易,只有懂不懂,能不能。所有问题都是不懂不能则难,懂且能则易。即使不能立即解决,也可以通过学习和合作去认识解决方法和实施解决。

第二节

与天地相似,故不违,知周乎万物而道济天下,故不过:周易中乾象征正确判断情况和制定解决方法的原则。坤象征执行和完成任务的态度。二者分别与天地的功能相似。乾坤阴阳的协同运作,就像天地的协同运作,可以解决所有的问题,无所不适用,不违背自然。

旁行而不流,乐天知命,故不忧:虽然在实践中可能需要对原定措施进行一定调整,但绝不会违背"亨通实现贞对情况之利"的原则，一定会在这个原则的范围内进行调整。确实需要调整的，一定是未能根据这个原则来判断和制定措施。所以，任何事情的执行者必须且只能遵照这个原则行事，因为这是天道所赋予的原则，不能违背。只要能理解根据这个原则制定的措施就是遵循天道，就无需忧虑，一定能解决问题。

安土敦乎仁，故能爱：如果一个人能真正安定立足在以"亨通实现贞对情况之利"措施"行以牝马之贞"，必能实际"亨通实现贞对情况之利"，解决问题达成目的，这证明了人能够真正去爱人，实践仁道，这样的人可以称为实践仁道的贤者。这也表明了中国古代哲学中"知行合一"的思想。要实践仁道，必须在理论上理解原则，在实践中真正做到。只有知和行相一致，才能达到真知和真能。

范围天地之化而不过，曲成万物而不遗，通乎昼夜之道而知：乾坤阴阳分别代表认识情况制定措施和执行措施。它们协同运作，就像制造万物的模具，准确无误地解决天地之间的所有问题，不会有过度或不及的情况。如果有特殊情况需要调整，不能局限于定式，必须根据情况灵活变通。但调整一定更精准地符合"亨通实现贞对情况之利"的原则。根据这个原则一定能制定出明确的解决措施，像白昼。执行措施时情况变了，完成后面临全新情况，像黑夜，不知下一步如何做。这是需要继续再认识，再根据原则重新判断，这需要像理解日月运行一样，不断循环。这段话提供的思路指明了解决复杂问题的基本方法：需要在原则与变通之间实现动态平衡，在理论与实践之间不断螺旋上升。这需要准确把握环境变化，并据以调整，如同理解日月之理，做到精准无误。这需要持之以恒，方能运用自如。

故神无方而易无体：以上述可见，乾坤阴阳"相协为用"的周易，总以"亨通实现贞对情况之利"为最高原则，但在不同情况下"乾坤阴阳相协为用"内涵和外在呈现情状都不同，却都是以乾坤阴阳相协为用"亨通实现贞对情况之利"变易，这是周易的唯一范例。 神妙就神妙在不需要其他范例就能解决所有的问题。这段话强调了周易提供的唯一范例具有普适性。它不需要其他范例，就可以解决所有的问题。这需要在理论上具有正确的判断原则，在实践中具有变通执行的能力。这需要在乾坤阴阳之间实现互动，在理论与实践之间不断提高。

第五章

一阴一阳之谓道，继之者善也，成之者性也。仁者见之谓之仁，知者见之谓之知。百姓日用而不知，故君子之道鲜矣。显诸仁，藏诸用，鼓万物而不与圣人同忧，盛德大业至矣哉。

富有之谓大业，日新之谓盛德。生生之谓易，成象之谓乾，效法之谓坤。极数知来之谓占。通变之谓事。阴阳不测之谓神。

第一节

一阴一阳之谓道：处理任何事情都需要明确情况，理清需解决的问题，然后根据"亨利贞"原则制定解决问题措施，这是乾的责任。既然情况是实实在在存在的，只要认真考察就一定能在一定程度上掌握。基于情况，"乾"以"亨利贞"原则能谋划出解决措施。继之坤以乾制定措施行"牝马之贞"执行完成。既有问题解决，情况改变，乾继续以改变的情况制定措施，坤继续以措施行牝马之贞，执行完成，情况又改善……如此不已，一阴一阳之谓道。上述阴阳相协的说法没有对应某种情况，因为它适用于所有的情况。所以，周易是宇宙的代数学。 这段话指明了周易解决复杂问题的核心思路。这需要明确理清问题，根据原则制定措施，坚定执行。然后根据变化情况重新判断和调整，循环往复。这需要在理论与实践中不断提高，逐步达到出神入化。

继之者善也，成之者性也：承继"乾坤阴阳相协为用"能解决问题为善。总以"乾坤阴阳相协为用"解决问题，是所有人做所有事必然要遵循的本有之性，所有人做一切事都必须且只需以上述本性做事。

仁者见之谓之仁，知者见之谓之知：一阴一阳之道，乾坤阴阳相协为用之道，无论是修习德行之仁，还是修习见识之智，都必然是先认识做什么，如何做，然后根据认识实际做。

百姓日用而不知，故君子之道鲜矣：实际上，所有人学习和发展任何认知能力，都是先认识情况，然后根据认识制定措施。根据需要的措施练习技能，这被称为"百姓日用"。虽然所有人都是这样学习，但并未真正自觉意识到这个过程。所以能自觉判断情况，并根据"亨利贞"原则制定措施，然后坚定执行完成的人很少，这需要高度的觉悟和实践功夫。

显诸仁，藏诸用，鼓万物而不与圣人同忧，盛德大业至矣哉：以乾坤阴阳相协为用，首先显示出来的是以"尊贤"的"义之和"原则安排资源。凡以"尊贤"的"义之和"原则安排资源，往往使措施正确对应情况，必然顺利解决问题"亨通实现贞对情况之利"。"亨通实现贞对情况之利"就隐藏在以"尊贤"的"义之和"原则安排资源之内。以"尊贤"的"义之和"原则安排资源适用于所有情况，无论任何情况任何问题，只要以"尊贤"的"义之和"原则安排资源，必能"亨通实现贞对情况之利"，没有不能解决的问题，"鼓万物"。"亨通实现贞对情况之利"是乾坤阴阳相协为用的自然结果，不存在为解决问题的思虑忧愁，"不与圣人同忧"。"乾坤阴阳相协为用"能成功解决所有问题，德行和成就达到极致。

第二节

富有之谓大业，日新之谓盛德：基于既有情况，以乾坤卦辞为原则制定并执行完成措施，可以解决所有的问题，最终完成伟大事业。而在此过程中，人们也需要不断变革、不断更新，这是崇高的品德。

生生之谓易：根据情况采取措施执行完成后产生新的存在，情况得到改善。人们需要不懈地运用"乾坤阴阳相互作用的方法"不断产生新的认识，不停地变化，这就是《周易》所说的"生生之谓易"。

成象之谓乾，效法之谓坤：乾只是制定亨通实现贞对情况之利措施的文本文件，是情况和当采取措施和结果的图像，尚未做成实际存在。由坤执行乾制定措施实际做成乾规定的结果，成为实际存在。

极数知来之谓占：占卜代表通晓来历，通过对变化的敏锐观察和判断来预见未来发展趋势。占卜本身没有意义，其本意是通过判断情况来决定行动，获得最好结果。一直有人相信占卜，但占卜不能解决任何问题。真正解决问题的方法是通过认识和判断情况，根据"亨通贞对情况之利"的原则制定措施，然后按照"顺应环境"的方式执行这些措施，不懈努力，就可以解决问题。占卜只能判断情况，但判断正确与否还需要依靠个人的识见和智慧。占卜本身不能解决问题，解决问题需要制定和执行恰当的措施。

通变之谓事，阴阳不测之谓神：通晓以"亨通实现贞对情况之利原则谋划措施，以措施行牝马之贞"执行完成，都是亨通实现贞对情况之利需做之事。古人认为"阴阳难测"，但实际上"阴阳可测"，现实中的情况是已经存在的，可以观察和掌握。根据现有情况制定实现最好结果的措施,然后执行这些措施,这本来就是人具有的能力,并不是"阴阳难测",而是"阴阳可测",更不是神奇,而是知者可以理解,能者可以做到。当然,无知者无法理解,无能者也无法做到。

第六章

夫易,广矣大矣,以言乎远则不御,以言乎迩则静而正。以言乎天地之间则备矣。夫乾,其静也专,其动也直,是以大生焉。夫坤,其静也翕,其动也辟,是以广生焉。广大配天地,变通配四时,阴阳之义配日月,易简之善配至德。

夫易,广矣大矣,以言乎远则不御,以言乎迩则静而正。以言乎天地之间则备矣:运用乾坤阴阳的相互作用来解决宇宙间的所有问题,没有不适用的情况,其范围无限广大,论及宇宙远处的事物,难以完全理解掌控。但在处理身边事物时,可以"精准地把握情况,毫不差错",论及近处的事物,其理简明易懂。但要达到对宇宙远方和身边近处事物的理解,都需要我们有像天地一般的识见和能力。这需要我们在理论与实践的循环中不断学习和追求,在表象之外寻找生命的本质规律。这是一个长期的过程,需要宽广的视野和精深的思考,需要虚怀若谷的态度和持之以恒的毅力。但这是我们实现自我超越的必经之路。

夫乾,其静也专,其动也直,是以大生焉:乾卦在制定解决问题的措施时,总要针对实际情况,正确理解情况和趋势,做出准确判断,制定符合大道的措施。这就要求乾"静也专",需要根植于真知,不随波逐流。由于其动也直,始终按正道前进,所以能产生广大而正面的变化,"是以大生焉"。

产生广度和深度都需要正确的方法和态度。这需要我们牢固树立大道为本的思想，并在具体问题上作出准确而公正的判断。这需要正知和正见，需要专一而不随便，需要长远眼光而不局限于眼前。这需要我们树立正确标准，并在复杂环境中保持清醒和正直，做到不偏不倚、始终如一。

夫坤，其静也翕，其动也辟，是以广生焉："翕"意为关闭不再接受。坤卦只负责执行乾卦制定的解决问题的措施与行动。它完全接受乾卦根据情况作出的判断与决策，其动态表现为顺从而适应。乾卦不懈地根据情况需要制定各种措施，而坤卦总是继之以服从和执行，把这些措施广泛应用于各种场合，做成各种成果。乾卦规定和要求的都努力去实现，而乾卦没有提出的都不去涉及。所以，从坤卦可以产生广博的应用。坤卦的这种广泛而适应的作用，使得乾卦制定的各种措施都能在各个方面得以广泛实施，这就是"广生之义"。这段话表达的核心思想是：要使各种措施和决策得到广泛而成功地实施，需要贤明的制定和计划，也需要勤勉的执行和实践。这需要上下协同，理论结合实践。这需要制定规划的能力，也需要认真执行的态度。只有理论和实践相结合，思想才能真正发挥作用，各种措施才能真正落到实处。

广大配天地，变通配四时，阴阳之义配日月，易简之善配至德：乾坤阴阳相协为用，乾基于情况以"亨利贞"原则制定措施，坤以措施"行牝马之贞"执行完成。任何人处于任何情况解决所有问题，无不是乾坤阴阳相协为用，才德堪任则无不能成，乾坤阴阳相协为用作用和意义广大到配天地。

乾卦根据情况准确地制定各种措施，就像春天播种一样。这些措施的实施过程顺利，就像夏天的生长。最终完成各项工作，就像秋天的收获。达到预期结果，就像冬天的储存。这种变化过程符合四季的循环规律。

乾认识情况制定措施和坤执行犹如日月相继明，阴阳之义配日月。"元亨利贞"是能认识解决所有问题的"原则"，没有不能解决情况，堪为"至善"。坤阴以措施"行牝马之贞"，能实际实现措施规定的结果，没有不能实现情况。只要根据情况运用"元亨利贞"的原则制定措施，然后坤卦认真执行，就必然能达到至善的结果，成就至德，易简至善配至德。这需要我们具备应有的才智和力量，需要明确方向和科学方法，需要理念与行动相结合。这种理论指导下的实践推进，可以产生广泛而积极的作用，其意义深远，达到天地之间，广大无垠。

第七章

子曰：易其至矣乎！夫易，圣人所以崇德而广业也。知崇礼卑，崇效天，卑法地。天地设位，而易行乎其中矣。成性存存，道义之门。圣人有以见天下之赜，而拟诸其形容，象其物宜，是故谓之象。圣人有以见天下之动，而观其会通，以行其典礼，系辞焉以断其吉凶，是故谓之爻。言天下之至赜而不可恶也，言天下之至动而不可乱也。拟之而后言，议之而后动，拟议以成其变化。

第一节

子曰：易其至矣乎！夫易，圣人所以崇德而广业也。孔子说：周易以乾坤阴阳相协为用适时变易的智慧和能力真可谓到了极致啊！这是因为圣人通过乾卦提示的认识原则，总能准确地制定解决问题的措施，展现出崇高的识见。然后坤卦严格执行这些措施，并真正完成各项工作，实现崇高的成就。乾卦和坤卦的相互作用，适用于所有的情况，没有不能解决的问题。这可以说是宇宙间的基本法则，达到广大而深远的效果。而要实现崇高的智慧与业绩，需要与天地相称的视野，与宇宙相应的思维。需要在生活的每一个方面实践真知，追求真理。这需要理论与实践的循环提高，需要时间和持之以恒的精神。

知崇礼卑，崇效天，卑法地：乾卦的"元亨利贞"原则可以用于认识和解决所有的问题，没有不能解决的情况。这种崇高的智慧达到极致，效法天道。坤卦准确执行乾规定的各项措施，至为卑顺，坤卦效法地道，顺从天道在适当时候产生万物，没有做不成的事。

要达到崇高的智慧，需要理解天道和遵循其运作规律。这需要宽广地思维和正确判断。要完成各项工作，需要卑顺地执行，完成每一个细节。这需要严谨的态度和勤勉的精神。要解决所有的问题，需要天道的指导和地道的实践相结合。这需要理论与实践的配合，思想与行动的结合。

天地设位，而易行乎其中矣：易经以自然世界的天地上下的位置象征乾坤二卦的位置。乾卦和坤卦的卦辞分别提示人处在天地之间应遵循的思想原则和行为原则，分别是"亨利贞"和"牝马之贞"。亨通实现贞对情况之利的时空范围就是思行贞对情况的时空范围。

成性存存，道义之门："性"指人的内在生命活动。乾卦辞"元亨利贞"的义涵是：总是根据情况作出通达有利的判断和决定，制定并执行各项措施，不懈地推进，以达到通达有利的目标。成性存存就是人在成长过程中，要始终按照"元亨利贞"的要求来锻炼自己，这是丰富自己的生命、寻求道义之门的入口。

第二节

圣人有以见天下之赜，而拟诸其形容，象其物宜，是故谓之象：赜义精妙深奥，象指卦象。易经表达的理念精妙深奥，这体现在卦象中。易经的作者圣人观察到天下里许多精妙深奥的情况，根据其外在形象创造卦象来象征这些形象。但是，这些卦象还没有达到象征事物内在深奥道理的深度，它们主要是象征外在形象和表象。要真正理解易经的深刻内涵，需要在卦象表达的外在形象之上，进一步思考其内在精妙的理念。

圣人有以见天下之动，而观其会通，以行其典礼，系辞焉以断其吉凶，是故谓之爻：圣人通过观察事物的运动变化和汇聚结果，判断出其通达与否的不同状况。根据这些判断，他制定出相应的规则和礼仪以引导人们。因为事物结果的得与失不同，所以对这些结果的判断语言也不同，这些语言构成了卦爻。

言天下之至赜而不可恶也，言天下之至动而不可乱也：易经能够表达天下深奥难解的情形，而不会使人产生厌烦之感。它能解释天下极为复杂的变化过程，同时让人可以按一定的原则理解而不至于混乱。

易经能够同时达到两种效果：一是表达深奥复杂的理念，二是让人可以理解而不会混乱。这需要高超的思维与语言能力，需要找出事物的本质规律，并以简洁的方式表达，使人容易理解而又不失深刻。

拟之而后言，议之而后动，拟议以成其变化：先使用卦象来比拟事物，然后用言辞来解释这些卦象，让人理解其中的道理。按照这种理解采取行动，就可以实际达成卦爻所象征的变化，实现人们期待的目的。这就是周易采用的方法论和行事原则。

第八章

鸣鹤在阴，其子和之，我有好爵，吾与尔靡之。子曰：君子居其室，出其言善，则千里之外应之，况其近者乎？居其室，出其言不善，则千里之外违之，况其近者乎？言出乎身，加乎民，行发乎近，见乎远。言行，君子之枢机。枢机之发，荣辱之主也。言行，君子之所以动天地也，可不慎乎。同人先号啕而后笑。子曰：君子之道，或出或处，或默或语。二人同心，其利断金。同心之言，其臭如兰。初六，藉用白茅，无咎。子曰：苟错诸地而可矣，藉之用茅，何咎之有？慎之至也，夫茅之为物薄，而用可重也，慎斯术也以往，其无所失矣。劳谦，君子有终，吉。子曰：劳而不伐，有功而不德，厚之至也。语以其功，下人者也。德言盛，礼言恭。谦也者，致恭以存其位者也。亢龙有悔，子曰：贵而无位，高而无民，贤人在下位而无辅，是以动而有悔。不出户庭，无咎。子曰：乱之所生也，则言语以为阶，君不密则失臣，臣不密则失身。几事不密则害成。是以君子慎密而不出也。子曰：作易者其知盗乎！易曰："负且乘，致寇至。"负也者，小人之事也；乘也者，君子之器也。小人而乘君子之器，盗思夺之矣。上慢下暴，盗思伐之矣。慢藏诲盗，冶容诲淫。易曰："负且乘，致寇至。"盗之招也。

这里举出周易七个卦爻的实例，说明它们如何提示人们根据处境采取措施避免灾祸。

鸣鹤在阴，其子和之，我有好爵，吾与尔靡之。子曰：君子居其室，出其言善，则千里之外应之，况其近者乎？居其室，出其言不善，则千里之外违之，况其近者乎？言出乎身，加乎民，行发乎近，见乎远。言行，君子之枢机。枢机之发，荣辱之主也。言行，君子之所以动天地也，可不慎乎：鸣鹤在洼地，其子有应和之声。我有可口的食物，与你一起分享。孔子说：君子在自己居住的地方，发表善意的言语，那么千里之外的人也会响应；况且你（在眼前）的人更会如此。在自己居住的地方发表不善的言语，那么千里之外的人也会违背；况且你（在眼前）的人更会如此。言语出自个人，却影响群众；行动发于自己，却被远方所见。言行是君子改变局面、决定荣辱的关键所在。言行是君子所以能感天动地的原因。这是能不慎重的事情吗？

这是中孚卦的九二爻的象征意义。人最应该谨慎的就是言和行。人言行的得失是造成荣辱的关键所在。人的言语会波及周围的人，行为虽然近处但影响远及局外。言行对人的作用可以大到惊动天地，必须慎之又慎。

同人先号啕而后笑。子曰：君子之道，或出或处，或默或语。二人同心，其利断金。同心之言，其臭如兰：与人交往，先要体察对方的悲哀，和他一起号啕大哭。然后看对方的喜悦，跟他一起开怀大笑。孔子说：君子的行事方式，或进取或闲避，或沉默或开口。两人有同一心意，其力量可以断金。有同心意的言语，其香气如兰花。

同人卦的九五爻也说明君子之道主要体现在言行上。不论是进取还是闲避，沉默还是开口，形式各异，但内涵和产生的结果是关键。所以，在言语上要追求能与人达成"同心"，说出"同心之言"，就像闻到兰花的芳香，必定能发挥强大合力，共同完成目标。

初六，藉用白茅，无咎。子曰：苟错诸地而可矣，藉之用茅，何咎之有？慎之至也，夫茅之为物薄，而用可重也，慎斯术也以往，其无所失矣：大过卦初六爻"藉用白茅，无咎"的意思是，把事物放到地上，再垫上白茅就可以了，这样的谨慎程度已经足够，不会构成过错。这表示在行动上要符合情况，采取最佳方案，但这往往很难做到。如果无法准确把握，那么宁可谨慎些，也不能夸张冒险。

劳谦，君子有终，吉。子曰：劳而不伐，有功而不德，厚之至也。语以其功，下人者也。德言盛，礼言恭。谦也者，致恭以存其位者也：谦卦以地中有山为象，表明才德隆盛如山，行为恭谨如地。九三谦之主，知大的德才虽处于潜藏阶段，但必定会显露。这提示我们行事要谨慎，要顺应环境与情况，这样才能解决问题，处上不招忌讳，处下不招怨恨，自然可以保全自身。

亢龙有悔。子曰：贵而无位，高而无民，贤人在下位而无辅，是以动而有悔也：乾上九爻辞"亢龙有悔"表示，虽然乾上九象征至高无上的地位，但实际上并无实权和民众的支持。因占据至高位置而变得骄傲自大，却没有相应的助力与协作，也没有贤人辅佐，势必不能实现目的，必定会产生遗憾。

不出户庭，无咎。子曰：乱之所生也，则言语以为阶，君不密则失臣，臣不密则失身。几事不密则害成。是以君子慎密而不出也：节卦初九爻辞"不出户庭"表示，阳刚知大之始，要在内部节制自己，不外露，这样就不会产生错误或过失。言语容易导致祸乱，如果君主不能自我约束保守秘密，臣子就会离去；如果臣子不能自我约束泄露秘密，就会招致祸患。机密如果泄露就会产生害处。所以，君子在处事时要缜密，不对外显露，只要端正自身，依据情况修养德行，就不会遭到损害。

子曰：作易者其知盗乎！易曰："负且乘，致寇至。"负也者，小人之事也；乘也者，君子之器也。小人而乘君子之器，盗思夺之矣。上慢下暴，盗思伐之矣。慢藏诲盗，冶容诲淫。易曰："负且乘致寇至。"盗之招也。

解卦六三爻辞"负且乘致寇至"表示，如果肩负重物而乘坐车马，这就昭示这些物品并非自己所有的，来历不正，必定会遭到强力抢夺。这提示如果才能不堪任用，行为就会违背责任，必然会引发灾祸。小人如果占据高位必定骄傲自大，如果处于下位必定暴虐无度，这也是在昭示其所行所用都不正当，强盗必定会来讨伐。
"慢藏悔盗"和"六三负且乘致寇至"都说明行为不当必定招致灾祸。慢藏悔盗指不能妥善保存财物就是在教唆盗贼偷盗。冶容悔淫指用妖艳的装扮就是在教唆淫秽之人。这都说明祸福的根源在于自身。只有才能堪任，才会有相应的福报。

第九章

天一，地二；天三，地四；天五，地六；天七，地八；天九，地十。天数五，地数五。五位相得而各有合，天数二十有五，地数三十，凡天地之数，五十有五，此所以成变化而行鬼神也。

大衍之数五十。其用四十有九。分而为二以象两，挂一以象三。揲之以四，以象四时，归奇于扐以象闰。五岁再闰，故再扐而后挂。

乾之策二百一十有六，坤之策百四十有四，凡三百有六十，当期之日。二篇之策，万有一千五百二十，当万物之数也。是故四营而成易，十有八变而成卦。八卦而小成。引而伸之，触类而长之，天下之能事毕矣。显道神德行，是故可与酬酢，可与祐神矣。子曰：知变化之道者，其知神之所为乎。

上述内容主要讲解占卦方法与占卦内容。占卦的目的在于求得一卦以表示所问问题的状态，这种占卜方法没有意义，占卜并能通过占卦获得应对问题的准确判断或解决方案。事主可以通过调查认识所处状态和需要解决的问题，不需要依赖占卦。要解决问题，主要依靠的是"贞对情况"的判断原则，"亨利贞"的策划原则，以及"义之和"的资源配置原则。结局的成功与否，一决定于事主对情况的准确掌握，二决定于事主的才干与对策划与资源配置的妥当性。由此本解不解所有占卜内容。酬酢，指人以诚信可与神交互，得到神的佑助。人在处理事务时，只能根据情况作出判断，依"义之和"的原则配置资源，进而制定解决问题的措施。如果再能够以"行以牝马之贞"的态度执行，就能解决对应的问题。"酬酢"就是所面临问题情况与"亨利贞"判断原则的相互作用，也是情况与主持者才干的相互作用。这是一个普适于所有情况的结论。孔子说知道变化规律的人，就是神的作为。所谓"神"就是"知亨通实现贞对情况之利措施"者。

第十章

易有圣人之道四焉，以言者尚其辞，以动者尚其变，以制器者尚其象，以卜筮者尚其占。

是以君子将有为也，将有行也，问焉而以言，其受命也如响，无有远近幽深，遂知来物。非天下之至精，其孰能与于此。参伍以变，错综其数。通其变，遂成天地之文；极其数，遂定天下之象。非天下之至变，其孰能与于此。易无思也，无为也。寂然不动，感而遂通天下之故。非天下之至神，其孰能与于此。夫易，圣人之所以极深而研几也。唯深也，故能通天下之志；唯几也，故能成天下之务；唯神也，故不疾而速，不行而至。子曰：易有圣人之道四焉者，此之谓也。

易有圣人之道四焉，以言者尚其辞，以动者尚其变，以制器者尚其象，以卜筮者尚其占：《周易》通过乾坤阴阳理论与卦爻象征，为我们提供了四种圣人之用：言谈阐释问题崇尚周易卦爻辞，实际做事崇尚周易卦爻象征的变化，制作器物崇尚周易卦象征对象的功用，谋划任事措施崇尚对应卦爻提示的"亨通实现贞对情况之利"的变化措施。

是以君子将有为也，将有行也，问焉而以言，其受命也如响，无有远近幽深，遂知来物。非天下之至精，其孰能与于此：君子要有所为有所行，要先提出问题，提出问题时，君子的言语响亮无远近之别，如此，君子能知来者与物，如果不达到"天之至精"的高度，谁能与君子相比？

这段话给我们的启示是，凡欲行动作为，先掌握情况，基于情况以乾卦辞亨通实现贞对情况之利原则制定措施，以义之和原则安排资源，以坤卦辞提示以乾卦辞所谋划措施行牝马之贞执行完成，多能实现相应结果。

参伍以变，错综其数。通其变，遂成天地之文；极其数，遂定天下之象。非天下之至变，其孰能与于此。占筮，不予理睬。

易无思也，无为也。寂然不动，感而遂通天下之故。非天下之至神，其孰能与于此：《易经》的原理超越常人的思维与行为，超然物外，超越世俗，通过安定不动的思考，可以感悟并理解天下万物的原理。如果不能达到"天下之至神"的极高境界，谁能体会《易经》的原理？

这里对周易的意义过分赞誉。周易的意义一是贞对情况以亨通有利原则谋划措施，二是以义之和原则安排资源，三是坤卦提示的以乾谋划措施行牝马之贞执行，实际实现。

夫易，圣人之所以极深而研几也。唯深也，故能通天下之志；唯几也，故能成天下之务；唯神也，故不疾而速，不行而至：《周易》是圣人用来深入细致研究各种问题的经典著作。"亨通实现贞对情况之利原则"并不局限于某种"情况"，因为《周易》适用于"天下万事"，能为各种情况做出正确判断，实现最佳结果。只要掌握具体情况，按照"以亨通实现贞对情况之利"原则"制定措施"，按照"义之和"的原则安排资源，适用于大小、深浅各种情况。所需要的只是需要了解需解决的问题，这可以通过实际调查掌握。"亨通有利"原则明确，方向确定，主导者按照"重用贤才"的原则安排资源，所有岗位都能称职，必定解决问题，成就大业。按照"亨通实现贞对情况之利原则"制定措施，按照"重用贤才"的原则安排资源，不会走弯路，稳步前进。这些都是在思想上制定措施，"不行而至"。

子曰：易有圣人之道四焉者，此之谓也。孔子说的易有圣人之道四焉，就是上述"以言者尚其辞，以动者尚其变，以制器者尚其象，以卜筮者尚其占"。只是需要把"卜筮者尚其占"，改为"实际考察情况，明确需解决的问题"，先在思想里以"亨通实现贞对情况之利"原则谋划措施，以尊贤原则安排资源，必会有进展。进展状态只决定于谋划主体的才德，不再需要其他要素。

第十一章

子曰：夫易何为者也？夫易开物成务，冒天下之道，如斯而已者也。是故圣人以通天下之志，以定天下之业，以断天下之疑。是故蓍之德圆而神，卦之德方以知，六爻之义易以贡。圣人以此洗心，退藏于密，吉凶与民同患。神以知来，知以藏往，其孰能与于此哉？古之聪明睿知，神武而不杀者夫。是以明于天之道，而察于民之故，是兴神物以前民用。圣人以此斋戒，以神明其德夫。是故阖户谓之坤，辟户谓之乾，一阖一辟谓之变，往来不穷谓之通。见乃谓之象，形乃谓之器。制而用之谓之法。利用出入，民咸用之谓之神。是故易有太极，是生两仪，两仪生四象，四象生八卦。八卦定吉凶，吉凶生大业。是故法象莫大乎天地，变通莫大乎四时，县象著明，莫大乎日月。崇高莫大乎富贵，备物致用，立成器以为天下利，莫大乎圣人。探赜索隐，钩深致远，以定天下之吉凶，成天下之亹亹者，莫大乎蓍龟。是故天生神物，圣人则之。天地变化，圣人效之。天垂象，见吉凶，圣人象之。河出图，洛出书，圣人则之。

第一节

子曰：夫易何为者也？夫易开物成务，冒天下之道，如斯而已者也：孔子自己提出问题自己回答说：易要做什么呢？有什么意义呢？孔子自己提出问题。孔子自己回答，易是开通物理，启发帮助成就事务。能覆盖天下可能遇到的所有情况，都会提示当如何做及可能结果。也就是这些吧。

是故圣人以通天下之志，以定天下之业，以断天下之疑：由上文可以可见，作易圣人意在通过易的不同卦爻象征意义提示人实现通达天下所有问题的心志，正定如何成就天下所有情况的功业，决断天下所有疑虑。很明显，无论任何情况，只要"以亨通实现贞对情况之利原则"制定措施，以"义之和"原则安排资源，继之以措施"行牝马之贞"执行完成，必能解决情况需解决的问题，"通达"期待结果的"心志"，"正定"与情况相应的"功业"，决断与之相应的"疑虑"。无事不能如此，都能如此。

第二节

是故蓍之德圆而神，卦之德方以知，六爻之义易以贡。圣人以此洗心，退藏于密，吉凶与民同患：蓍指周易，《易经》之所以神妙广大，是因为其理论体系完备周全。如果我们能够理清事情的情况，根据《易经》的卦爻象征和词语提示，按照"义之和"的原则安排资源，制定与情况相应的措施并执行，大多能解决问题达成目的。《易经》的六十四卦都象征着可能出现的各种情况及解决方法。卦的含义让我们知道如何行动。六爻的义理随着它象征的情况变化而变化，都提示我们如何正确对待情况。《易经》的一卦六爻，六十四卦三百八十四爻都象征着我们可能面临的各种情况。通过爻的象征和词语告知我们如何正确看待和处理情况。使用《易经》解决问题的人需要选择的卦爻是否正确反映要处理的问题。卦爻的词语简短而意义广泛，可以有多种理解，所以《易经》可以适用于各种情况，成为一种"宇宙代数学"。正因为如此，使用《易经》的人需要选择卦爻，并自己理解它是否正确反映当前的情况，才有意义。

上文提到的"卦之德方以知，六爻之义易以贡"都是作《易经》的圣人根据相应情况的提示。使用《易经》的人需要理解卦爻的词语如何正确反映自己要解决的问题，才能使卦爻及其词语的提示具有"吉凶与民同患"的意义。作《易经》的圣人以清净无欲的心态，出于拯救生命和救济世人的目的创作《易经》。通过卦爻的象征提示，既能达到清净无欲、超脱世俗的境界，也实现拯救生命和救济世人的目的，判断吉凶与民同体。

神以知来，知以藏往。其孰能与于此哉！古之聪明睿知，神武而不杀者夫：周易卦爻的神妙在于提示未来可能出现情况及解决措施。所以能如此，就是因为卦爻中潜藏了以往的情况，通过察知以往情况和处理措施，可以比照认知未来可能出现情况和处理措施，解决问题。除了周易卦爻能蕴含如此之大的信息外，还有什么能做到呢！周易卦爻就是蕴含了古之聪明睿知，虽神武也不用杀伐者的行为。

是以明于天之道，而察于民之故，是兴神物以前民用。圣人以此斋戒，以神明其德夫：以"亨通实现贞对情况之利"原则制定措施无不适用，如"天之道"。以"亨通实现贞对情况之利"原则制定措施察于民之故，以之执行能解决问题。神物，本指蓍草等占卜用具，无意义。斋，清静寡欲。戒，戒除杂念私欲，斋戒即专注于"亨通实现贞对情况之利"措施，神妙到能亨通实现所有"贞对情况之利"，"以神明其德夫"，彰显其原则的优秀作用。

要达到这段话的要求，我们需要遵循"亨通实现贞对情况之利"的原则来制定措施。我们需要考虑民众的实际需要。我们需要放弃杂念与私欲，专注于制定与执行正确的措施。我们需要在实践中检验理论，不断提高理解，达到知行合一的境界。只有付诸实践，效果才会神奇，各种情况下的利益才会实现。

第三节

是故阖户谓之坤，辟户谓之乾：由上文可知，坤只以乾规定措施行"牝马之贞"执行完成，不接受其他，阖户（闭门）谓之坤。乾总是敞开接受外在情况，以"亨通实现贞对情况之利"原则制定解决相应问题措施，辟户（开门）谓之乾。

在这里，"坤"象征顺从专注的态度，需要执行"乾"制定的措施，像母马一样专心完成任务。"乾"象征主动开明的态度，需要按照"亨通实现贞对情况之利"的原则制定措施来解决问题。

一阖一辟谓之变，往来不穷谓之通："乾"开明地制定变化，"坤"顺从地执行，相继开启与关闭，直到达到"乾"规定的变化要求。情况改变，再继续在新情况下的乾坤相继，不穷尽谓之通。

见乃谓之象，形乃谓之器："见"是对事物的理解与认知，这就是"象"的含义。实物的形态外在表现，这就是"器"的含义。简而言之，"象"指理念与思维，"器"指实物与体现。理念通过实物来体现，体现反过来又丰富理念。理念与实物相互作用，相互成就。乾完成的是目的物与实现过程的设想或理念。坤，完成的是一个个有实体的产物，这些产物是根据"乾"的设想或理念制作而成的。

制而用之谓之法："乾"提供正确的原理与方法，"坤"通过严格执行实现结果，产物的完成是因为"坤"能够严格执行"乾"的要求。

利用出入，民咸用之谓之神：以乾坤阴阳相协为用做成后即从乾坤阴阳相协为用退出。再有新情况需要做成时再进入。所有平民实际都在以乾坤阴阳相协为用任事，都能成就其事。可见乾坤阴阳相协为用之神妙。

第四节

是故易有太极，是生两仪，两仪生四象，四象生八卦。八卦定吉凶，吉凶生大业：由上述，易有太极生出了乾坤阴阳两仪。两仪生出了老阴、老阳、少阴、少阳四象，四象生出了八卦，易用八卦象征不同情况和作用关系，提示趋吉避凶措施成就大业。

第五节

是故法象莫大乎天地，变通莫大乎四时，县象著明，莫大乎日月："天地"代表最基本的存在，蕴含最广泛的规律，四季变化代表最基本的变化规律，日月运行代表最明显的规律象征。要理解最广泛与最基本的规律，需要参悟"天地""四时""日月"所象征的道理。三者至今仍是事实。无需解释。未来会否如此，由未来事实确证。

崇高莫大乎富贵：这句话或许有争议，价值观不同，崇高内涵不尽相同。一般而言，"富贵"代表丰富与尊荣，象征物质与精神层面上的丰盛与完满。因此，这句话意在肯定"富贵"代表的理想境界与崇高品质。

备物致用，立成器以为天下利，莫大乎圣人："备物致用，立成器"主要是指运用"法象"（指各种原理、规律与理论）来制造"器物"（实物、产品、手段）的过程。这句话肯定圣人在运用各种原理、充分利用一切条件，达成最大效益、产生普遍利益的才华。

探赜索隐，钩深致远，以定天下之吉凶：这句话表示通过深入研究一些隐秘的或不易观察的迹象，我们可以判断事物发展的大的趋势，由此来推知国家或天下的兴衰，以采取相应的措施。它强调以微知著，通过详细深入地研究来进一步把握全局，判断问题是否能解决以及如何解决，并据以采取措施。这需要主导者有足够的才学才能胜任。运用"贞对情况实现亨通之利原则"来制定具体的措施，以及运用"义之和"原则来安排各种资源来执行这些措施，是解决各种问题的普适原则，无不适用。只要主导者有足够的才学，就总能解决问题。

成天下之亹亹者，莫大乎蓍龟：成天下之亹亹（wěi wěi）者，莫大乎蓍龟：这句话主要是针对占卜的。任何形式的占筮都无任何意义。由此以下的"是故天生神物，圣人则之。天地变化圣人效之。天垂象见吉凶，圣人象之。河出图洛出书，圣人则之"……胡适先生明确都是伪说，没有意义，本书不做解读。还有一种说法，蓍是一种植物，象征温和稳重；龟是一种动物，象征长寿安定。所以"蓍龟"成为温和稳重、长寿安定的象征。我们需要学习"蓍龟"这种温和稳重、长寿安定的品质。我们需要舍弃过激与鲁莽，追求内心的平和与舒畅。我们需要适度保守，也要积极进取，这样有助于我们成就事业。

第十二章

易曰："自天祐之，吉无不利。"子曰：祐者，助也。天之所助者，顺也。人之所助者，信也。履信思乎顺，又以尚贤也，是以"自天祐之，吉无不利"也。

自天祐之，吉无不利：这是大有上九的爻辞。由于天的帮助，一切都会顺利。这里"天"代表自然运行的规律，顺着这些规律而行，就会获得天的帮助，一切就会顺利。

《大有》的六五卦与其爻辞阐明了"亨通有利"与"贞对情况"的原则。胸怀这些原则，就如牝马之贞一般准确地执行，必能解决问题，吉无不利。牝马象征执着与专注，运用这些原则就像牝马之贞那么准确地执行，就能解决问题，一切顺利。运用"贞对情况的亨通有利"原则制定措施，用"义之和"原则安排资源，技能高超的人像"牝马之贞"一样执行，就能达到理想结果，获得"天"的帮助。所谓"天"的帮助，实际上是人达致阴阳相助、调和的智慧与能力，这样必然一切顺利。

子曰：祐者，助也。天之所助者，顺也。人之所助者，信也。履信思乎顺，又以尚贤也，是以"自天祐之，吉无不利"也。"祐"就是"助"的意思。天所助者顺，人所助者信。天会帮助那些顺应自然规律的人，人会帮助那些诚信可靠的人。实践诚信、遵循顺理、并重视贤能，这就是获得天助人助的要诀。

这里再次解释"贤"的含义。天下的事情只需要两种能力：思想能力和执行能力。思想能力指的是"思想贞以情况认识所需解决的问题，来谋划解决措施"。这是判断问题和制定解决方案的能力。这种思想上的智慧和洞察力是解决问题的基础。执行能力指"具有执行能力，能实际执行"。这是实际落实方案的能力。没有实践，任何方案也只停留在理论上。执行能力将思想付诸实践，真正解决问题。这两方面能力统称为"贤"。解决问题必须同时具备这两方面能力，缺一不可。单具备任一方面，也可称之为"贤"，更不用说两者兼备。具备这两方面能力，就可解决天下所有的问题。这是解决问题的唯一要诀，除此之外，别无他法。

第十三章

子曰：书不尽言，言不尽意。然则圣人之意其不可见乎。子曰：圣人立象以尽意，设卦以尽情伪，系辞焉以尽其言，变而通之以尽利，鼓之舞之以尽神。

子曰：书不尽言，言不尽意。然则圣人之意其不可见乎：文字不能表达所有的言语，言语也不能完全表达思想，今天这样，孔子所处的时代更是如此，那么圣人的思想难道就不可能传递了吗？

子曰：圣人立象以尽意，设卦以尽情伪。系辞焉以尽其言，变而通之以尽利，鼓之舞之以尽神：孔子回答自己上面提出的问题说，作易圣人设立《周易》的卦象，目的在适用于所有情况，反映实际世界多姿多彩，生动活泼。文字言辞针对具体情况，难以适用于所有情况，"书不尽言，言不尽意"。只有理解卦爻象征意义，并贞对情况"变而通之以尽其利"，才能"鼓之舞之以尽神"，实现"仁者见之谓之仁，知者见之谓之知"的贞对情况结果。因为这个原因，周易采用卦爻象图示，附以极其简单宽泛的辞语，不同的用易者可以根据自己关注的情况理解卦爻象及其辞语，"变而通之以尽其利"，成就"鼓之舞之以尽神"，不同用易者各自结合情况变通运用，实现"仁者见之谓之仁，知者见之谓之知"的结果，都能实现成就贞对情况的效果。

第十四章

乾坤，其易之缊邪？乾坤成列，而易立乎其中矣。乾坤毁，则无以见易。易不可见，则乾坤或几乎息矣。是故形而上者谓之道，形而下者谓之器。化而裁之谓之变，推而行之谓之通，举而错之天下之民谓之事业。是故夫象，圣人有以见天下之赜，而拟诸其形容，象其物宜，是故谓之象。圣人有以见天下之动，而观其会通，以行其典礼，系辞焉以断其吉凶，是故谓之爻。极天下之赜者存乎卦，鼓天下之动者存乎辞。化而裁之存乎变；推而行之存乎通；神而明之存乎其人；默而成之，不言而信，存乎德行：

乾坤，其易之缊邪？乾坤成列，而易立乎其中矣。乾坤毁，则无以见易。易不可见，则乾坤或几乎息矣：天地的形成是《易》确立的基础。没有天地这个参照系，《易》就失去实质意义，也难以继续存在。同理，如果《易》不复存在，天地这个概念也会消失。没有天地阴阳就没有《易》，二者相互依存。

另一种解释是，乾坤代表阴阳，是认知情况、制定和执行方策的过程。《易》由卦组成，卦由阴阳的爻组成，都代表着在不同情况下如何认识情况、制定和执行方案，所以乾坤是《易》的本源。

是故形而上者谓之道，形而下者谓之器。化而裁之谓之变，推而行之谓之通，举而错之天下之民谓之事业：超越形体的是道理，具有形体的是实际器物。《周易》是通过具体事物象征抽象的道理，因为具体的可以直接观察，抽象的道理不能直接看到，难以完全准确理解，所以仁者见之谓之仁，知者见之谓之知。正是周易采用阴阳卦象表达意义，没有固定定义，可以根据情况变化运用使周易成了"宇宙代数学"，用到哪里，及发挥的作用，更在人的应用中。

是故夫象，圣人有以见天下之赜，而拟诸其形容，象其物宜，是故谓之象。圣人有以见天下之动，而观其会通，以行其典礼，系辞焉以断其吉凶，是故谓之爻。极天下之赜者存乎卦，鼓天下之动者存乎辞。化而裁之存乎变；推而行之存乎通；神而明之存乎其人；默而成之，不言而信，存乎德行：这段话阐释

"象""爻""卦""辞""变""通"等概念的内涵及其关系。"象"和"爻"来自圣人的观察,"卦"和"辞"是其结晶,"变"和"通"是对其的运用。"神明"在人,"品行"为其基础。

这段话与上段类似,也说明《周易》的方法是采用象征来表达意思。天下万物的特征存在于卦,天下事物的变化存在于辞,所以改造和运用存在于变,实施存在于通。《周易》可以应用到任何地方,达到什么结果与使用者的想象和关注息息相关,实现既无所不能运用又不可能直接死板运用,真正关键在于个人的"神明"、"品行"。

系辞下传

第一章

八卦成列，象在其中矣；因而重之，爻在其中矣。刚柔相推，变在其中矣；系辞焉而命之，动在其中矣。吉凶悔吝者，生乎动者也。刚柔者，立本者也。变通者，趣时者也。吉凶者，贞胜者也。天地之道，贞观者也。日月之道，贞明者也。

夫《乾》，确然示人易矣。夫《坤》，隤然示人简矣。爻也者，效此者也。象也者，像此者也。爻象动乎内，吉凶见乎外，功业见乎变，圣人之情见乎辞。

天地之大德曰生，圣人之大宝曰位，何以守位曰仁，何以聚人曰财，理财正辞，禁民为非曰义。

第一节

八卦成列，象在其中矣，因而重之，爻在其中矣：八卦形成后，象征意义便在其中确立，由此可以推演出爻的确定。八卦的形成模拟太极产生阴阳，阴阳构成八卦，八卦叠加成六十四卦，代表事物发展的不同状态。不同的卦和爻都有其象征的意思。

关于太极的含义有不同的说法。总的来说有两种看法：一是天地初开之前的混沌状态，二是包含一切的"理"。这两种说法似乎相反，但实际上是一致的。所以它们一致，都是从人认知客观世界出发：未认知即为混沌，清楚认知就是"理"，是最权威的结构。

刚柔相推，变在其中矣，系辞焉而命之，动在其中矣：刚柔相推指易用不同卦不同爻位结构象征不同变化情状。常人不能见其象征意义，作易圣人系上相应辞语，提示卦爻象征的运动变化情状及可能结果，用以提示。

"刚柔相推"表示《周易》采用不同的卦和不同的爻位置的结构来象征不同的变化状态。普通人无法直接看出它们的象征意义，所以《周易》的作者加上相应的词语，提示卦和爻象征的变化状态和可能的结果，以提供提示。

吉凶悔吝者，生乎动者也：这句话阐明吉凶悔吝的含义。吉凶、悔吝都是不同变化带来的结果。吉代表通过措施解决问题达到目的，凶代表措施未解决问题未达到目的。悔表示开始未能解决问题，后来通过悔悟改变措施解决了问题。吝代表存在认识到错误应该纠正的情况，但由于吝啬不愿付出代价去纠正，最终未解决问题。

刚柔者，立本者也，变通者，趣时者也：刚柔是构成《周易》的基本要素，变通是对时宜的适应，刚柔提供基础，变通实现适用。

果断地根据情况中的"利"，制定能实现顺利的措施，然后执行这些措施，贯彻到底，达到目的。只有措施对应情况的变化，即"趣时"，才能顺利达到目的，获得利益。这是《周易》提示人处理事情的根本方法。

第二节

吉凶者，贞胜者也。天地之道，贞观者也。日月之道，贞明者也：吉指措施贞对情况，解决了问题。凶是吉的反义，措施未贞对情况解决问题。吉代表措施对应情况，解决了问题。凶是吉的反面，代表措施未对应情况，未解决问题。吉凶，都是由是否对应情况决定的。只有因时而宜的正确认识者，才能理解天地运行规律；

只有因时而宜的头脑清明的人，才能认识明了日月变化的规律。

天下之动，贞夫一者也：天下所有的事情成功或失败都在一个"贞"字上。只有对应情况采取行动或停止，才能解决问题达到目的，称为顺利；否则无法达到目的。"贞"是关键，成功在于动止是否对应情况。

第三节

夫《乾》，确然示人易矣。夫《坤》，隤然示人简矣。爻也者，效此者也。象也者，像此者也。爻象动乎内，吉凶见乎外，功业见乎变，圣人之情见乎辞：乾卦直接明示《易》的道理，坤卦简单地显示《易》的道理。卦及爻效法此（乾坤），象也象征此（乾坤），卦爻的变化在内，吉凶表现在外。成果在变化中见，圣人的意图在辞语中见。

乾代表果决地对应情况，以"亨通实现贞对情况之利"原则制定解决问题措施。坤遵循乾制定的措施，持之以恒地执行，完成乾制定的措施，实际解决问题。阴爻模仿坤的作用，阳爻模仿乾的作用。阴爻完全顺从阳爻，根据阳爻的判断持之以恒地执行。乾坤卦及阴阳爻都是这种主导与被主导的关系。《周易》不同卦的阴阳爻不同排列象征不同的运动状况。成功或失败只取决于这些象征所表示的措施是否对应情况，对应情况就能解决问题。这些道理在《周易》圣人写的卦辞和爻辞中都有提示。

天地之大德曰生，圣人之大宝曰位，何以守位曰仁，何以聚人曰财，理财正辞，禁民为非曰义：天地最大的德行，就是以乾坤卦相协为用来生生不息地促进生成万物的状况。对用《易》的圣人来说最宝贵的就是所处的职位或者平台。保持这个位置的方法是根据才能安排资源，特别是安排人才，这最为重要。安排人才首先需要聚集人才，而聚集人才需要财富。管理财富有赏罚的能力，需要以正直的原则明确行为标准，这样就可以根据标准对人进行准确评价安排。同时，也要禁止人民作恶，要人民根据标准履行责任。资源的使用都要合乎义，这样就能准确地解决所有的问题。

第二章

古者包牺氏之王天下也，仰则观象于天，俯则观法于地，观鸟兽之文，与地之宜，近取诸身，远取诸物，于是始作八卦，以通神明之德，以类万物之情。作结绳而为网罟，以佃以渔，盖取诸《离》。包牺氏没，神农氏作，斫木为耜，揉木为耒，耒耨之利，以教天下，盖取诸《益》。日中为市，致天下之民，聚天下之货，交易而退，各得其所，盖取诸《噬嗑》。神农氏没，黄帝、尧、舜氏作，通其变使民不倦，神而化之，使民宜之，易穷则变，变则通，通则久，是以"自天祐之，吉无不利"。黄帝、尧、舜、垂衣裳而天下治，盖取诸《乾》《坤》。刳木为舟，剡木为楫，舟楫之利，以济不通，致远以利天下，盖取诸《涣》。服牛乘马，引重致远，以利天下，盖取诸《随》。重门击柝，以待暴客，盖取诸《豫》。断木为杵，掘地为臼，臼杵之利，万民以济，盖取诸《小过》。弦木为弧，剡木为矢，弧矢之利，以威天下，盖取诸《睽》。上古穴居而野处，后世圣人易之以宫室，上栋下宇，以待风雨，盖取诸《大壮》。古之葬者，厚衣之以薪，葬之中野，不封不树，丧期无数，后世圣人易之以棺椁，盖取诸《大过》。上古结绳而治，后世圣人易之以书契，百官以治，万民以察，盖取诸《夬》。是故易者象也，象也者像也。彖者材也。爻也者，效天下之动者也。是故吉凶生而悔吝著也。

第一节

古者包牺氏之王天下也，仰则观象于天，俯则观法于地，观鸟兽之文与地之宜，近取诸身，远取诸物，于是始作八卦，以通神明之德，以类万物之情：指包牺氏通过观察天象、地理和鸟兽的情况，发现了自然界和生命现象中的某种本有的规律，然后将这种规律通过八卦加以概括和象征。八卦来自现实，反映现实。八卦反映的不是主观臆造，而是现实世界的客观存在。

作结绳而为网罟，以佃以渔，盖取诸《离》。包牺氏没，神农氏作，斫木为耜，揉木为耒，耒耨之利，以教天下，盖取诸《益》。日中为市，致天下之民，聚天下之货，交易而退，各得其所，盖取诸《噬嗑》：制作网罟以捕鱼，以耕渔为生，这取材于离卦。包牺氏去世后，神农创作。将木料制作成耜和耒、农具的效果，用来教化天下，这取材于益卦。在市场进行交易，天下人聚集，天下货物聚集，交易后各得所需，这取材于噬嗑卦。这三卦是神农时代遵从法象制器的实例。这段话所举的三卦的象征意义并不局限于某一确定含义，更重要的是体现其中的原理。《周易》作为代表宇宙论数的学说，其卦辞和句意难以寻求确定的、唯一的解释。不同的理解者可以从不同角度进行解释，都有其依据。

神农氏没，黄帝尧舜氏作，通其变使民不倦，神而化之，使民宜之，易穷则变，变则通，通则久，是以"自天祐之，吉无不利"：神农氏之后黄帝、尧、舜等圣贤，能够不断变通，让人们不感到疲倦，而且能够适应各种变化。当情况变得困难时，就要变通；变通之后，才能够通达，通达之后才能够持久。因此，这种变通的精神能得到天的护佑，能够带来吉祥和利益。这句话是指黄帝、尧、舜时代已经自觉地运用"通其变使民不倦，神而化之使民宜之"的原理，同时也逐步意识到"易穷则变，变则通，通则久，是以自天祐之，吉无不利"的道理。

黄帝尧舜垂衣裳而天下治，盖取诸《乾》、《坤》：这一句更有特殊意义。上衣下裳这一比喻对应乾坤卦的上乾下坤，上衣象征乾卦的原理，下裳象征坤卦的原理。虽然卦辞由周文王著，但在更早的黄帝尧舜时代，如果已经有思想主导行为的观念，这也极为重要。黄帝尧舜时代到周文王，历经的时间难以估计。即使在黄帝尧舜时代思想主导行为的观念还不明确，这也具有极大意义。

刳木为舟，剡木为楫，舟楫之利，以济不通，致远以利天下，盖取诸《涣》。服牛乘马，引重致远，以利天下，盖取诸《随》。重门击柝，以待暴客，盖取诸《豫》。断木为杵，掘地为臼，臼杵之利，万民以济，盖取诸《小过》。弦木为弧，剡木为矢，弧矢之利，以威天下，盖取诸《睽》。上古穴居而野处，后世圣人易之以宫室，上栋下宇，以待风雨，盖取诸《大壮》。古之葬者，厚衣之以薪，葬之中野，不封不树，丧期无数，后世圣人易之以棺椁，盖取诸《大过》。上古结绳而治，后世圣人易之以书契，百官以治，万民以察，盖取诸《夬》。

刳木为舟，剡木为楫。舟楫可以远行利万世，取材于涣卦。服牛乘马，可以远引重物利万世，取材于随卦。重门击柝，以防暴客，取材于豫卦。断木为杵，掘地为臼。杵臼可以利万民，取材于小过卦。弦木为弧，剡木为矢。弧矢可以威服天下，取材于睽卦。上古穴居野处，后世宫室上下栋宇，以防风雨，取材于大壮卦。古之葬者厚衣薪火葬中野，后世棺椁，取材于大过卦。上古结绳治国，后世书契百官治理万民，取材于夬卦。

这段话举出的例子较为详尽，涵盖交通运输、军事、居住和葬制等各个方面，说明圣人运用《周易》卦辞制定器物或治国。这为理解《周易》理论在政治与社会生活中的渗透提供了范例。这些例子的解释并不需要求同，可以有不同理解，重要的是说明《周易》理论的运用。《周易》理论的运用是人的自觉进步的过程，经历了漫长历程。

第二节

是故易者象也，象也者像也。彖者材也。爻也者，效天下之动者也。是故吉凶生而悔吝著也：周易的卦象通过类比与对应现实事物而画出，并反过来依照卦象做成相应的实物。这体现出符号与实物的互相影响。彖辞解释整个卦象的寓意。爻辞象征可能的变动情况和应对措施。这可以启发我们理解相似情况应采取的措施和结果。正确理解情况并运用得当，可以解决问题并获得预期利益。相反，不能解决问题，这就是卦辞"凶"所指。有一定认识但不确定，存侥幸心理不肯付出纠正的代价，这就是"吝啬"，会遭受损失而生"悔"。这是易中吉凶、悔吝的寓意。

第三章

阳卦多阴，阴卦多阳。其故何也？阳卦奇，阴卦耦。其德行何也？阳一君而二民，君子之道也。阴二君而一民，小人之道也。易曰："憧憧往来，朋从尔思。"子曰：天下何思何虑？天下同归而殊途，一致而百虑，天下何思何虑。日往则月来，月往则日来，日月相推而明生焉。寒往则暑来，暑往则寒来，寒暑相推而岁成焉。往者屈也，来者信也，屈信相感而利生焉。尺蠖之屈，以求信也；龙蛇之蛰，以存身也；精义入神，以致用也；利用安身，以崇德也。过此以往，未之或知也。穷神知化，德之盛也。易曰："困于石，据于蒺藜，入于其宫，不见其妻，凶。"子曰：非所困而困焉，名必辱，非所据而据焉，身必危。既辱且危，死期将至，妻其可得见邪。易曰："公用射隼于高墉之上，获之，无不利。"子曰：隼者，禽也。弓矢者，器也。射之者，人也。君子藏器于身，待时而动，何不利之有？动而不括，是以出而有获，语成器而动者也。子曰：小人不耻不仁，不畏不义，不见利不劝。不威不惩。小惩而大诫，此小人之福也。易曰：履校灭趾无咎，此之谓也。善不积，不足以成名；恶不积，不足以灭身。小人以小善为无益而弗为也，以小恶为无伤而弗去也，故恶积而不可掩，罪大而不可解。易曰：何校灭耳，凶。子曰：危者，安其位者也。亡者，保其存者也。乱者，有其治者也。是故君子安而不忘危，存而不忘亡，治而不忘乱。是以身安而国家可保也。易曰："其亡其亡，系于苞桑"。子曰：德薄而位尊，知小而谋大，力小而任重，鲜不及矣。易曰："鼎折足，覆公餗，其形渥，凶。"言不胜其任也。子曰：知几其神乎？君子上交不谄，下交不渎，其知几乎。几者，动之微，吉之先见者也。君子见几而作，不俟终日。易曰："介于石，不终日，贞吉。"介如石焉，宁用终日？断可识矣！君子知微知彰，知柔知刚，万夫之望。子曰：颜氏之子，其殆庶几乎？有不善，未尝不知；知之，未尝复行也。易曰："不远复，无祗悔，元吉"。天地絪缊，万物化醇。男女构精，万物化生。易曰："三人行则损一人，一人行则得其友。"言致一也。子曰：君子安其身而后动，易其心而后语，定其交而后求，君子修此三者故全也。危以动，则民不与也，惧以语，则民不应也。无交而求，则民不与也。莫之与，则伤之者至矣。易曰："莫益之，或击之，立心勿恒，凶"。

第一节

阳卦多阴，阴卦多阳。其故何也？阳卦奇，阴卦偶。其德行何也？阳一君而二民，君子之道也。阴二君而一民，小人之道也：阴卦象无知又争权夺利。其他似乎无需解释。阳卦多阴，阴卦多阳，其故何也？这是因为卦象的变化顺应阴阳替代的规律。阳卦奇，阴卦偶，其德行何也？阳卦象征正德，阴卦象征邪德。阳卦以一阳象征君主，二阴象征民众，这体现君子之道。阴卦以二阴象征君主，一阳象征民众，这体现小人之道。阴卦所象征的两个方面：无知和权力欲。阴卦以二阴象征君主，一阳象征民众，这反映出君主贪图权力而不顾民众的无知态度，这解释了阴卦象征小人之道的原因。

易曰："憧憧往来，朋从尔思。"子曰：天下何思何虑？天下同归而殊途，一致而百虑，天下何思何虑。日往则月来，月往则日来，日月相推而明生焉。寒往则暑来，暑往则寒来，寒暑相推而岁成焉。往者屈也，来者信也，屈信相感而利生焉。尺蠖之屈，以求信也；龙蛇之蛰，以存身也；精义入神，以致用也；利用安身，以崇德也。过此以往，未之或知也。穷神知化，德之盛也。

咸卦九四爻辞"憧憧往来，朋从尔思"是我的思维随着周遭事物的变化而改变。孔子具体是如何解答的呢？

孔子回答说：天下事有什么值得反复思考呢？天下事虽然各有情况，千变万化，似都不同，却又确实没有什么值得反复思考的，大原则都一样，不过理清情况，贞对不满意和行为主体所具有能力和条件，思考解决不满意情况的措施，执行措施解决不满意实现目的。能力不具备不能解决，或与人协作，或降低要求，都是实现可能最好结果的措施。所有问题都如此，解决任何问题都同归于认识既有情况，以"亨通"实现相应之"利"原则谋划解决问题措施，即所谓一致。所有问题情况不同，实现"贞"对情况"亨通之利"措施内涵都不同，即所谓百虑殊途。又都以过程"亨通"实现"有利"目的，谋划"贞"对情况要解决问题的措施。无不如此。天下事，大到"日往月来，寒往往来"，小到"尺蠖进退"，"龙蛇蛰存"，都是乾坤阴阳相协为用，认识情况，以情况变通措施，措施"贞对情况"解决问题实现"亨通之利"，不能随情况变通措施何以会有亨通之利。措施贞对情况解决问题，永恒之道。

以下列出孔子解释十卦爻辞作为学易示范。体例都如上咸卦九四爻辞，先列出爻辞，后紧跟"子曰"孔子解释。以下仅释爻象和孔子解释。

卦爻辞表达了自然界的现象与变化，寓意时运与人事。孔子的解释通常从两方面进行：一是解释卦爻辞所象征的自然现象或人文意蕴；二是阐发这些寓意所蕴含的哲理或对人的启示。

易曰："困于石，据于蒺藜，入于其宫，不见其妻，凶。"子曰：非所困而困焉，名必辱，非所据而据焉，身必危。既辱且危，死期将至，妻其可得见邪。

这是困卦六三的爻词。世事本无难易，关键在于处理事情的人是否具备相应的才智。对有知识和能力的人来说任何问题都是易解的，但对不具备这些的人来说都是难题。六三代表对情况的误判和决定不当，是极端危险的象征。"困于石，据于蒺藜"具体描述了六三的困境。三位被九二和九四的刚阳包围，既无法前进，也找不到安身之处，退入其宫又失去原有所依，这就是六三的困窘处境。孔子的解释正是根据这个处境。非所当困而困必遭辱，非所当据必身遭危险。既遭辱又危，生命的终点就要来到，在这种情况还能见到妻子吗？柔和谦让者无害，而六三乘刚冒进被困于石且据于蒺藜，进退都难，生命就要终止。有知识者决不会如此。这说明，解决问题需要采取符合实际的措施。措施失当必定失败。六三象征缺乏这种能力，冒险进取，必定处于困境。

易曰："公用射隼于高墉之上，获之，无不利。"子曰：隼者，禽也。弓矢者，器也。射之者，人也。君子藏器于身，待时而动，何不利之有？动而不括，是以出而有获，语成器而动者也。

（1）上六表示解除问题已接近尾声，但是还有严重的难题未解。"公"代表高位，说明问题涉及高层。

（2）"隼"象征的害人之徒，在城墙上活动，表示危害虽未到内部但也未完全离去。"高墉"表明防御严密，但还可能有危害。这暗示问题尚未彻底解决。

（3）上六说明解除问题已到高峰，设备齐全，能彻底解决所有的问题和难题。这就是孔子解读上六的根据。

（4）孔子论述了三点：解决问题需要准确判断情况，然后"藏器"并"待时"行动。适时使用工具，就"发而无不利"。

（5）这三点适用于任何事情，从个人解决具体问题到国家大事，都需要准确判断，然后选择恰当工具并等待时机行动。只有具备这三点，无论大小事都能顺利解决，否则会受阻或失败。

（6）上六表示解除不正常的六三所象征的问题，由此可知上六应是掌权之位，其他爻都不当位。二五爻在公用射隼卦中占中宫，为刚爻，表示中正之意。而上六又处在刚爻上方，表示有助于上六。所以，根据二五爻的中正之义和对上六的帮助，可以判断上六应是解决问题的关键所在，能够脱离困境并获得成功。

子曰：小人不耻不仁，不畏不义，不见利不劝。不威不惩。小惩而大诫，此小人之福也。易曰：履校灭趾无咎，此之谓也。

孔子说：小人不以无耻和无仁为耻，不畏惧无义的行为，不见利益就不行动。如果不加以威慑和惩罚，只是小惩大诫，这就是小人之福。

噬嗑初九爻辞，履校灭趾，无咎。

（1）初九在下卦，象征民众或受刑人。"履"是用麻或葛编织的鞋，"校"是古代的刑具，"灭趾"是限制行动的刑罚，是指脚镣。

（2）"屦校灭趾"表示使用麻鞋和脚镣来限制行动的轻刑，目的是防止再犯重罪，所以"无咎"。这表明量刑适度，达到警告和管教的目的。

（3）"灭趾"一词虽然暗示对脚趾的损害，但考虑到"屦校"的表述，它应更准确理解为"桎"，即脚镣。它是强调初犯轻罪，所以采用较轻的刑罚。

（4）"灭趾"并不意味着真正损害脚趾，它是通过限制行动达到警告效果，让其不敢再犯重罪。这符合初犯轻罪，量刑宽大的原则。

（5）所以，"屦校灭趾，无咎"说明对初九使用适度的刑罚，达到教育和管教的目的，量刑恰如其分，没有过失。目的是防止其再犯罪，这是对轻罪初犯的宽大处理。这段解释通过分析噬嗑卦初九爻辞的文字和象征意义，认为"屦校灭趾，无咎"代表采取适度刑罚，达到警告和教育的目的，这符合对轻罪初犯的原则，量刑恰当没有过失。

善不积，不足以成名；恶不积，不足以灭身。小人以小善为无益而弗为也，以小恶为无伤而弗去也，故恶积而不可掩，罪大而不可解。易曰：何校灭耳，凶。

善行不积累难以使人出名，恶行不积累也难以毁灭一个人。正是恶行的积累才会对人产生巨大危害。小人以为小善行为无益故不做，以为小恶行为无伤故不去。这就导致恶行不断积累，最终不可掩盖，罪孽深重不可释怀。这表明小人懒于行善积德，又忽视小恶的危害，结果使恶行像滚雪球一般不断膨胀。

"易曰：何校灭耳凶"这是噬嗑上九爻辞。

（1）何，负荷。校，jiào，套在罪犯脖子上的木板刑具，木校大到盖住了耳朵，这表示上九象征的是一个罪大恶极的人。

（2）上九过度阳刚，意味着罪恶已达到极点，就是《系辞》所说"恶积而不可掩，罪大而不可解"的情况。所以采取"何校灭耳"的严厉惩罚。

（3）"聪"表示能听清言语但不明事理。古人由于不了解人体结构，认为耳朵能听清言语就执行职责，而不明事理不是耳朵的责任。所以，"何校灭耳"的惩罚是对听而不明的行为，表示无需再听，实际上是对大脑的惩罚。

（4）真正需要开发和教育的是"心"，即大脑。通过教育启发使其明白事理，这才是改变行为的关键所在。"何校灭耳"的严厉惩罚并非解决问题的良方，关键在于思想和意志的转变。

（5）所以，"何校灭耳凶"虽然表达了对罪大恶极者的严厉惩治，但真正需要改变的是思想，开化心智，通过教育引导其明白事理。外在的严惩是辅助手段，内在思想的转变才是关键。

子曰：危者，安其位者也。亡者，保其存者也。乱者，有其治者也。是故君子安而不忘危，存而不忘亡，治而不忘乱。是以身安而国家可保也。易曰："其亡其亡，系于苞桑"。

孔子说，君子要时刻警惕和预防危险，如果已经陷入困境，要保护现有的资源和利益，以期反败为胜。对于混乱局面，君子要能够及时采取措施，实施治理，而且不要忘记这些经验教训。这样，他可以让自己和所在的国家都保持安全，形成良好的国家治理。

周易的"休否"和"其亡其亡，系于苞桑"这两句话，阐明了《周易》关于国家安危的思想。主要观点如下：

（1）"休"表示终止或停止。"休否"意为终止否定大人的道路。阳刚中正代表君主位，能准确判断权力运用的时机，及时果断终止小人的阻挠，准确执行应尽的责任，达到预期效果。

（2）"其亡其亡，系于苞桑"再次明确，阳刚中正的君主能准确判断形势。能够警醒自己"随时可能失败灭亡",坚定如同"系于苞桑"那般牢固。苞桑根深蒂固,茎根相连防风,并相互输送水分养分,很难枯竭死亡。

(3)所以,"休否"阐明了君主应果断制止小人的阻挠,执行应尽责任。"其亡其亡,系于苞桑"则喻示君主要时刻警惕国家可能的危亡,并以坚定立场应对。

(4)这两句话共同表达了《周易》的政治思想:君主要果断无私,警醒谨慎,才能确保国家安定。小人的否定要及时制止,潜在危机要时刻警惕,以坚决立场加以防范遏制。

子曰:德薄而位尊,知小而谋大,力小而任重,鲜不及矣。易曰:"鼎折足,覆公餗,其形渥,凶。"言不胜其任也。

孔子说:德行薄弱而位高权重,知识浅薄而职责重大。能力不足而责任繁重,难免失败和灾难,这表明无实力而位高无异于自取其崩。《周易》鼎卦六二爻辞说:"鼎折足,覆公餗,其形渥,凶。"鼎足折断,公餗覆掉,其形态残破,这是凶象。它喻示无力承担的重任必然失败,像鼎足折断而翻倒一般。两者都在警示无实力而位高权重的危险,这种人难以胜任其重任,必然导致失败和灾祸。无论是个人还是国家,重任都需要相应的才干和本领加以担当,否则必然玩火自焚。

鼎卦九四爻刚阳处在柔阴的位置,不符合正义,象征大臣不适宜掌权。治理天下需要贤智相助,单凭一人难以胜任。若得贤才辅佐则政事无忧,若用不贤必败坏国事祸害天下。

鼎卦四刚阳爻与初六阴爻相应,本不适用却硬要使用,导致失败必至。就像鼎足折断,公餗倾覆一般。四刚阳所用非人,以至于覆败,其羞愧之甚形容憔悴。这完全是由于四刚阳爻不正当地处在柔阴位置所致。所以,九四任人不问才德而凭借关系,必然造成祸害。

这充分说明，在任用人才方面必须以才德为标准，不可任意凭借关系。否则必然招致败事，甚至祸国殃民。这也是《周易》强调的任人唯才原则的真谛。

子曰：知几其神乎？君子上交不谄，下交不渎，其知几乎。几者，动之微，吉之先见者也。君子见几而作，不俟终日。易曰："介于石，不终日，贞吉。"介如石焉，宁用终日？断可识矣！君子知微知彰，知柔知刚，万夫之望。

孔子说：知微知彰的本领是很厉害的。君子上与贵人交往不阿谀奉承，下与小人交往不轻慢过犯，这样就能知道微妙机会。几者是指动之微细、吉凶之先兆。君子能见几象而行事，不必等待情势完全明朗。

（1）在豫卦的六个爻位中，只有六二柔爻处中正之位，处在事物内部。上六爻虽也处中正之位，但处在事物外部。其余四爻都不处中正之位。

（2）六二柔爻像坤卦一样处中正之位，象征事物的根基稳固如石，不会偏离正道。这表明其见识准确，而且在行动上迅速果断，不拖延到最后时刻。

（3）所以，君子要"上交不谄，下交不渎"，根据情况中正地解决问题。要准确判断事物的实质和发展趋势，牢固立足于中正之道，然后迅速果断行事，不必等待情况完全明朗。

（4）这充分说明，君子要准确判断形势，坚定中正立场，以果断坚决的行动处理问题。要反复体察事物的本原，不被表象迷惑，也不受个人好恶和利害影响，中正地处理所有的关系和事物。这才是对"上交不谄，下交不渎"的真谛。

子曰：颜氏之子，其殆庶几乎？有不善，未尝不知；知之，未尝复行也。易曰："不远复，无祗悔，元吉"。

孔子说：颜氏之子，极有可能改过自新。他未尝不知自己的不善之举，只是知道后未尝真正改过。这表明他有悔悟的潜质，只要下定决心必可改过。

（1）复卦初九爻辞说："不远复无只悔，元吉。"即及时改过不会有遗憾，这是大吉的预示。这表明认清错误要及时改变，不要犹豫不决或知而不改，以免日后遗憾。

（2）初九爻的变化像被剥卦上九爻一样，被剥去自我的错误和过失，然后很快地重新转回君子之道。这表明及时认清错误并果断改变，能迅速恢复正确方向。

（3）这种及时改过的态度和行动，必能在事业上取得重大成功和丰硕成果。因为及时修正错误，避免过失和遗憾，必能发挥最大功效，这就是大吉的结果。

（4）所以，学习和生活中要养成及时反思，认清错误勇于改过的好习惯。不要因为自尊或惰性而犹豫不决或知而不改。及时改过可以最大限度发挥事物的潜力，也可避免日后无谓的遗憾。这是达成目标的关键所在。

（5）只有通过不断反思和修正，才能真正进步。改过虽难，但其结果和成效必定卓著。

天地絪缊，万物化醇。男女构精，万物化生。易曰："三人行则损一人，一人行则得其友。"言致一也。

（1）损六三爻辞"三人行则损一人"泰卦变成损卦，说明决策违背实际情况，必然损害其中一方。三人同行则损一人，表明在协作中如果各方立场对立必然产生损害。

（2）要达成有效协作，就必须上下阴阳各司其职，相互协作。只有在目标和方向上实现统一，才能创造出新的局面，达成"天地絪缊，万物化醇，男女构精，万物化生"的局面。

（3）这是推动事物发展的根本原则。这也是实际世界运作的基本规律。任何事物的产生、变化和发展都源于阴阳两仪的相互作用。

（4）所以，在任何形式的协作或管理中，要遵循这一原则。通过乾坤阴阳元素的交互协作，达成新局面的创造。这需要各方在关键要素上保持高度一致，并发挥各自优势，实现互补共生。

（5）只有顺应这一不变的原理，才可能达成真正的协同合作。如果违背此原则，必然导致对立和损失，这是周易的根本原则，也是实际世界的根本规律。

子曰：君子安其身而后动，易其心而后语，定其交而后求，君子修此三者故全也。危以动，则民不与也，惧以语，则民不应也。无交而求，则民不与也。莫之与，则伤之者至矣。易曰："莫益之，或击之，立心勿恒，凶"。

（1）益上九居无位之地，表示阳刚之气过盛，不思考如何益人，只一味追求自己的利益，最终达到极致。这种态度必然遭遇攻击。

（2）因为人的行为取决于内心的志向。如果内心始终怀着极度自私的态度，只想自己受益而不考虑他人，这样的行为必然难以持续，最终会遭致外界的攻击。

（3）所以，我们的内心态度至关重要。如果一味地只考虑个人利益，不顾他人和社会整体的利益，这样的心志决定了难以取得持久的成功，反而会受到伤害。

（4）而如果能够兼顾他人和社会利益，在追求自身利益的同时也考虑如何造福于人，这样的心志必然会赢得外界的认同和支持，这也是中华文化中重视"仁"的理念。

（5）所以，我们要培养广阔的胸襟，不执着于个人利益，要在追求自身发展的同时也关注如何服务他人。只有兼顾私利与公益，个人发展与社会进步，我们的生命才完整，也才能取得持久的成功和影响。

第四章

子曰：乾坤其易之门邪？乾，阳物也。坤，阴物也。阴阳合德而刚柔有体，以体天地之撰，以通神明之德。其称名也，杂而不越，于稽其类，其衰世之意邪。

（1）孔子说《周易》64卦都是由阴阳爻构成，代表着乾坤交互作用，所以乾坤是进入易理的门户。乾代表认知和决策，坤代表技能和执行。

（2）周易中的阴阳思想体现自然界天地相生相克的法则，也支配人文世界万物的生成。不论自然或人文，都是由乾的认知决策和坤的技能执行推动阴阳合作而实现的。

（3）人文世界中的阴阳合作产生刚柔二体，需要有见识和才能的人按天地之理推动之。无论自然或人文，都是阴阳相互作用的结果。所以《周易》所包含的事物种类繁多，但归根到底还是阴阳相生相克之理。

（4）《周易》多提及冲突和危机，可见其成书于人心趋于衰微之时。这也体现出《周易》的实用价值，用于帮助人们认清社会危机，化解矛盾对立，促进和谐发展。

（5）所以，周易理论揭示的阴阳思想，不仅适用于认识自然发展规律，也适用于管理社会关系和化解人心之危机。重在认知决策与技能执行的有机结合，在促进对立面互动与协调上发挥重要作用，这也是管理实践的重要原理。

第五章

夫易,彰往而察来,而微显阐幽。开而当名辨物,正言断辞则备矣。其称名也小,其取类也大。其旨远,其辞文,其言曲而中,其事肆而隐。因贰以济民行,以明失得之报。

夫易,彰往而察来,而微显阐幽。开而当名辨物,正言断辞则备矣。

(1)《周易》通过彰显已出现的事物,根据类比原理推知未来可能出现的事物。这体现出《周易》在预测未来变化方面的作用。

(2)《周易》通过显现微细隐秘的,解释晦暗难懂的,使之明晰易懂。这体现出《周易》在揭示事物本质方面的作用。

(3)《周易》通过扩展思维,给事物赋予相应的名称,通过名称就可以理解事物的内涵。这体现出《周易》在概括事理和命名事物方面的作用。

(4)《周易》提供准确的解释和判断的言辞。这体现出《周易》在理论阐释和实践判断方面的作用。

(5)所以,《周易》具有预测变化、揭示本质、概括事理和理论指导的四大功能。这使其成为中华文化中重要的智慧结晶,不仅有哲学的意义,也具有重要的实用价值。

2.其称名也小,其取类也大。其旨远,其辞文,其言曲而中,其事肆而隐。因贰以济民行,以明失得之报。

(1)《周易》在概念命名上采用小事小物的名称,称名也小,但在理论归纳上却采用大类,取类也大。这体现其在理论构架上的高度概括性。

(2)《周易》的语言表达遵循"旨远辞文"的原则,用文雅的语言表达深远的思想,理解起来有一定难度。但这也体现其思想深度。

（3）《周易》的语言表达多用象喻和比喻，而且准确地把握关键所在，达到隐喻的效果。这体现其在思想表达方面的高度细致与巧妙。

（4）《周易》通过举明确例子来阐释深奥隐秘的道理，使普通民众也能理解和运用。这体现其实用价值与指导性。

（5）所以，《周易》在语言表达上达到概括与细致，理论与实用，深入与通达的高度统一。这使其不但有较高的思想内涵，也具有重要的实践指导价值，是中华文化中的重要智慧结晶。

第六章

易之兴也，其于中古乎？作易者，其有忧患乎。是故履，德之基也。谦，德之柄也。复，德之本也。恒，德之固也。损，德之修也。益，德之裕也。困，德之辨也。井，德之地也。巽，德之制也。履，和而至。谦，尊而光。复，小而辨于物。恒，杂而不厌。损，先难而后易。益，长裕而不设。困，穷而通。井，居其所而迁。巽，称而隐。履以和行，谦以制礼，复以自知，恒以一德，损以远害，益以兴利，困以寡怨，井以辨义，巽以行权。

第一节

易之兴也，其于中古乎？作易者，其有忧患乎：朱熹《本义》子曰："夏商之末，易道中微，文王拘于羑里而系彖辞，易道复兴"。

（1）根据传说，夏朝历时约450年，王朝兴衰与《周易》的兴衰相对应。夏末商朝兴起，也源于夏桀不遵循《周易》之道。商汤之兴同样符合《周易》之理，只是当时未加自觉推广。这说明《周易》的理论具有约束和指导王道的作用。

（2）《周易》"作易者其有忧患乎"的说明表明，《周易》产生于人心具有忧患意识的时期，用于解决当时的社会忧患。这也进一步证明《周易》实用价值的重要来源。

（3）"忧患"二字在《论语》中有重要含义，"知者不惑，仁者无忧，勇者不惧"，以"尊贤"则"无忧"。《周易》的主旨在于阴阳相协调，实现通达达致目的，这也是实现贤哲理想的经典。这说明《周易》可用于引导社会达成和谐发展，消除忧患。

（4）所以，《周易》产生的社会基础是人心之危与政道之失。其理论主旨在调节矛盾、达至均衡，实现通达达致目的。这使其成为古代哲学典籍中具有重要实用价值的著作，这也是《周易》长盛不衰的重要原因。

（5）这启示我们，一部优秀的管理理论或哲学著作，必须产生于社会实际需要，用以解决当时人心之忧或政道之失。只有真正解决实际问题，才会产生深远影响，并随时间推移不断发挥实用价值。这也是判断一部著作是否优秀的重要标准。

第二节

是故履，德之基也。谦，德之柄也。复，德之本也。恒，德之固也。损，德之修也。益，德之裕也。困，德之辩也。井，德之地也。巽，德之制也：

在《周易》中，"德"指实现认识预期结果的行为。"卦德"指由卦象代表的认识与行为交互作用产生的结果与意义。"一陈九卦"在阐明九个卦的"卦德"意义。所以，上述"易之兴也其于中古乎，作易者其有忧患乎"，都是讲卦德问题。

履，德之基也：在《周易》中，履卦的卦象以"上天下泽"表示最高与最低的自然界界限。这提示人们在任事上首先要打好基础。不能贪图高位而忽视基层工作的重要性，否则必定遭致失败。

这启示现代管理者，要重视基层与基础工作，任人唯才是职责所在。不能为了个人私利和荣誉，而将人员擢升至超越其能力的高位，否则必然造成混乱与损失。紧紧依靠基层与一线员工，做好基础工作，是管理成功的先决条件。这也提示我们每个人在生活与职业发展上，要打好基础，循序渐进，不能急于上位而忽视自身实力的提高与积累。要按照客观规律和条件逐步前行，这是走向成功的必由之路。

谦，德之柄也：在《周易》中，谦卦的卦象以"上坤下艮"表示。其中，坤代表顺从，艮代表止于认知。这提示人们任事必先有所认知，否则不能胜任大任。所以，欲任高位，首先要有适当的认知与能力。否则会造成混乱，不能履行职责。认知是担当任职的基本要素和保证。这启示管理者要重视员工的选拔与培养。任人唯贤，给员工提供适当的岗位与学习机会，使其认知水平与工作要求相匹配。这是管理成功的重要基石。这也提示每个人要不断学习与提高，不可贪图身份与地位而超越自身认知水平。要按部就班，逐步积累与提高，这是成长的必由之路。无论在学业还是职业发展上，都要建立在扎实的知识基础之上。

复，德之本也。

（1）在《周易》中，复卦的卦象以"上坤下震"表示。其中，坤代表顺应外在环境，震代表内在行动。这提示解决问题要回归根本原因，顺应客观情况。

（2）所以，解决任何问题，必须回归其产生的根源与根本原因，否则无法从根本上解决问题。单靠表面行动无法达成预期效果。

（3）由此可见，作为管理者或解决问题的人，必须有系统思维，能够准确找到问题的根源所在，不被表象所迷惑。然后采取针对根本的措施进行修复。这是解决问题的基本方法论。

（4）这也启示我们在生活和工作中遇到问题时，不要急于行动而忽视思考。要保持冷静理性，分析问题的根源与本质，然后采取针对性强的措施进行修复。否则难以达成预期效果。

（5）所以，复卦的寓意在于提示我们解决问题时要回归根本，理性分析问题的真正所在。这需要系统思维与理性判断，对表象现象保持怀疑态度，深入追究事物发展的本源。这是解决任何问题的基本出发点。

恒，德之固也。

（1）在《周易》中，恒卦的卦象以"上震下巽"表示。其中，震代表高层领导，巽代表下属与基层。这提示高层领导要理解下属与基层情况，采取适当行动，否则无法长期稳定局面。

（2）所以，作为高层领导，必须密切关注下属与基层状况，理解其真实工作情况与需要，并做出恰当支持与行动。这是实现稳定发展的基石。

（3）如果高层领导脱离下属与基层实际，对其工作状况不闻不问，必然产生理解与行动的差异，难以达成预期目标，也难以长期稳定。这会危及领导地位与发展前景。

（4）这启示现代管理者要走出高楼，亲近一线与基层。要倾听下属与客户的真实声音，理解他们的工作状况与遇到的实际困难。这是实施精准管理与采取恰当行动的前提。

（5）这也提醒我们每个人不要脱离实际工作与生活，要密切关注第一线情况，理解下属与部属遇到的真实困难。这是成为优秀领导与管家的基本素质。要有这个意识并付诸实践，方能达成稳定发展。

损，德之修也。

（1）在《周易》中，损卦的卦象辞为"损，君子以惩忿窒欲"。这表示修德的重点在于抑制欲望与情绪。

（2）所以，作为君子，要修养道德，必须学会约束自己的欲望与情绪，特别是忿怒与怨恨等负面情绪。这是修德的基石。

（3）如果不能管控自己的欲望与情绪，特别是在遭遇挫折或对立时，很容易产生负面情绪与行为，这有损修德与道义。这也会影响判断与行动，造成损失。

（4）这启示我们每个人要修养品德，必须注重自我约束，特别是在面对挫折或对立时。要学会管控情绪，保持理性和正面思维。这是成长为品德高尚者的必经之路。

（5）对现代管理者来说，这也是至关重要的管理技能和修养。要学会约束自我情绪与欲望，理性分析问题，做出正确判断与决策。这是领导力与管理成功的前提条件。如果管理者丧失理性，情绪失控，必然造成损失。

益，德之裕也。

（1）在《周易》中，益卦的卦象以"上巽下震"表示。其中，巽代表内心思想，震代表外在行动。这提示内心愿望的实现在于理解外在环境并采取适当行动。

（2）所以，要实现内心愿望，首先要理解外在环境与条件，判断时机是否成熟，是否具备实现的可能性。然后再采取针对外界变化的恰当行动，这是实现愿望的基本步骤。

（3）如果疏于关注外界环境变化，盲目行动而不顾时机，必然难以达成愿望。这也会影响判断与行动的准确性，造成损失。所以，必须配合外在条件行动，方能达成目的。

（4）这启示我们每个人在生活与工作中，要实现理想与抱负，必须密切关注外部环境的变化，选择适当的时机与条件，然后采取针对性强的行动。这是成功的基本法则。

（5）对管理者来说，这也是实施战略与达成目标的基本步骤。要理解市场与环境变化，掌握发展态势，选择最佳时机，然后制定恰当策略与行动方案。这是管理的成功之道。

困，德之辩也。

（1）在《周易》中，困卦象征善辩与奋斗，这表示修德之人必须具备既善辩又敢于艰苦奋斗的品质。这是高尚品德的表现。

（2）所以，作为有德之人，不但要善于表达与交流，善于化险为夷，更要有敢于艰苦奋斗的勇气。要在困难面前不退缩，而是迎难而上，战胜困难，这是品德修养的体现。

（3）如果口是心非，脱口而出，或因挫折而言败，这有损于人格魅力与公信力。如果面对困难就退却或逃避，这难以成就事业，也不可能修成高尚品德。

井，德之地也。

（1）在《周易》中，井卦象征广施恩惠，如同井水供应无私。这表示高尚品德的人对待他人都怀有宽广胸怀和恩惠之心，不拒绝任何需要帮助的人。

（2）所以，作为君子和有德之人，应当怀有宽广胸怀，对所有需要帮助的人都以恩惠相待，如同井水供应无私，不应对任何人采取排斥的态度，这是高尚品德的表现。

（3）如果狭隘自私，拒绝恩惠于需要者，这有损于品德修养，也会失去影响力与公信力。井水之所以受重视，正是因为其广泽与无私供应的特性。这也是君子和领袖之道。

（4）这启示我们每个人要提高自身修养，应怀宽广胸怀，对需要帮助的人尽可能施以恩惠。要养成对所有人都以善意相待的习惯，这有助于培养高尚情操，也使我们生活更富康乐。

（5）对管理者和领袖来说，这也是影响力和公信力的重要基石。要以宽广胸怀面对每一位员工与群众，尽可能为他们带来实实在在的恩惠与帮助。这是成为伟大领袖的品质要求。

巽，德之制也。

（1）在《周易》中，泰卦的卦象为"上下都巽"。这表示顺应情况做出恰当行动。这提示我们要成就事业，必须密切关注环境变化，并作出顺应变化的行动，否则难以达成目的。

（2）所以，要实现理想与目的，必须随时关注相关情况的变化，判断环境是否已变得有利于行动，然后采取针对性强的措施，这是成就事业的基本法则。

（3）如果独断专行，不理会环境变化，盲目行动，必然难以达成目的，甚至造成损失。所以，随遇而安，因势利导是成事的关键所在。

（4）这启示我们每个人在生活与工作中，要成就事业或达成理想，必须保持高度敏锐性，随时关注周边环境与条件的变化。然后作出相应调整或行动，这是开创成功的基石。

第三节

履，和而至。谦，尊而光。复，小而辨于物。恒，杂而不厌。损，先难而后易。益，长裕而不设。困，穷而通。井，居其所而迁。巽，称而隐。

一陈九卦都含有"德"字，强调品德修养及行为结果。这表示一陈九卦关注德行与行为效果之间的关系，着眼于预期结果。而二陈九卦没有"德"字，主要在描述情状，未明显涉及行为效果。这显现了《周易》的双重功能。易为君子谋，不为小人谋。这启示我们学习《周易》时，必须着眼于其崇尚修德与启迪智慧的根本宗旨。要通过理解其阐述的规律及论述，提高判断力与修养，而非用于小人的算计。这是我们正确理解《周易》的出发点。

履，和而至：履卦的深层意蕴，阐明实现目的的重要性在于恰当安排资源与严谨执行。履即"礼"，最合理的制度，要恰当安排各项资源，最重要的是让人尽其才。履卦象上乾下泽，乾代表天，泽代表地，这象征坚定不移的事实或既定事物。履坚定地恰当安排资源，做到人尽其才、物尽其用，就会达到"和谐"。

谦，尊而光：谦卦的深层意蕴，指出实现目的的关键在于恰当判断形势并坚定执行。在《周易》中，谦卦的卦象为"上坤下艮"。坤代表地，艮代表山，这象征稳重与安定。所以，谦卦安重于"行以牝马之贞，亨通实现贞对情况之利"，谦始终以此作为自己的行动准则，对形势做出正确判断，并在行动上始终保持稳健与贞定，目标才可能实现。

复，小而辨于物：复卦的深层意蕴，指出判断复杂情况并恰当行动的能力体现真知灼见在《周易》中，复卦的卦象为"一阳复"。这表示需要对复杂多变的情况作出判断和应对。如果初时无法判断复杂情况，面对工作中的小问题就无法制定相应措施，难以应对。一旦判断清楚，就能准确安排资源，采取恰当行动，解决问题。"众阴"就能按照"阳"的安排迅速完成，这显示出判断力、真知与睿智的重要性。

恒，杂而不厌：恒卦的深层意蕴，指出实现目的的关键在于与不同事物的和而不同。恒卦由上卦震和下卦巽组成，震代表雷，象征刚阳，而巽则代表风，象征柔阴，这是刚柔两种不同的力量。雷与风相辅相助，互相促进，和谐相处，达到和而不同的境地。这可以引导我们在现实生活中，与不同的事物和人保持和谐，互相理解和包容。无论身处何种环境，只有保持自身的灵活性和适应性，才能在面对复杂的情况时变得更加坚韧，适应更广泛的环境变化，并最终获得成长和成功。

损，先难而后易：损卦的深层意蕴，指出实现目的的过程往往需要先付出才能后获益。损卦是由上坤下乾即泰卦所变化而来。泰卦代表丰裕，而损卦表示需要损耗或付出。这显示要实现新的目标往往需要先付出代价。损卦表示先难后易，即开始时需要损耗或付出，这无疑会感到难以接受。但一旦付出后，情况就会变得容易或受益，这体现出先损后益的普遍规律。受益不一定直接归自己，但与自己密切相关。真正受益往往需要经历损耗，这是生活中惯常遵循的规则。人的任何行为或思考都同时存在损益，而且损耗往往先于受益。所以，作为管理者要实现新的目标，必须有意识地在开始阶段作出必要的投入或损耗。只有先付出，组织才有可能变得更强大，这是创新的代价。作为个人，也要在生活各个转变中付出相应代价，这是进步的必经之路。

益，长裕而不设：丰裕的深层意蕴，指出与人物互助互益是获得成功的基石。"裕"代表丰富或充裕。益卦由上巽下震组成，象征着雷风相助，自然现象的表现。但是，这种相助并不仅限于雷风相助，而是广泛存在的。无论是自然界还是社会生活，只要存在相互促进或互助效应，必定会更加丰富发达。这是一个普遍存在的规律，不仅限于个别事例。在世界上的所有问题中，只要处理得当，都有可能带来相互助益。举个例子，中医以毒攻毒的方法，也是有效的治疗方法之一。不同存在带来的利害全在于人的使用方式，这是必须认识到的。真知与高尚的品德，是获得互助最为关键的因素。只有真知与高尚，才可能不偏不倚地处理各种关系，产生互助互益，这是长久以往的经验之谈。否则难免流于虚谈，难以达到预期目的。

困，穷而通：困卦的深层意蕴，指出解决困境需要自觉寻求出路并付出努力。"易为君子谋不为小人谋"，这表明，易经是为君子所用的，即那些有志于自我修养和发展的人，而不是为小人所用。君子在困境中求通，经历困境以后更能认识求通的意义和求亨通之道。困卦象征着泽无水，即处于没有水的荒芜状态，如果有水的话就不会再处于困境之中了。这提示我们，有自觉意识的人终其一生都在思考解决问题，寻找困境，并努力解决可能遇到的困境，使"泽有水"。

易经的解释也是为了解决"泽无水"而达到"泽有水"的目的。也就是说，易经是为了解决人们在生活中遇到的问题而编写的，提供了一种智慧的方法和指导。通过学习和运用易经，我们可以发现自己的不足之处，并努力解决问题，获得更多的智慧和成长。

井，居其所而迁：井卦的深层意蕴，指出实现目的需要付出努力将事物调动到最佳状态。所有的生命都需要水，井是一种可以提供水的工具，但井本身是静止不动的，不能自行移动。只有人把水源引导到井中，才能让井发挥其作用。也就是说，井的意义不仅在于它的存在，更在于人们的行动，通过引水的方式让井发挥出它的用途。

井是一种条件，一种工具，但不能自行调整到最佳状态，供人使用，还需要人的努力将其调动及运用。这显示实现目的的关键在于人而不是条件/工具本身。所以，作为管理者要实现组织目标，不应过分依赖环境，关键是能将手头条件调动及运用到最佳状态，这需要付出行动。作为个人，也不能靠环境决定还需要在具备条件的基础上，付出实际行动，这是实现理想的唯一途径。

巽，称而隐：巽卦的深层意蕴，指出在不利环境中发展的关键在于知隐知荣，顺势潜行。巽卦代表一阴在两阳之间，处境不利。要在这种环境中生存并发展，唯有"巽顺"即知隐知荣，顺应环境潜行，韬光养晦。这显示逆境发展的要诀在于顺势而为，而非硬抗环境。"巽称而隐"表示伪装顺从，表面上顺从环境，实则隐藏自己，以求生存与发展。只有这样，在实力不济的情况下才可能成长，这是在逆境中唯一成长的法门。这显示隐忍是才智的体现，也是发展的基石。能够自觉地认清形势，巽入而隐，必定能成就大业。越王勾践就是一个很好的例子，他巽称而隐，最终打败吴国，实现王业。所以，作为管理者或个人，要在不利环境下发展，关键是要善于顺势而为，知隐知荣，潜心砥砺，而非硬抗。只有隐忍，才可能致远，这是古人的智慧。环境固然重要，但更关键的是如何应对，这决定最终命运。

第四节

履以和行，谦以制礼，复以自知，恒以一德，损以远害，益以兴利，困以寡怨，井以辨义，巽以行权：

履以和行：履卦上乾下兑，象征能以亨通实现贞对情况之利为悦，要实现上述愉悦状态，需要遵循"义之和"的原则，也即"尊贤"与选人唯才。只有选择合适人选，才可能正确配置与运用资源，使其发挥最大效用。

谦以制礼：谦卦上坤下艮，艮止于顺以亨通实现贞对情况之利。在制定制度时，要始终以"亨通实现贞对情况之利"为理念，需要时时遵循"义之和"也即"尊贤"的原则。

复以自知：复卦初九代表知大始，即能理解环境与形势，掌握正确方向。知大始的要素还在于"适时而动"，即能根据形势变化采取适当行动。当能够准确判断形势,知道应该如何采取行动并适时采取行动时,才可能"亨通实现贞对情况之利"。

恒以一德:恒卦象征内稳外活,内部与外部相互适应。只有内外相互配合,才可能实现高效。要实现内外协调,需要管理者作出正确判断,在稳定中关注变化,并据变化作出反应。当内外得以协调,与环境产生动态适应时,才可能"亨通实现贞对情况之利"。

损以远害:山泽卦象征物高防低,确定的事实。管理者需要根据明确的事实部署与实施各项工作,才能顺利实现预期目标,避免不必要的损失。这需要管理者在判断与决策时秉持客观态度,不被个人情绪或私利所左右,才可能顺利达成目标与避免损失。

益以兴利:卦象震下巽上卦代表内外相应、上下互动。当内外上下能相互配合时,方能"行利"、实现效益。"益"成与"否"卦,显示成功往往来源于失败或不足,需要在不利情况下作出调整才可能转败为胜。交易位都处正位,象辞"见善则迁,有过则改"说明需要在正确方向上不断进步,同时要敏锐观察环境变化,发现他人优势,要积极学习,发现问题与不足,要迅速改进,事业才可能成功。

困以寡怨:困的卦象是,坎内兑外,象征着内部存在困难和风险,内心有一定的焦虑和不安,但人们不能被这些情绪所左右,能够运用自己的资源和能力,适应环境的需求,取得成功或达成个人的目标。象辞"致命遂志"提醒人们要警惕不要让怨忧和困难成为自己无法达成目标的障碍。

井以辩义:井的卦象是上水下巽,"井"在卦象中上面是水,下面是巽,巽为风,风吹水上形成波纹。这种情形也就暗示着井水需要自取,需要具有技能才能取用。同时,"井以辩义"也意味着井水需要辨别是否需要取用,并且是否具备相应的技能。因此,"井以辩义"可以理解为通过分析和辩论来判断是否需要采取行动,并且是否具备相应的技能和能力。这种方式可以帮助人们更好地应对生活中的各种挑战和困难,而不是盲目行动。

巽以行权:"巽以行权"中的"巽"指的是顺应情势、灵活变通、行动果断的态度。在具体实践中,需要根据情况灵活变通,以顺应事态的发展,并且果断采取行动。

在周易中,"三陈九卦"是指将九个卦象按照"初陈"、"二陈"、"三陈"的顺序排列,以阐明其用途和应用方式。其中,"初陈"是用于阐明九个卦象的道德和哲学原则的;"二陈"是阐明九个卦象的措施原则和应用方式的;"三陈"是阐明九个卦象对待忧患的方式和方法的。通过"三陈九卦"的排列方式,可以更好地理解周易中的卦象和象征意义,以及其用途和应用方式。同时,"以"字的使用也可以帮助人们更好地理解周易中的卦象和象征意义,以及其适用的场景和方法。

"三陈九卦"和"以"字的使用都是为了帮助人们更好地理解周易中的哲学思想和应用方法,以便更好地应对生活中的各种挑战和困难。

第七章

易之为书也,不可远。为道也屡迁,变动不居,周流六虚。上下无常,刚柔相易,不可为典要,唯变所适。

易之为书也,不可远:《周易》里有关于乾坤、阴阳等基本哲学概念,提供了关于人类思想和行为的指导原则,帮助人们了解自己的内心世界,掌握生活中的机会和挑战。因此,我们应该认真对待《易经》这部经典,将其作为人生的指南,引领我们走向更加充实、有意义的人生道路。

为道也屡迁：一个人在进行任何事情的时候都需要有正确的行为和决策，而这些行为和决策需要受到正确的思想指导。因为只有在正确的思想指导下，我们才能够做出行为贞对的决策，解决面临的问题。同时，道德、哲学等思想是随着时代变迁而不断演变的，因此，我们需要不断地学习和更新自己的思想，以适应不同的情况和时代的变化。

变动不居，周流六虚：因为周易要根据实际情况给出指导原则，这也导致《易经》的思想方法不断演变、变化不居。虚空爻位是《周易》中的一种特殊的卦爻表示方法，用来代表可能发生的情况，而不是实际情况。通过填充刚柔爻，以及阴阳两种爻的组合，可以象征出许多不同的状态和变化，如进退、刚柔、吉凶等。这些象征状态和卦象可以帮助人们理解各种情况和问题，并提供指导和启示，指引我们在生活和实践中做出最佳决策。

上下无常，刚柔相易，不可为典要，唯变所适：《周易》中的六十四卦象可以通过六个爻位和阴阳两种爻的不同组合来表达出不同的状态和情况。只要在贞对情况的基础上，通过不同的设置来变通其他的刚柔爻位，就可以适应不同的情况和需要。因此，"贞对情况"是最重要的原则和基础，其他爻位的刚柔属性则可以根据实际情况进行变化和调整。除了"贞对情况"这个最基本的原则以外，其他的都不能被视为固定的典章和要义，需要根据实际情况进行变通和适应。

其出入以度，外内使知惧：朱熹认为"此句未详疑有脱误"，其实未必。外在行为和内在思想认识是互相影响、相互作用的。内在思想需要严格遵循"贞对情况"，以制定正确的措施，并实现亨通和利益。如果内在思想的措施不符合"贞对情况"，就无法实现预期的效果。外在行为需要严格遵循内在认识的措施，如行牝马之贞，以保证执行的严谨性和准确性。如果外在行为没有相应的技能和能力，就无法严格执行内在认识的措施。因此，在实践中，我们需要注重内外的协调，保证内在思想和外在行为的一致性和互动性，以达到最佳的效果和成果。

又明于忧患与故，无有师保，如临父母："明于忧患与故"非常重要，指出只有清楚地认识问题的所在和解决方法，并具有执行能力，才能实现顺利和成功。同时，乾坤阴阳相协为用就能够解决问题，无需他人的帮助，就像幼儿在父母身边一样安全。这也是在强调人们应该依靠自己的能力和智慧去应对生活中的各种挑战和困难，而不是依赖他人的帮助和支持。

初率其辞，而揆其方，既有典常，苟非其人，道不虚行：在使用《周易》进行决策或预测时，需要认真理解卦爻辞的含义，并将其结合具体情况进行揆度，以制定正确的决策方案。同时，也在理解卦爻辞的基础上，还需要能够灵活变通地运用易经的常规常法，才能真正做到贞对情况。此外，在使用周易时，不仅需要运用易经的常规常法，将其应用于具体情况中，以达到正确的决策目的，同时也需要全面考虑所有可能的情况，以确保不会漏掉任何一个重要的因素。本句也强调在使用易经需要认真、细致地分析和揆度情况，并且需要具有全面、系统的思维能力。

第八章

易之为书也，原始要终，以为质也。六爻相杂，唯其时物也。其初难知，其上易知，本末也初辞拟之，卒成之终。若夫杂物撰德，辨是与非，则非其中爻不备。噫！亦要存亡吉凶，则居可知矣。知者观其象辞，则思过半矣。二与四，同功而异位，其善不同。二多誉，四多惧，近也。柔之为道，不利远者。其要无咎，其用柔中也。三与五，同功而异位。三多凶，五多功，贵贱之等也。其柔危，其刚胜邪。

第一节

易之为书也，原始要终，以为质也：周易作为指导人任事的宇宙代数学典籍，其思想实质是"原始要终"，本原在开始，其要是实现贞对情况的最好结果。原始之源是以"亨通实现贞对情况之利"制定措施，以"尊贤"原则安排资源，所追求的目的是实际"亨通实现贞对情况之利"。从开始本原一直到最终整个过程中，都以"尊贤"原则安排资源。这既是主事者应当有的自觉，也是作为人应当有的永恒追求。何谓贤？就是谋划"亨通实现贞对情况之利的措施"和"具有相应技能"，能以措施"行牝马之贞"执行完成。成就万事必须二者，缺一不可。成就万事"只需二者，再无需其他"。

六爻相杂，唯其时物也："时"指的是对应的情况，而"物"则指的是实际存在的状态和情状。因此，"时物"表示的就是对应相应情况的实际存在情状。易经中的卦和爻都是通过图像来象征实际世界中的情状。这些图像是根据六爻的不同排列组合而成的，每一组合都对应着实际世界中的一种状态和情状。易经通过卦爻图像来象征实际世界中的情状，六爻相杂唯其时物才能体现其真正的意义和价值。易经的使用需要根据具体的情况进行分析和理解，以便更好地应对生活中的各种挑战和困难。

其初难知，其上易知，本末也。初辞拟之，卒成之终：初爻代表着开始阶段，它象征着未来的可能情况，包含着以后变化的本质。由于未来的情况还未实际出现，因此存在多种可能性，很难准确了解。因此，初爻爻辞的意思是拟定各种可能情况的比喻，而不是确切指明未来的情况。相比之下，上爻代表着接近结束阶段，它陈述的是已经实际存在的情况，因此比较容易理解。

若夫杂物撰德，辨是与非，则非其中爻不备：如果要从易经中的错综复杂对象（例如卦象和爻辞）中撰写总体情况和结果，那么中间的四个爻辞是必不可少的，因为它们是构成整个卦象的关键组成部分。这提醒我们在研究易经时要全面地理解卦象和爻辞，不能只关注其中的一部分。

噫！亦要存亡吉凶，则居可知矣。知者观其彖辞，则思过半矣：噫，语气词，强调理解造成"存亡吉凶"的措施不需要行动，通过卦爻象示意就可理解认识。甚至理解周易的提示意义，也不需要一定分析所有卦爻，只通过卦辞就能基本理解处于相应情况的应对措施及可能结果。卦辞最重要。

第二节

二与四，同功而异位，其善不同。二多誉，四多惧，近也。柔之为道，不利远者。其要无咎，其用柔中也：二爻和四爻都是顺位，执行阳刚的规定时都能同功。但在位置上，二爻处于下体之中，而四爻则处于上体之初，离君王较近。因此，二爻执行阳刚规定时总是能处于正中的情况，得到赞誉；而四爻因为离君王较近，执行阳刚规定时就不如二爻那样正中，因此容易遭到批评。所以对于四爻来说，如果发现"六五"有不当之处，需要使用"顺言"，即顺从的口吻，但是内容仍然需要贞对情况。在易经中，顺位不利于有远大理想和作为。如果我们过于追求成就大功业，可能会遭受失败和惩罚。所以，在顺位，人们首先要追求的是咎过，不要追求成就大功业，在采取措施时，我们需要顺应五位，即顺从大局，并力求落在正中的情况。

　　三与五，同功而异位。三多凶，五多功，贵贱之等也。其柔危，其刚胜邪：尽管三爻和五爻功效相同，但是它们所处的位置不同，会带来不同的结果。其中，三爻往往会带来更多的凶险因素，而五爻则有更多的利益和功绩。这也表明了在易经中，贵贱之分并不是绝对的，而是取决于位置和环境的不同。五爻处于不同的卦中，其作用和效果也不同。在乾卦和离卦中，五爻处于君王的位置，具有较大的利益和功绩。在乾卦中，九五爻具有果断和坚定的特质，在离卦中，五爻则代表文明和刚胜的特质。在坤卦中，六五爻具有厚重和顺从的特质。而三爻则处于内部交际的位置，需要处理各种复杂的内部关系，乾夕惕若厉只能终日乾乾，坤唯含章才可贞，震苏苏精神失落，巽频巽吝，离不鼓缶而歌大耋之嗟凶，艮其限列其夤厉薰心……都是象征不吉的卦辞。

　　同时，这句话也指出了易经中的柔和刚强之道。柔性可以让人在面对困难和挑战时保持灵活和适应性，而刚强则有助于人们在面对邪恶和不利因素时保持坚定和果断。这也表明了在生活中，人们需要在柔和和刚强之间取得平衡，以便更好地应对各种挑战和困难。

第九章

　　易之为书也，广大悉备。有天道焉，有人道焉，有地道焉。兼三才而两之，故六。六者非它也，三才之道也。道有变动，故曰爻。爻有等，故曰物。物相杂，故曰文。文不当，故吉凶生焉：

第一节

　　易之为书也，广大悉备。有天道焉，有人道焉，有地道焉。兼三才而两之，故六。六者非它也，三才之道也：易作为指导人的思想行为典籍，内容广大悉备，它不仅涵盖自然存在生长规律，更提示了人认识解决问题的思想原则和实际做成实现目的的行为原则。易经中的六画卦象征了这些规律和原则，既可以用于象征自然现象的生成生长规律，也可以用于象征人在认识解决问题和实现目标时的规律。易经中的六画卦是由六个爻所组成的，六爻分别象征天地人三才的行为原则，其中初二爻象征地道，三四爻象征人道，五上爻象征天道。

这种卦象的三层象征，即天、地、人，正是易经所倡导的"天人合一"的哲学思想。这种思想认为，人作为自然存在的一部分，应该遵守天地的规律，与天地相协调，形成和谐的统一整体。易经通过卦象的组合和解释，向人们展示了人与自然、人与社会之间的相互联系和相互影响的关系，帮助人们更好地认识自我、认识他人，领悟做人、处世、治国的道理。

第二节

道有变动，故曰爻。爻有等，故曰物。物相杂，故曰文。文不当，故吉凶生焉：

周易使用横画（爻）和它们的组合（文）来代表这个世界的基本状态和事物。不同的爻代表不同的基本属性，例如阳、阴、动、静等。透过将这些爻拼合成不同的六爻构形，周易表述了不同的事物或概念。每一种构形都代表某种关系或结构。这些构形就是周易的"文"。

周易判断每种文（构形）是否适宜实践，取决于它所描述的关系是否合乎利益、互利。如果相关事物能够相互协同，众人皆获利，这种构形就称为"吉"。如果相关事物相互冲突，损害对方，就称为"凶"。吉凶就是评估一种结构构形是否适合实践的标准。

吉的结构可以付诸实践，凶的结构最好避免。周易通过对不同文（结构）的判断，试图在万物变化中间找到最适宜、最利益最大的道路，为实践提供正确指导。

第十章

易之兴也，其当殷之末世，周之盛德邪？当文王与纣之事邪？是故其辞危。危者使平，易者使倾。其道甚大，百物不废。惧以终始，其要无咎，此之谓易之道也。

易之兴也，其当殷之末世，周之盛德邪？当文王与纣之事邪？是故其辞危：易之兴当是殷纣无道的末世，民不聊生，需要圣王解救世事危难。周文王被商纣囚禁羑里通过演绎探索解救世事危难措施，周复兴。所以易中多危辞。

周易兴起于商纣统治时期，那正是商朝政治动荡和民生困难的末期。民众生活陷于危难，需要如周文王这样的圣王才能解救社会危机。周文王被商纣囚禁在羑里期间，通过对易的探索与思考，找到了解救危机的途径和方法。通过易学得道，找到了治理国家的良方。

由于周易在危难时期发挥解救作用，以及被周文王作为合法性依据，所以周易里多有"危"辞，表示它与解决危机紧密相关，它象征着在政治动荡中寻获出路的工具。这种表述方式既可以警示人们所面对的现实困境和危机，又可以引导人们寻找解决困境和危机的正确途径。

危者使平，易者使倾。其道甚大，百物不废：解除危局的措施需贞对情况，以之执行才能解除危局，实现安平。易道提示"危惧者多有平安，慢易者多会倾覆"。易作为指导人任事的典籍无不能用，成就万物之理无所不具，称百物不废。

解除危机和动荡必须依据具体情况妥善判断并采取恰当措施。简单原则并不能应付复杂情况。根据周易的提示，在危机期间，更多担忧的主导者和决策者往往能做更好的判断，作出更恰当的决策，最终使状况得到改善，平安得以恢复。而那些对变化过于迟钝和麻木的人，常常会错失良机，最终在变化面前倾颓。所以，在危机和动荡中，领导者和决策者必须公正权衡、仔细思考，而非简单地"跟随本能"或"凭空冒险"；同时也必须注意环境变化，理解新需求并作出灵活应对，否则难以适应新环境而会失势倾颓。

所以，周易适用于万物万事，能成就万物之理，无所不能用，这是因为它提供的是一种通用的思想工具和判断标准，而非简单的规则。它所代表的哲学适合指导人们在任何场合下作出判断与行动。所以它能"百物不废"。

惧以终始，其要无咎，此之谓易之道也：周易强调，在任何事情的制定或实践开始前，都应首先克服心中的恐惧，避免过度悲观；要以理性审慎态度审视现实情况，深思熟虑。只有在充分理解情况的基础上，方可作出恰当选择和采取恰当行动。这就是易道的原则。

第十一章

夫乾，天下之至健也，德行恒易以知险。夫坤，天下之至顺也，德行恒简以知阻。能说诸心，能研诸侯之虑，定天下之吉凶，成天下之亹亹者。是故变化云为，吉事有祥，象事知器，占事知来。天地设位，圣人成能。人谋鬼谋，百姓与能。

八卦以象告，爻彖以情言。刚柔杂居，而吉凶可见矣。变动以利言,吉凶以情迁。是故爱恶相攻而吉凶生,远近相取而悔吝生,情伪相感而利害生。凡易之情,近而不相得,则凶。或害之,悔且吝。

将叛者其辞惭,中心疑者其辞枝,吉人之辞寡,躁人之辞多。诬善之人其辞游,失其守者其辞屈。

第一节

夫乾,天下之至健也,德行恒易以知险。夫坤,天下之至顺也,德行恒简以知阻:夫乾天下之至健也,德行恒易以知险,对周易规定的事物变化的内在动因乾坤的总结概括,也是周易的核心。

"乾天下之至健也",乾所以至健源自乾卦的内涵"亨利贞","亨利贞"三者首要是"贞","贞"代表着随情况变化而变化,这正是乾爻所展现的本质特征。通过"贞"才能"知险",理解并克服困难;通过"贞对情况"才能"恒易",灵活适应变化解决问题。所以,"贞"是乾爻能够"至健"、推动万物发展的根本。

"德行恒易以知险"进一步强调,乾爻展现的"易"是建立在对障碍隐患的充分认识之上而来的。这种认识并非盲目,而是通过理智审慎,理解问题并作出恰当判断,从而达到事事顺畅无阻,推动"至健"的目的。

"坤天下之至顺也"明确说明坤爻代表顺应变化,坤爻的作用完全为了顺应乾爻。当然这种顺应也非盲目进行,而是通过充分了解"乾"的认知导向,通过充分理解执行"阻碍"的前提下,选择最简单易行的方法,实现"乾"的构想。

能说诸心,能研诸侯之虑,定天下之吉凶,成天下之亹亹者:"侯之"二字疑是错简或许应该删除。当是"能说诸心,能研诸虑,定天下之吉凶，成天下之亹亹者"，亹亹，勤勉不倦持续推进。乾总能制定亨通获得贞对情况之利的措施，坤具有技能，执行乾制定的措施实际获得亨通之利。乾坤阴阳密切合作与协调，没有其中某一方，都无法真正"为用"。乾坤合作，深思熟虑，谨慎判断措施是否实际可行，是否能达到预期效果，这些都有助于解决问题，实现利益与便益，使人心情愉悦安慰。

乾坤阴阳相协为用解决问题是作为人的自觉行为。这样说明通过周易的学习，将"乾坤阴阳相协为用"内化为思考方式与行动方式，不再通过外在的规范或强制，而成为内在的自觉，实现天下整体的利益与和谐。

是故变化云为，吉事有祥，象事知器，占事知来：

周易卦爻象征的"变化"是指通过讨论卦爻的变化，得以判断吉凶。周易的各种卦爻都有其特定的象征意义，比如法鼎卦的卦象代表了鼎器。这些象征意义可以为人们提供一些启示。

"占事知来"是指通过占筮来预测未来的事物。占筮是一种古老的占卜方式，但占卜是历史局限的产物而且"占筮的复杂过程本身毫无意义"。孔子论语就明确指出"不占而知"，荀子更明确指出"知易者不占，善易者不卜"这说明周易的真谛在于洞察，而非占卜方法本身。"占事知来"只是一种外在表示，而非实质。卦爻仅仅是一种工具，而非终点。周易的力量在于启发洞察，通过领会"卦爻象征"的象征，引导思考，领会变化规律与真谛。

天地设位，圣人成能。人谋鬼谋，百姓与能：天地是周易乾坤之象，设定了天在上地在下，其他存处于天地间相应之位。"乾知大始，坤做成物"，天地相协为用，共同成就了世界万物的存在以及相互关系。

人又有不同，虽然任何个体"知不及天，能不及地"，但正常人都具备知与能的相应能力。中国文化的"圣人"是集天地的知能于一身，更能理解并运用天地法则，成就治理大业。普通百姓的任何人都在一定范围和程度上具有知能的相应能力，"百姓与能"。

不难理解，周易规定的乾坤阴阳就是人的思想和行为及相互关系，周易所揭示的就是人的思想行为原则和规律，乾坤阴阳就是人的思想和行为关系。

一部周易不过乾坤阴阳贞对情况相协为用，就是人认识和行为相协为用，周易无愧于最早的人的思想行为规律学。周易中具体卦爻所象征是否完全符合对应情况是可以讨论的，但从系辞传明确"乾知大始。坤做成物，乾以易知，坤以简能"开始，就已明确周易是揭示人的思想行为规律经典，当是确定无可质疑的。

第二节

八卦以象告，爻象以情言。刚柔杂居，而吉凶可见矣：八卦是以相应的象征物来表示意义的，例如乾对应天，坤对应地，震对应雷，巽对应风等等。每一个卦都蕴含其象征概念。

卦爻与卦辞并非直接判断吉凶，而是通过构建象征情景来暗示吉凶的含义。

周易中"吉凶"等辞语是对象征情景的作用结果的衔接。它们是对象征情景的解释阐明，作用在于说明读者通过理解象征后所推导出的含义，并非直接判断标准。"刚柔杂居"指刚与柔兼而存，相互平衡。周易判断吉凶的依据在于追求"阴阳"、"刚柔"的对应与平衡。

变动以利言，吉凶以情迁。是故爱恶相攻而吉凶生，远近相取而悔吝生，情伪相感而利害生。凡易之情，近而不相得，则凶。或害之，悔且吝。

这段话说明了周易判断吉凶之道的内在原理：

（1）变动以趋利避害为原则，这是周易判断吉凶的首要依据。只有变动能够带来利益的增加、损害的减少，才会被判断为是吉不是凶。

（2）吉凶由协力与否的情状改变。不同的相互作用方式会带来不同的情景变化，从而判断吉凶。协力完成共同利益是吉，相互损害是凶。

（3）情状大致分为"爱恶相攻""远近相取""情伪相感"三种。每种相互作用方式都会导致相应的"吉凶生""悔吝生""利害生"结果。

（4）"爱胜过恶""不远离而近与""真情战胜伪善相感"这三种情况会带来助益，从而属于吉，相反情况属凶有害。这体现了周易认为实现共同利益与真诚合作是吉的内在原因。

总体来说，周易认为只有变动能够实现最大共同利益，不同主体能够通过真诚合作实现共同目标，才会属于吉庆。相互损害与私利为先都是不吉利的。不同的相互作用方式会带来不同结果，需要判断是否能够实现整体利益最大化与合作的共同目的。

第三节

将叛者其辞惭，中心疑者其辞枝，吉人之辞寡，躁人之辞多。诬善之人其辞游，失其守者其辞屈。

这段话说明周易会通过言语的使用来判断个人的品德和个人行为的正当性。

如果要背叛原来的承诺，言语上会表现出一定的惭愧之处；意识模糊没有把握清楚，言语则会偏离主题，不会清晰连贯；成功者多审慎，因为成功并不简单易得，所以成功者更加审慎于言。而浅薄者以为自己足够理解，随意妄语。造谣污蔑者说话往往没有根据，表达根本不可信，丧失适当操守的人无法理直气壮面对事物。这些都是周易给出的根据言论判断情况的一些实例。

后 记

在人生的旅途中,我有幸遇见李自平老师,跟随他学习博大精深的周易。与李老师的合作,对我而言,不仅是一次珍贵的机遇,更是一场认知的重塑,灵魂的洗礼。

李老师饱经风霜雨雪,历经人生沧桑,却对周易情有独钟。他刻苦专研周易三十载,深究周易微言大义,不懈追求将深奥的易理转化为简明的智慧。李老师泰山厚德,以身作则,让我明白什么是知行合一,什么是坚持不懈。

李老师对周易的解读,完全基于对现实的指导意义。这本书,没有鬼神之学,占卜之术,扑面而来的都是通透的道理,可以说是一本智慧之作。李老师解读周易,言简意赅,直指核心,寥寥数语,即可道出至理至善之要义。他的许多话语看似平常,但却意蕴深长,启发人们敬畏天理,顺应自然,立善去恶,走向正道。

我在继承和传播周易智慧的过程中,深刻体会到周易的生命力。它不是静态的知识体系,而是一个动态的实践过程。在这个过程中,我们不仅学习到如何应对具体的事务,更重要的是收获一种超越时间的智慧,这种智慧指导我们在复杂多变的世界中,如何保持内心的平和,如何在动荡中寻求稳定,如何在无常中找到恒常,如何在逆境中寻求突破,如何在成功后更能自省。

在《简明周易:任事与管理》这本书中,我们力求用最简洁、最易懂的语言，向读者展示周易哲学的精髓和魅力。我们在书中讨论了人与自然、人与社会、人与自我之间微妙而复杂的关系。通过对周易经典文本的解读，我们试图搭建一个桥梁，连接古代智慧和现代生活，使人们在这个快节奏、高压力的时代里寻找一种平衡和谐。

我们希望这本书能够给读者带来一些启发和收获，让读者能够从周易的智慧中获取力量和信心，应对生活中的各种挑战。我们也期待读者能够与我们一起，继续探索周易的奥秘和魅力，感受周易的生命力和创造力。

我们必须向周易本身致以最高的敬意，这部穿越时代的不朽之作，承载了中国文化的精华，赋予了我们无尽的启示和感动。我们深敬那些创作和诠释周易的先哲们，他们是中国思想史上杰出的智者，我们的先贤导师，我们的楷模与骄傲。

最后，我们衷心感谢出版社的支持和配合，感谢编辑的辛勤和专业，感谢所有为这本书付出努力的人。我们也感谢所有关注和支持我们的亲人、朋友、读者，没有你们，这本书就不会诞生。我们希望这本书能够成为所有人的良师益友，与大家共同成长。

成　瑾

2024 年 9 月于厦门大学